中国人民大学研究报告系列

中国增值税改革
影响与展望

2015

CHINA'S VAT REFORM ECONOMIC
EFFECTS AND FUTURE PROSPECTS

中国人民大学财税研究所
中国人民大学财政金融政策研究中心

中国人民大学出版社
· 北京 ·

总 序

陈雨露

　　当前中国的各类研究报告层出不穷，种类繁多，写法各异，成百舸争流、各领风骚之势。中国人民大学经过精心组织、整合设计，隆重推出由人大学者协同编撰的"研究报告系列"。这一系列主要是应用对策型研究报告，集中推出的本意在于，直面重大社会现实问题，开展动态分析和评估预测，建言献策于咨政与学术。

　　"学术领先，内容原创，关注时事，咨政助企"是中国人民大学"研究报告系列"的基本定位与功能。研究报告是一种科研成果载体，它承载了人大学者立足创新，致力于建设学术高地和咨询智库的学术责任和社会关怀；研究报告是一种研究模式，它以相关领域指标和统计数据为基础，评估现状，预测未来，推动人文社会科学研究成果的转化应用；研究报告还是一种学术品牌，它持续聚焦经济社会发展中的热点、焦点和重大战略问题，以扎实有力的研究成果服务于党和政府以及企业的计划、决策，服务于专门领域的研究，并以其专题性、周期性和翔实性赢得读者的识别与关注。

　　中国人民大学推出"研究报告系列"，有自己的学术积淀和学术思考。我校素以人文社会科学见长，注重学术研究咨政育人、服务社会的作用，曾陆续推出若干有影响力的研究报告。譬如自 2002 年始，我们组织跨学科课题组研究编写的《中国经济发展研究报告》、《中国社会发展研究报告》、《中国人文社会科学发展研究报告》，紧密联系和真实反映我国经济、社会和人文社会科学发展领域的重大现实问题，十年不辍，近年又推出《中国法律发展报告》等，与前三种合称为"四大报告"。此外还有一些散在的不同学科的专题研究报告，也连续多年在学界和社会上形成了一定的影响。这些研究报告都是观察分析、评估预测政治经济、社会文化等领域重大问题的专题研究，其中既有客观数据和事例，又有深度分析和战略预测，兼具实证性、前瞻性和学术性。我们把这些研究报告整合起来，与人民大学出版资源相结合，再做新的策划、征集、遴选，形成了这个"研究报告系列"，以期放大规模效应，扩展社会服务功能。这个系列是开放的，未来会依情势有所增减，使其动态成长。

中国人民大学推出"研究报告系列"，还具有关注学科建设、强化育人功能、推进协同创新等多重意义。作为连续性出版物，研究报告可以成为本学科学者展示、交流学术成果的平台。编写一部好的研究报告，通常需要集结力量，精诚携手，合作者随报告之连续而成为稳定团队，亦可增益学科实力。研究报告立足于丰厚素材，常常动员学生参与，可使他们在系统研究中得到学术训练，增长才干。此外，面向社会实践的研究报告必然要与政府、企业保持密切联系，关注社会的状况与需要，从而带动高校与行业企业、政府、学界以及国外科研机构之间的深度合作，收"协同创新"之效。

为适应信息化、数字化、网络化的发展趋势，中国人民大学的"研究报告系列"在出版纸质版本的同时将开发相应的文献数据库，形成丰富的数字资源，借助知识管理工具实现信息关联和知识挖掘，方便网络查询和跨专题检索，为广大读者提供方便适用的增值服务。

中国人民大学的"研究报告系列"是我们在整合科研力量，促进成果转化方面的新探索，我们将紧扣时代脉搏，敏锐捕捉经济社会发展的重点、热点、焦点问题，力争使每一种研究报告和整个系列都成为精品，都适应读者需要，从而铸造高质量的学术品牌、形成核心学术价值，更好地担当学术服务社会的职责。

前　言

　　增值税是一个相对年轻、朝气蓬勃的税种。增值税的最初设想主要应归功于两个人：一位是德国西门子股份公司创始人维尔纳·冯·西门子（Werner von Siemens）的儿子乔治·威廉·冯·西门子（Georg Wilhelm von Siemens），他于1918年建议德国应以增值税取代刚刚开征不久的营业税（turnover tax）；另一位是美国经济学家托马斯·S·亚当斯（Thomas S. Adams），他从1910年起就开始系统研究美国联邦所得税制，主张以增值税取代企业所得税［Adams（1921）］。然而，增值税从一种设想变成现实，成为一个国家的法定税种，经历了三十余年。法国于1954年4月10日成为正式开征增值税的第一个国家①，1967年巴西成为开征增值税的第一个发展中国家，从此在西欧和拉丁美洲国家掀起了开征增值税的热潮。到了20世纪80年代末，一些欧盟之外的发达国家（如澳大利亚、加拿大、日本、瑞士等）②以及经济转型国家和发展中国家（特别是在非洲和亚洲）都纷纷引入增值税［James（2011）］。到2015年初，开征增值税的国家和地区已达165个。③鹿特丹伊拉斯谟大学Sijbren Cnossen教授曾写道："增值税遍地开花，应当说是20世纪后半叶税制结构演进中最重要的事件"［Cnossen（1998）］。我们甚至可以说，增值税是这一时期最成功的财政创新。

　　自1979年我国开始试行增值税，经过1984年、1993年、2004年和2012年等多次重要的税制改革，从尝试性过渡阶段到不断调整规范阶段，相关的制度设计不断完善，逐渐成为我国第一大税种。然而，我国过去的增值税制度存在两大先天缺

---

① 法国于1968年才将零售业全面纳入增值税征税范围。
② 从国家层面来说，美国是迄今为止唯一未开征增值税的发达国家。
③ 20世纪60年代末，开征增值税的国家不足10个。

陷：第一，它是生产型增值税。生产型增值税不允许抵扣企业购进固定资产的进项税额，这会对固定资产投资产生重复征税。一方面，它可以保证税收收入快速增长，在投资旺盛的时候尤其如此；另一方面，它会对投资产生抑制作用，不利于促进企业设备的改造和升级。第二，它不对服务业征税。我国增值税和营业税的分工是，前者对商品征税，后者对服务征税。这使得不少行业面临重复征税问题，并对服务业的发展产生了抑制作用。

针对增值税的这两大缺陷，我国近十年来分别启动了"增值税转型"和"增值税扩围"（或称"营改增"）改革，这也是两项大规模的结构性减税政策。"增值税转型"改革始于 2004 年，其措施是允许属于东北老工业基地的企业可以抵扣购进设备的进项税额；2006 年，这一政策扩大到中部六省市；到 2009 年，该政策进一步扩大到全国。增值税转型改革意味着增值税由生产型增值税向消费型增值税迈进了一大步，对于刺激企业技术升级、投资增长具有重要意义。

"增值税扩围"改革是逐步将属于营业税的税目纳入增值税征税范围，它始于 2012 年上海市将交通运输业和部分现代服务业纳入增值税范围的试点，而后迅速推至全国，并且纳入试点改革的行业也不断扩大。这项改革对促进产业分工和现代服务业的发展具有重要意义。

那么，如此大规模的增值税改革，它的实施效果如何？这是需要学术界进行深入研究的重要主题。为此，中国人民大学财政金融政策研究中心和中国人民大学财税研究所借助多年的学术积累，就增值税转型和增值税扩围的重要问题，运用规范的经济学分析方法，进行了大量的实证研究。

所有的历史都有为未来指引方向的意义，研究增值税改革不仅有利于评判既有改革的成效，还有利于完成下一步的增值税改革。我们应该看到，我国下一步增值税改革面临两大任务：第一，金融业、建筑业、房地产业还未纳入增值税征税范围，导致现行增值税仍是不彻底的增值税。这三大行业的增值税改革难度大大超过已进行的部分现代服务业改革，对此，我们需要详细论证这三大行业的改革措施。第二，增值税改革将使作为地方政府主体税种的营业税消失。因此，增值税改革引发了中央政府和地方政府税收分配关系的重新调整，我们需要详细设计一种可操作的、可救急的、有效的办法，确保地方政府的主要税收收入来源得到保证。

因此，本书的主要任务可以归纳为三个方面：一是研究增值税转型和增值税扩围的效果；二是研究下一步增值税扩围的方案；三是从增值税入手，设计地方税系的构建方案。本书的主要发现和主要观点可归纳为以下几点：

第一，关于增值税多档税率影响和税收优惠规模的测算。在增值税改革之前，我国增值税实行多档税率,并且实际执行税率的差异很大。我们用企业层面的数据研究表明,增值税税率差异导致年均全要素生产率损失高达 7.9%,这个结果说明了简化税率以及税政统一的重要性。我国现行增值税政策中保留了大量的税收优惠政策,研究显示:中国的增值税税收优惠金额巨大。保守估计,其占国内生产总值的比重超过了 8%,高于澳大利亚和美国等 OECD 国家,因而对企业公平竞争产生了不利影响。这个研究结果为实现税收优惠的科学规范管理提供了依据。

第二,关于增值税转型的经济影响。运用大样本的企业数据研究结果表明,增值税转型改革的经济影响在不同行业存在明显的差异:就对投资的影响而言,增值税转型对石油化工业、电力行业、冶金业和船舶制造业企业的投资起到促进作用,对装备制造业、汽车制造业等行业的投资活动无显著影响;就对就业的影响而言,增值税转型促进了电力行业和汽车制造业企业的就业增长,对石油化工业、农产品加工业和装备制造业企业的就业吸纳产生了抑制作用。

第三,关于增值税扩围的经济影响。我们分别从宏观角度、中观角度和微观角度分析了增值税扩围的影响。从总产出和福利的宏观角度看,运用 CGE 模型的测算结果表明,营改增改革对国民生产总值(GNP)、营改增行业的出口、居民福利都起到促进作用,但同时也增加了增值税的累退性。从行业发展的中观角度看,运用投入产出表的测算结果表明,增值税扩围后,全国范围内将交通运输业、邮政业、部分现代服务业纳入营改增范围后,重复征税总规模的 35% 被消除,试点行业总体税负大幅下降,与生产活动密切相关的建筑安装、通信业纳入增值税征收范围后,重复征税的 26% 将被进一步消除。从企业成长的微观角度看,利用自然实验方法对大样本的企业数据研究表明,增值税扩围具有较强的企业成长效应,使得企业新增固定资产提高了 4.85%、净资产收益率平均提高 3 个百分点。

第四,关于金融业、建筑业和房地产业的增值税改革。通过对金融业课征增值税的理论和经验分析,并借助金融业上市公司的财务数据研究,考虑到征管的简便性和对金融业整体税负的影响,应对金融业增值税采取简易征收办法,对出口金融服务实行零税率,并对寿险业务实行免税政策。建筑业、房地产业应同步改征增值税,除小规模纳税人外,分别适用 11% 和 17% 的法定税率,并采用一般计税方法;建筑业应以分公司和项目部作为独立纳税人就地纳税;房地产企业从一级市场取得土地,可计算抵扣进项税额等。

第五,关于增值税改革后地方税系的建设问题。针对增值税改革后地方财力紧缺的问题,我们提出三种改革方案:一是开征零售税并将其作为地方主体税种,同时降低增值税税率,增值税收入全额划归中央;二是增值税实行 60:40 共享,地方政府分享增值税的依据是当地消费占全国消费的比例；三是根据增值税发票信息将商品销售分为辖区内销售和辖区外销售两部分，根据两者比值分割增值税，前者为中央税，后者为地方税。三种方案均会最大限度地保持增值税中性，可产生有利于稳定地方政府财力、促进地方政府职能转变、促进经济增长方式转型、缩小地方财力差距等良好效果。针对改革的预期效果，我们利用CGE模型进行了模拟。

上述这些观点和改革建议虽经我们反复推敲、论证，但因水平有限，难免存在谬误，敬请广大读者批评指正！

郭庆旺

2015 年 8 月 16 日

目 录 ▶

第1章 增值税税率差异的损失 *

增值税是一个征收范围广泛、税率比较单一的税种，因此，一般认为增值税是比较接近"税收中性"的税种。反过来讲，由于增值税的征收范围广，如果增值税实际执行税率的差异较大，它就会对经济产生较大的扭曲作用。本章利用企业层面数据，对增值税有效税率差别以及导致的全要素生产率（total factor productivity, TFP）损失进行了测量。结果显示，2000—2007 年增值税法定税率为 17%，但平均实际有效税率仅为 10%，增值税税率差异导致全要素生产率损失年均高达 7.9%。该结果让我们认识到"税率差异导致效率损失"这个基本经济法则的重要性。为了避免效率损失，应尽量将实际有效税率向法定税率靠拢，并在推行营改增的改革过程中应当减少增值税税率的档次，最大限度地减少税法对经济活动的干扰。

1.1 问题的提出

间接税税率在企业之间的差异会导致生产效率损失。假设存在两家生产类似产品或提供类似服务的企业[①]，但由于某种原因导致两家企业面临的间接税实际税率不同，则低税率企业的规模会变得比社会最优规模大，而高税率企业的生产规模会小于社会最优规模。在税负差异的驱动下，劳动、资本、土地等生产要素会从高税率企业流向低税率企业，也就是产生资源错配，从而降低整个产业对生产要素的总体利用效率。[②] 反过来说，如果所有企业的有效增值税税率都等于单一的法定税率，

---

* 本章是由陈晓光在《增值税有效税率差异与效率损失——兼议对"营改增"的启示》[参见《中国社会科学》，2013（8）] 的基础上修改而成的。

① 从理论上讲，这两家企业属于垄断竞争关系，其产品和服务在一定程度上可以相互替代。

② 在企业间不存在有效率差别的情况下，当市场均衡时，所有企业的收益全要素生产率（revenue TFP）相等，产业的 TFP 达到最高水平。

则不会产生资源错配以及产业全要素生产率损失。从宏观层面来看，同样的劳动和资本投入便可以产生更多的产出和GDP。

目前，增值税是世界各国最常用的间接税，它避免了传统流转税的重复课税弊端，具有不改变产品和服务之间相对价格的中性优点。因此，自1954年法国首先征收增值税以来，增值税现已被一百多个国家采用，是许多国家最主要的税收来源。但是，在实践过程中，由于税率差异、行业覆盖的不完整性以及税收征管过程中的其他因素，增值税避免重复征税以及保持税收中性的优点并没有得到充分的发挥，由此导致了上述效率损失。这一点逐渐受到经济学者的重视。例如，最新出版的"Mirrlees评论"表明，不同产品间的差别税率、征税范围的局限性、小规模纳税人的特殊待遇等因素都造成了一定程度的效率损失[Mirrlees et al.（2012）]。Mirrlees et al.（2011）的计算发现，如果消除纳税企业之间存在的增值税税率差异，在维持所有英国家庭原有福利水平的基础上，政府可以额外增加30亿英镑的税收。Zee（2006）发现，将金融服务业隔离在增值税体系之外导致的扭曲占英国30%的GDP。Piggott and Whalley（2001）分析了加拿大增值税扩围后出现的服务业非正式部门增多而产生的效率损失。

具体到我国，众所周知，我国税制以间接税为主体，增值税、消费税和营业税三大间接税占我国税收总额的比重在1994年分税制改革时超过三分之二，此后虽有所下降，但到2011年仍在50%以上。关于税率，行业间有效税率的差异在我国是普遍存在的；其中的消费税因其纠正外部性等特殊目的，相应的税率因税目而异，在此不予讨论。① 作为一般商品税的我国增值税和营业税，它们在行业上是互补的，行业中所有生产产品和提供加工、修理修配服务的企业缴纳增值税，其余的企业缴纳营业税。② 增值税和营业税在行业上的互补性，使得我国对商品和服务的课税涵盖所有行

---

① 并不是在所有的情况下，同一税收都是有效的。为了纠正外部性而对某些特定产品和服务的课税，其税率应根据各个产品的外部性大小确定。此时，应税产品与非税产品之间的税负差异（非税产品不纳税）以及应税产品之间的税率差异（我国消费税就是这样）本身是有效率的，或者是为了改善效率而有意实施的税率差异。另外，效率原则不是税收的唯一原则，公平性、经济性（征管成本要低）等是除效率原则之外的税收其他重要原则。考虑到这些原则后确定税率时，在多数情况下会导致税率差异。例如，增值税中对食品等社会必需品实施的零税率或低税率以及对小规模纳税人采取的简易征收办法，将直接或有可能导致税率差异。这样的税率差异是税收不同原则之间权衡的结果，虽然有损于效率原则，但是合理的。

② 目前，我国增值税和营业税并存以及对大多数服务业保留了课征营业税的做法，是1994年分税制改革不彻底的结果。财政部部长楼继伟就当前营改增税制改革答记者问时说："我们传统上是产品税呀，最大的问题是重复征税，1994年改革时候把增值税变成了最大的税种，好处呢，就是只对某个行业的增加值征税。但是1994年改革的时候留了一个尾巴，留了一个营业税，实际和过去产品税的特点差不多，就是重复征税。但是，当时服务业的规模不是很大，改革的难度很大，复杂性非常高。为了解决主要的矛盾、主要的问题，所以这一部分还是保留了。我们这一次营改增是分税制改革的逐步完善，也可以说逐步进入收尾阶段。"

业的同时，也带来行业或产品之间有效税率差异普遍存在的弊端，其原因如下：首先，由于两种税的税基不同，因而两类不同税种的产品和服务之间的税负失去可比性，所以难以保障税收对产品相对价格的中性。人们普遍认为，缴纳增值税的企业，其税负重于缴纳营业税的企业。其次，无论是增值税还是营业税，其税率均为多档税率，不同税目的税率有显著的差异。再次，按照现行增值税扣除的规定，缴纳增值税企业从缴纳营业税企业购入的中间投入，其营业税不得作为进项税额予以扣除，因此中间投入中来自缴纳营业税比重不同的企业，其有效税率也不同——比重较高的企业，无法扣除的进项税（营业税）增多，因此有效税率也高；相反，有效税率则低。最后，由于营业税存在重复课税的弊端，其税负的大小依赖生产环节的多少——生产环节越多的产品和服务，其税负也越重；反之，税负较轻。这也是营业税不利于企业专业化分工和导致"大而全"及"小而全"企业存在的原因。

既然商品税的有效税率差异在我国是普遍存在的，由此产生的效率损失也是不难想象的。那么，由于税率差异导致的效率损失究竟有多大呢？这正是本章准备回答的问题。由于问题的复杂性和可用数据的限制，试图测量上述所有税率差异带来的效率损失近乎不可能，因此本章把研究对象局限于增值税，利用企业层面数据对增值税税率差异造成的全要素生产率损失进行测量。导致企业间增值税有效税率差异的原因，除了增值税实施多档税率以及增值税纳税人对其中间投入缴纳的营业税无法扣除之外，还有因地方政府行为导致的区域经济分割等因素。

本章的理论测算方法建立在 Hsieh and Klenow（2009）模型的基础上。该模型的优点是能够充分利用企业微观层面的信息，将企业面临的税收扭曲进行加总，然后计算扭曲导致的整个产业的生产效率损失，达到将微观与宏观联系起来的效果。然而，在 Hsieh and Klenow（2009）的研究中，扭曲不可直接观测，而是利用模型的均衡条件根据观测数据反推出来，这一点是该研究遭到质疑的原因之一。[1] 由于本章考虑的是可直接观测的有效增值税税率，与模型设定及其参数选取无关，因此在一定程度上避免了 Hsieh and Klenow（2009）所面临的质疑。本章的测量结果显示，由于企业间增值税有效税率的差异，我国制造业 TFP 损失了 7.9%。换句话说，如果我国制造业企业面临的实际增值税税率相同，在其他条件不变的情况下，我国制造业 GDP 将增加 7.9%。这一损失应当说是很多的。

本章关于税率差异所带来的效率损失测算，对我国税收政策的制定和税制改革

---

① 根据均衡条件，扭曲影响相对价格，进而影响资源配置（劳动、资本、产出）；而 Hsieh and Klenow（2009）根据观测到的资源配置可以推算出对应的扭曲。由于模型的设定以及参数的选取会影响均衡条件及其数值，因此也会影响到 Hsieh and Klenow（2009）测算的扭曲。

提供了一些非常重要的启示。首先，差异税率带来的效率损失之大，让我们重新认识到"税率差异导致效率损失"这个最基本经济法则的重要性，让决策者们重新意识到，在设置税率时应当尽可能做到对所有产品和服务实施统一税率。除了特殊原因之外（例如，为纠正外部性对特定产品课征消费税，出于公平的原则对食品等基本生活品实施低税率或零税率等），应当尽量减少差别税率或税率档次。其次，本章的分析和测算结果对目前正在推行的营改增税制改革具有显著的借鉴意义。如前所述，增值税和营业税是导致我国间接税税率差异的最重要原因之一，而营改增的税制改革通过统一一般商品税制，有利于缩小和消除企业之间有效税率的差异，由此提高效率。从这个意义上讲，本章从经济效率的角度为营改增的税制改革提供了经济学基础。不仅如此，本章对营改增之后增值税的税率设计也具有重要的启示。仔细观察本次营改增可知，增值税税率多档化是此次税制改革的一个重要特征。但是，本章的分析结论显示，增值税税率应当尽可能统一，否则会因为税率多档化或税率差异而导致巨大的效率损失。

1.2 数据和事实

1.2.1 数据

本章采用的是我国规模以上工业企业 2000—2007 年的年报数据，包括所有国有企业以及年销售额在 500 万元人民币以上的非国有企业。其中，由于 2001 年和 2004 年缺乏本章需要的有关指标，故略去。

本章使用的指标包括四位数产业代码、所有制类型、地区代码、工资支出、增加值、资本存量、员工总数等。本章使用总资产规模来度量资本存量。工资总额包括：①应付工资；②失业保险金；③养老及医疗保险；④住房公积金；⑤总福利费用。企业工资支出占增加值的平均比重为 34%，低于投入产出表中的 50%。为了解决两者之间的差异，我们按照 Hsieh and Klenow（2009）的方法，假设企业年报低报或漏报了工资，通过把企业年报的工资报酬乘以固定系数（本章乘以 3.6），使得企业工资支出占增加值的平均比重调整为 50%。[①]

为了保证数据的质量，本章舍弃了以下观测值：①总资产、员工总数、工资总额、增加值、应付增值税为空；②总资产、员工总数、增加值为负；③增加值低于工资总额。我们最终保留了大约每年十万家企业的样本。

[①] 这一调整主要是为了将微观数据与宏观数据匹配起来，使得我们可以更为准确地校准各产业的劳动份额。后文中的稳健性检验将讨论本章结果对工资处理方式的敏感性。

表 1—1 报告了 2005 年企业年报中有关变量的描述性统计。[1]需要注意的是，表 1—1 中增值税税率的均值和标准差属于正常，但最小值和最大值都出现了畸高的情况。这些畸高的增值税税率可能是数据质量的问题，也可能是正常情况。[2] 下文将针对数据质量问题对本章的结果进行稳健性检验。

表 1—1　　　　　　　　　　**2005 年规模以上工业企业年报描述性统计**

	均值	标准差	最小值	最大值
总资产	1.15E+05	1.78E+06	1	4.83E+08
员工数	2.10E+02	9.98E+02	1	1.12E+05
增加值	4.24E+04	5.22E+05	10	1.25E+08
工资总额	1.64E+04	1.69E+05	3.6	2.13E+07
增值税税率	10.17%	11.32%	−308.56%	1 087.04%

1.2.2　有效增值税税率的定义及其分布

为了刻画企业增值税的实际负担，我们定义有效增值税税率 τ 如下：

$$\tau = \frac{\text{实纳增值税}}{\text{增值额}}$$

2005 年我国企业有效增值税税率的分布如图 1—1 所示。可以看出，尽管法定税率为 17%，但企业的有效增值税税率差别巨大，均值为 10%，标准差为 11%。

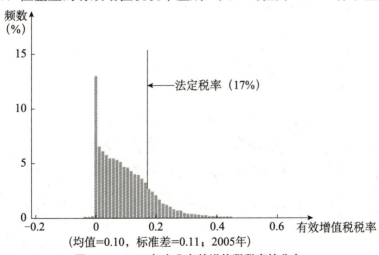

（均值=0.10，标准差=0.11；2005 年）

图 1—1　2005 年企业有效增值税税率的分布

资料来源：国家统计局：《规模以上工业企业年报》，2005。

---

[1]　由于 2005 年为样本的中间年份，故具有代表性。有关其他年份的描述性统计，可向作者索要。
[2]　上一年度购进大量原材料、延迟缴税、进项税额转出、视同销售等因素都可导致增值税税率畸高。企业新办、关停、市场价格波动、实物返利、网上销售、延迟缴税以及出口退税等都可能导致增值税税率畸低。

　　企业间有效增值税税率的差别主要是由于产业和产品差别导致的吗？答案是否定的。从表1—2的分析可以看出，如果将企业间有效增值税税率的标准差分解为产业内部的差异与产业间的差异，可知：90％左右的差异是产业内部的企业间有效税率差异造成的。

表1—2　　　　　　　　　　企业间增值税税率差异的产业内贡献

年份	观测值[a]	所有企业[b]	产业内[c]	产业内贡献[d]
2000	66 200	11.8％	10.5％	89.0％
2002	83 285	11.0％	10.2％	92.7％
2003	97 993	10.9％	10.1％	92.7％
2005	129 398	11.8％	10.3％	87.3％
2006	147 696	11.8％	10.2％	86.4％
2007	168 876	10.5％	10.0％	95.2％

注：a 为各年样本数量。
　　b 为所有企业间的增值税税率标准差。
　　c 为产业内企业间的增值税税率标准差，先计算各个四位数产业内部企业间的增值税税率标准差，然后对各个四位数产业对应的标准差进行平均。
　　d 为产业内增值税税率差异对整体差异的贡献，该栏的数值等于"产业内"一栏中的数值除以"所有企业"一栏中的数值。

　　造成企业间有效增值税税率差异的主要因素有哪些？下面将从理论和实证两个方面来回答这一问题。

　　从理论上说，按照发票抵扣法（credit-invoice method），有效增值税税率 τ 可以表达为：

$$\tau = \frac{p_y q_y \tau_y - p_m q_m \tau_m}{p_y q_y - p_m q_m} = \left(1 - \frac{p_m q_m}{p_y q_y}\right)^{-1} (\tau_y - \tau_m) + \tau_m$$

式中，p_y 和 q_y 分别为企业产品的价格和产量；p_m 和 q_m 分别为中间投入品的价格和产量；τ_y 和 τ_m 分别为产品和中间投入品的适用增值税税率。

　　企业的有效增值税税率与三个因素有关：①销项税率 τ_y；②进项税率 τ_m；③投入产出结构，即 $\frac{p_m q_m}{p_y q_y}$，在进项税率 τ_m 和销项税率 τ_y 不相等时，这个因素会影响有效增值税税率 τ。

　　在实际中，以下原因都会导致企业间有效增值税税率 τ 的差异：①增值税链条的断裂（农业、服务业隔离在增值税体系之外）；②非单一税率（存在13％低税率、出口退税以及零税率商品）；③税收遵从（包括未记应税销售收入、伪造虚增进项发票、伪报出口及低税率销售、国有企业通常比非国有企业具有更高的税收遵从度等）；④税收征管和实施[①]；⑤税制改革（增值税从生产型增值税向消费型增值税的转型）。

利用回归分析，本章定量研究了各种因素对企业间有效增值税税率差异的贡献。[②] 主要结论是：①最主要的因素是地区差异，区县一级的差别可以解释约 60％的企业间有效增值税税率差异[③]；②企业的投入产出结构、纵向一体化、所有制都显著影响了有效增值税税率，但对企业间有效税率的离散度影响不大；③增值税转型改革降低了试点产业企业间有效税率的离散度；④特异性的时间扰动、延期缴税、出口退税、企业的进入和退出都不是影响企业间有效税率离散度的主要原因。

1.3　模型和效率损失测算

如前所述，企业间有效增值税税率的差异会导致资源的错配以及行业 TFP 的降低。本节将在 Hsieh and Klenow（2009）模型（以下简称"HK 模型"）的基础上提出相应的方法，对增值税产生的 TFP 损失进行测算。HK 模型的方法可用于测算产业内部扭曲造成的 TFP 损失，而不考虑产业间的扭曲。我国制造业企业 90％左右的有效增值税税率差异是产业内部的企业间差异造成的，这一发现是本章利用 HK 模型的重要实证基础。

本章在对人力资本度量的处理上，相对 HK 模型有些变化。由于企业年报没有提供人力资本的信息，故 HK 模型利用工资总额来度量企业的人力资本。本章利用 2005 年的 1‰人口抽样调查来估算行业和企业的人力资本。[④]

1.3.1　模型

由于本章的重点在于测算生产效率损失，因此该模型为一个只考虑生产面的局

---

① 尽管我国的增值税由实施垂直管理的国家税务局征收，但由于以下原因，我国地区间的税收管理和实施有很大差别，导致地区间平均有效增值税税率有所不同。首先，由于国家税务局垂直管理中的委托—代理和信息不对称问题，上级税务部门难以有效地对下级进行监管。其次，下级国家税务局在业务开展过程中，不同程度地会受到地方政府的制约和影响，甚至存在与地方政府合谋的可能。例如，国家税务总局在驻地的办公楼土地审批、职工住房、子女入学、医疗福利等方面都要依赖于地方政府。另外，在税收征管实践中，税务部门可能会允许企业将当年的应缴税额延至下一年缴纳，这也会造成企业的有效增值税税率在时间上的波动。

② 见本章附录 2 及附录 3。

③ 这一发现不太容易理解。因为人们普遍认为，增值税由国家税务局统一征收，发票管理严格，在控制了产业差别以后，各地区的有效增值税税率应该不会有系统的、持续的、大规模的差别。一个大胆的、还没有确凿证据的解释是，现实中的税法执行没有想象中那么严格，国家税务总局的垂直管理受到了地方的干扰。

④ 本章附录 4 介绍了对人力资本的估算方法。

部均衡模型，生产面由三个层次的厂商组成，对于所有厂商而言，劳动和资本的要素价格是给定的。

最高层次的厂商（对应于企业年报数据中的整个制造业）使用柯布-道格拉斯技术将中间层次厂商（对应于四位数产业）的产品 Y_s 加总为最终产品 Y。

$$Y = \prod_{s=1}^{S} Y_s^{\theta_s} \qquad \sum_{s=1}^{S} \theta_s = 1$$

该厂商在产品市场和原材料市场上都面临完全竞争。假设最终产品的价格为 P，中间投入品 Y_s 的价格为 P_s，则厂商的利润最大化条件为：

$$P_s Y_s = \theta_s P Y$$

上式反映了对四位数产业 s 的需求 Y_s 与其价格 P_s 的关系。在以下分析中，我们以最终产品为计价品，并将 P 标准化为 1。

中间层次的厂商 s（对应于四位数产业）将从更下一级厂商 si（对应于企业年报中的企业）处购买商品 Y_{si}，可利用下面的 CES 技术加总得到 Y_s：

$$Y_s = \left(\sum_{i=1}^{M_s} Y_{si}^{\frac{\sigma-1}{\sigma}} \right)^{\frac{\sigma}{\sigma-1}}$$

中间层次厂商在产品市场和原材料市场上都面临完全竞争。假设 Y_{si} 的价格为 P_{si}，则由厂商利润最大化条件可以得到对 Y_{si} 的（反）需求曲线：

$$P_{si} = P_s \left(\frac{Y_s}{Y_{si}} \right)^{1/\sigma} \tag{1—1}$$

并能得到价格指数方程：

$$P_s = \left(\sum_{i=1}^{M_s} P_{si}^{1-\sigma} \right)^{\frac{1}{1-\sigma}} \tag{1—2}$$

最底层的厂商（对应于企业年报中的企业）租用资本和雇佣劳动，并利用柯布-道格拉斯生产函数生产 Y_{si}，其生产函数为：

$$Y_{si} = A_{si} K_{si}^{\alpha_s} H_{si}^{1-\alpha_s}$$

该厂商在产品市场上与其他相同层次的厂商进行垄断竞争，在资本和劳动市场上则面临完全竞争。由于市场上存在各种扭曲（如税收、管制、收费、寻租等），每家企业都面临外生给定的企业特有（firm-specific）的"税收楔子"（tax wedge）。厂商的利润最大化问题为：

$$\max_{\{P_{si},Y_{si},K_{si},H_{si}\}} (1-\tilde{\tau}_{si}^{Y})P_{si}Y_{si} - R(1+\tilde{\tau}_{si}^{K})K_{si} - w(1+\tilde{\tau}_{si}^{H})H_{si}$$

式中，R 和 w 分别为市场资本租金率以及人力资本工资率；$\tilde{\tau}_{si}^{Y}$、$\tilde{\tau}_{si}^{K}$、$\tilde{\tau}_{si}^{H}$ 分别为企业 si 在产品市场、资本租用市场以及人力资本市场上面临的"政策楔子"。Y_{si} 和 P_{si} 满足需求曲线方程（1—1）。

由垄断竞争厂商的利润最大化条件可以得到产品定价方程：

$$P_{si} = \frac{\sigma}{\sigma-1} \times \frac{1}{A_{si}} \times \left[\frac{R(1+\tau_{si}^{K})}{\alpha_s}\right]^{\alpha_s} \left[\frac{w(1+\tau_{si}^{H})}{1-\alpha_s}\right]^{1-\alpha_s} \tag{1—3}$$

式中，$\frac{1}{A_{si}} \times \left[\frac{R(1+\tau_{si}^{K})}{\alpha_s}\right]^{\alpha_s} \left[\frac{w(1+\tau_{si}^{H})}{1-\alpha_s}\right]^{1-\alpha_s}$ 为边际成本；$\frac{\sigma}{\sigma-1}$ 为价格加成（markup）。$1+\tau_{si}^{K} = (1+\tilde{\tau}_{si}^{K})/(1-\tilde{\tau}_{si}^{Y})$ 为重新定义的等价的税制系统。[1]

利用前面的结果，可以得到四位数产业的全要素生产率 TFP 的表达式：

$$\begin{aligned} TFP_s &= \frac{1}{P_s} \times \frac{P_sY_s}{K_s^{\alpha_s}H_s^{1-\alpha_s}} \\ &= \left[\sum_{i=1}^{M_s} \left(\frac{1}{P_{si}}\right)^{\sigma-1}\right]^{\frac{1}{\sigma-1}} TFPR_s \\ &= \left[\sum_{i=1}^{M_s} \left(A_{si} \times \frac{TFPR_s}{TFPR_{si}}\right)^{\sigma-1}\right]^{\frac{1}{\sigma-1}} \end{aligned} \tag{1—4}$$

（1—4）式中的第一步利用了物质生产率的定义 $TFP_s \triangleq \frac{Y_s}{K_s^{\alpha_s}H_s^{1-\alpha_s}}$，其中 $K_s = \sum_{i=1}^{M_s}K_{si}$，$H_s = \sum_{i=1}^{M_s}H_{si}$；第二步利用了价格指数方程（1—2）以及行业收益生产率（revenue productivity）$TFPR_s$ 的定义 $TFPR_s \triangleq \frac{P_sY_s}{K_s^{\alpha_s}H_s^{1-\alpha_s}}$；第三步利用了收益生产率 $TFPR_{si}$ 和物质生产率 TFP_{si} 之间的关系 $TFPR_{si} = P_{si}TFP_{si} = P_{si}A_{si}$。

四位数产业全要素生产率表达式（1—4）的含义可以从以下两方面来理解。

首先，由收益生产率定义以及产品定价方程（1—3），得到以下表达式：

$$TFPR_{si} = P_{si}A_{si} = \frac{\sigma}{\sigma-1}\left[\frac{R(1+\tau_{si}^{K})}{\alpha_s}\right]^{\alpha_s}\left[\frac{w(1+\tau_{si}^{H})}{1-\alpha_s}\right]^{1-\alpha_s} \tag{1—5}$$

（1—4）式和（1—5）式表明，在给定企业物质生产率分布 $\{A_{si}\}_{i=1}^{M_s}$ 的条件下，

---

[1]　在此，有三种可征税商品：产品、资本品和劳动。由于税率改变了商品间的相对价格，因此理论上完备的税收体制只需要对两种商品征税即可。重新定义的税制系统不会影响纳税人的行为及均衡条件。HK模型新定义的税制系统为产品税和资本税，本书为资本税和劳动税。

四位数产业的物质生产率 TFP_s 依赖于企业面临的扭曲分布 $\{\tau_{si}^K, \tau_{si}^H\}_{i=1}^{M_s}$。如果没有扭曲，即 $\tau_{si}^K = \tau_{si}^H = 0$，则 $TFPR_{si} = TFPR_{sj} = TFPR_s$，$\forall i,j$。此时，四位数产业的物质生产率为最有效率的水平，可将其定义为 TFP_s^e。由（1—4）式可知，TFP_s^e 为企业物质生产率 $\{A_{si}\}_{i=1}^{M_s}$ 的一个加总，形式如下：

$$TFP_s^e = TFP_s(\tau_{si}^K = 0, \tau_{si}^H = 0) = \left[\sum_{i=1}^{M_s} (A_{si})^{\sigma-1}\right]^{\frac{1}{\sigma-1}}$$

在存在扭曲的条件下，产业的物质生产率都低于 TFP_s^e。

其次，为了能够直观地看出扭曲分布与 TFP_s 的关系，Hsieh and Klenow（2009）还得到了下面的类似结果。在一定条件下，我们可以得到关于 TFP_s 的表达式[①]：

$$\ln TFP_s = \frac{1}{\sigma-1} \times \log\left(\sum_{i=1}^{M_s} (A_{si})^{\sigma-1}\right) - \frac{\sigma-1}{2} \times \mathrm{var}(\ln TFPR_{si}) \quad (1—6)$$

（1—6）式说明，在 $\sigma > 1$ 的条件下，$TFPR_{si}$ 的离散程度越高，则 TFP_s 越低。随着 σ 的增加，这一反向变动关系更加显著。[②] 由（1—5）式可知，$TFPR_{si}$ 的离散程度由企业面临的扭曲的离散程度决定。因为有效增值税税率是所有扭曲中的一部分，因此其离散度也会影响产业生产效率 TFP_s。如果有效增值税税率与其他扭曲独立或正相关，则企业间有效增值税税率的离散程度越高，导致的产业 TFP 损失越大。这是本章研究的重要理论基础。

1.3.2 效率损失测算

我们想知道：在一个完美的增值税体制下，如果企业间不存在有效增值税税率的差异，则中国制造业的 TFP 会增加百分之几？这一问题的答案便是增值税导致的 TFP 损失。根据本部分首节的理论，这一损失可通过下面的式子来度量：

$$效率损失 = \left[\frac{TFP(\tau_{si}^K, \tau_{si}^H)}{TFP(\tau_{si}^{K'}, \tau_{si}^{H'})} - 1\right] \times 100\% \quad (1—7)$$

式中，$(\tau_{si}^K, \tau_{si}^H)$ 为企业包括了 VAT 在内的所有扭曲的分布；$(\tau_{si}^{K'}, \tau_{si}^{H'})$ 为剔除了 VAT 在内的其他扭曲的分布；$TFP(\tau_{si}^K, \tau_{si}^H)$ 和 $TFP(\tau_{si}^{K'}, \tau_{si}^{H'})$ 分别为对于相应扭曲的整个

---

① 作者怀疑 Hsieh and Klenow（2009）一文中推导出的（16）式（原文编号）有问题。
② 从直观上看，σ 越大，企业间替代弹性就越大，从而市场竞争越激烈，企业间很小的税率差异都会让低税率企业获得很强的竞争力，低税率企业更容易将高税率企业的业务抢走（business-stealing），导致更严重的资源错配和 TFP 损失。

制造业的 TFP 。制造业的 TFP 可由各产业的 TFP_s 以如下的方式加总得到：

$$TFP = \prod_{s=1}^{S} TFP_s^{\theta_s}$$

下面的问题是如何计算（1—7）式中的 $(\tau_{si}^K, \tau_{si}^H)$ 和 $(\tau_{si}^{K'}, \tau_{si}^{H'})$ 。

由（1—3）式中的定义，有 $1+\tau_{si}^K = \dfrac{1+\tilde{\tau}_{si}^K}{1-\tilde{\tau}_{si}^Y}$ ，$1+\tau_{si}^H = \dfrac{1+\tilde{\tau}_{si}^H}{1-\tilde{\tau}_{si}^Y}$ ，其中 $\tilde{\tau}_{si}^Y$ 为包含了增值税税率 τ_{si}^{VAT} 的产品市场扭曲。

记 τ_{si}^Y 为剔除了 τ_{si}^{VAT} 的产品市场扭曲，则 $\tilde{\tau}_{si}^Y$ 和 τ_{si}^Y 两者的关系为：

$$1-\tilde{\tau}_{si}^Y = 1-\tau_{si}^Y - \tau_{si}^{VAT} \approx (1-\tau_{si}^Y)(1-\tau_{si}^{VAT})$$

因此，不包含 τ_{si}^{VAT} 的资本市场和劳动市场的扭曲为：

$$1+\tau_{si}^{K'} \triangleq \frac{1+\tilde{\tau}_{si}^K}{1-\tau_{si}^Y} = \frac{1+\tilde{\tau}_{si}^K}{1-\tilde{\tau}_{si}^Y} \times \frac{1-\tilde{\tau}_{si}^Y}{1-\tau_{si}^Y} \approx (1+\tau_{si}^K)(1-\tau_{si}^{VAT}) \qquad (1—8)$$

$$1+\tau_{si}^{H'} \triangleq \frac{1+\tilde{\tau}_{si}^H}{1-\tau_{si}^Y} = \frac{1+\tilde{\tau}_{si}^H}{1-\tilde{\tau}_{si}^Y} \times \frac{1-\tilde{\tau}_{si}^Y}{1-\tau_{si}^Y} \approx (1+\tau_{si}^H)(1-\tau_{si}^{VAT}) \qquad (1—9)$$

结合前面的分析，我们得到了计算 $(\tau_{si}^K, \tau_{si}^H)$ 、$(\tau_{si}^{K'}, \tau_{si}^{H'})$ 和 TFP 损失的方法，相应的步骤总结如下。

首先，按照下面的公式计算制造业平均人力资本有效工资率 w 和资本租金率 R ：

$$w = \frac{\sum_{si} wage\_bill_{si}}{\sum_{si} H_{si}}$$

$$R = \frac{\sum_{si} (P_{si}Y_{si} - wage\_bill_{si})}{\sum_{si} K_{si}}$$

式中，$wage\_bill_{si}$ 为企业的应付工资总额，其他变量的定义同上。

其次，按照下面的公式计算 $(\tau_{si}^K, \tau_{si}^H)$ ：

$$1+\tau_{si}^K = \frac{\sigma-1}{\sigma} \times \frac{\alpha_s P_{si}Y_{si}}{RK_{si}}$$

$$1+\tau_{si}^H = \frac{\sigma-1}{\sigma} \times \frac{(1-\alpha_s)P_{si}Y_{si}}{wH_{si}}$$

再次，按照（1—8）式和（1—9）式计算 $(\tau_{si}^{K'}, \tau_{si}^{H'})$ ，其中的 τ_{si}^{VAT} 为企业 si 的

有效增值税税率。

最后，结合（1—4）式和（1—5）式，把得到的 $(\tau_{si}^K,\tau_{si}^H)$ 和 $(\tau_{si}^{K'},\tau_{si}^{H'})$ 代入（1—7）式，由此得到有效增值税税率差异造成的制造业 TFP 损失。

1.3.3 结 果

按照 Hsieh and Klenow（2009）的做法，我们设定 $\sigma=3$，每个四位数产业的资本份额为 α_s，然后利用相应行业的企业资本份额平均数据进行校准。①

1. 基准结果

在（1—7）式的基础上，本节将说明本章中最重要的结果——企业间有效增值税税率差异导致的制造业全要素生产率损失。这部分的结果称为基准结果，见表1—3。

表 1—3　　　　　　增值税税率差异产生的 TFP 损失（基准结果）（%）

年份	2000	2002	2003	2005	2006	2007	平均
效率损失	5.0	7.4	6.5	5.7	6.6	15.9	7.9
增值税税率	10.7	10.5	10.5	10.2	10.0	10.0	10.3

增值税产生的效率损失展示在表1—3中的"效率损失"一行。该损失可以解释为：在消除企业间有效增值税税率差异后，现实的 TFP（或 GDP）可以增加百分之几。由于反事实分析只消除了企业间有效增值税税率的差异，使得每家企业的税率均为制造业的平均税率，这种变化没有太大地改变政府总的增值税收入，因而可以看作收入中性（revenue-neutral）的改革。"增值税税率"一行展示了各年整个制造业企业的平均有效增值税税率。

表1—3中的结果反映出增值税效率损失的两个特点：第一，数量大。如果消除增值税税率差异，制造业现有的 GDP 和 TFP 历年平均能够增加 7.9%。第二，不同年份的效率损失表现出很大的差异，从 5% 至 16% 不等。在稳健性检验中，我们将看到：第一个特点依然是稳健，第二个特点是在有些情况下并不显著。

2. 扭曲之间的相关性

通过比较含有增值税和剔除了增值税的两组扭曲，计算增值税导致的效率损失，其隐含假设是增值税税率与其他扭曲无关，因此在剔除了增值税以后，其他扭

---

① Hsieh and Klenow（2009）将资本份额设定为美国相应四位数产业的数值。本书没有采用他们的方法，原因有二：第一，出发点不同，本书不打算比较中国和美国的扭曲程度，因此没有必要用美国的数据作为基准；第二，从理论上讲，由于要素禀赋不同，中国的适用技术（appropriate technology）与美国并不相同，因此没有理由认为中国的资本份额应该与美国的相等。

曲的分布依然保持不变。然而，这一假设的合理性如何？

为了回答这一问题，表 1—4 列出了增值税扭曲与其他扭曲的相关系数。从数值上看，它们的相关系数都很小，除了与劳动力市场扭曲的相关系数接近 0.2 以外，其他的相关系数绝对值都小于 0.1。

表 1—4　　　　　　　　**增值税扭曲与其他扭曲的相关系数及标准差**

扭曲	$\ln(1-\tau_{si}^{VAT})$	$\ln(1+\tau_{si}^{K})$	$\ln(1+\tau_{si}^{H})$	$\ln(TFPR_{si}^{KH})$
$\ln(1-\tau_{si}^{VAT})$	1.000 0			
$\ln(1+\tau_{si}^{K})$	−0.076 1	1.000 0		
$\ln(1+\tau_{si}^{H})$	0.194 3	0.150 3	1.000 0	
$\ln(TFPR_{si}^{KH})$	−0.000 9	0.914 1	0.493 5	1.000 0
标准差	0.145 1	1.606 0	1.039 8	1.103 6

如果把增值税扭曲与其他扭曲的相关性考虑到我们对增值税效率损失的分析中，结果会产生多大影响？

回答这一问题依赖于（1—6）式。如果记 $TFPR_{si}^{KH}=(1+\tau_{si}^{K})^{\alpha}(1+\tau_{si}^{H})^{1-\alpha}$ 为剔除了增值税以后的 $TFPR$，则（1—6）式中的 $TFPR_{si}=(1-\tau_{si}^{VAT})TFPR_{si}^{KH}$。因此，有

$$
\begin{aligned}
\mathrm{var}(\ln TFPR_{si}) = {} & \mathrm{var}(\ln(1-\tau_{si}^{VAT})) + \mathrm{var}(\ln(TFPR_{si}^{KH})) \\
& + 2\mathrm{cov}(\ln(1-\tau_{si}^{VAT}),\ln(TFPR_{si}^{KH}))
\end{aligned} \tag{1—10}
$$

在前文的分析中，我们实际上假设了 $\ln(1-\tau_{si}^{VAT})$ 独立于 $\ln(TFPR_{si}^{KH})$。根据（1—6）式和（1—10）式，这一假设相当于在计算增值税效率损失时，忽略了两者的协方差项。表 1—4 中的结果表明，$\ln(1-\tau_{si}^{VAT})$ 与 $\ln(TFPR_{si}^{KH})$ 之间的相关系数为 −0.000 9，接近 0。在给定 $\sigma=3$ 的情况下，$2\mathrm{cov}(\ln(1-\tau_{si}^{VAT}),\ln(TFPR_{si}^{KH}))$ 等于 0.028 8％。这说明前文的分析结果只低估了大约 0.028 8％ 的效率损失[①]，因此其分析所做的假设还是比较合理的。

1.4　稳健性检验

在基准结果的基础上，本节将围绕增值税转型改革、数据质量、离群值、行业内部替代弹性、出口退税、人力资本估算等方面，对基准结果进行稳健性检验。其结果表明，增值税的 TFP 损失历年平均都在 6％ 以上。

---

① 当然，这一结论依赖于（1—6）式成立的假设：A_{si} 和 $TFPR_{si}$ 独立且满足对数正态分布。对分析过程感兴趣的读者，可向作者索要。

1.4.1　增值税转型改革

通过回归分析，我们发现增值税转型改革对试点产业内部企业间有效增值税税率标准差的影响为 3.03％。[①] 为此，我们有必要检验增值税转型改革对增值税效率损失的影响。采用的方法是：剔除增值税转型改革涉及的六大行业以及东北三省的所有企业，然后利用留存样本计算增值税的效率损失，见表 1—5。由表可知，与基准结果（表 1—3）相比，除了 2007 年降低的幅度较大以外[②]，其他年份变化不大，而且各年份的升高或降低幅度不一，没有系统性变化。

表 1—5　　　　　　　　稳健性检验——增值税转型改革（％）

年份	2000	2002	2003	2005	2006	2007	平均
效率损失	5.8	7.2	8.5	5.7	5.2	8.8	6.9
增值税税率	10.6	10.5	10.4	10.1	10.0	9.9	10.3

1.4.2　数据质量

此外，一个很自然的疑问是，企业间有效增值税税率差异有可能在很大程度上是因数据质量和噪声导致。回应这一怀疑的最佳方法是用另一套独立的数据（如国家税务总局的企业数据）进行比对。遗憾的是，我们缺乏这样的数据。然而，国家税务总局公布了两位数产业的税收负担率及其预警值。税收负担率的定义为"应缴增值税除以销售额"。国家税务总局会根据往年的企业数据来计算各行业的税收负担率。在行业均值的基础上，税务总局还要根据置信区间给出了税收负担率的预警值[③]，如果某一企业的税收负担率低于预警值，则该企业可被认定为存在风险的企业并进行稽查。需要注意的是，由于预警值只是根据置信区间给出，因此税收负担率低于预警值并不能说明该企业一定存在税收偷逃问题。

本章根据国家税务总局公布的 2007 年各行业的税收负担率及其预警值，构造了相应的置信区间。如果某一行业的平均税收负担率落到置信区间之外，说明国家统计局收集的企业年报数据与国家税务总局收集的企业数据存在较大出入，我们将认为该行业的数据质量存在严重问题而不予使用。如图 1—2 所示，在 40 个两位数产业中，有 9 个产业落在区间之外。

---

① 见附录 2.2。

② 这主要是由于剩余样本在 2007 年的总体扭曲较小，使得（1—7）式中的分母变大。尽管（1—7）式中的分子和全体样本相比变化不大。

③ 但是，国家税务总局没有说明置信区间的置信度大小。

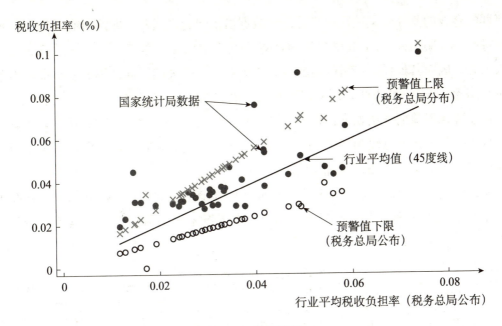

图 1—2 数据质量

说明：（1）横轴为国家税务总局公布的两位数产业的税收负担率。

（2）45 度线、空心点和"叉"分别为国家税务总局公布的两位数产业平均税收负担率及其下限和上限。

（3）实心点为本章所用数据的两位数产业的税收负担率。如果两套数据完全一致，则所有实心点都应该落在 45 度线上。落在上下限外的实心点被认为是数据质量存在严重问题的产业。

如果将这 9 个产业的数据剔除，并重新计算增值税的效率损失，得到的结果见表 1—6。与基准结果相比较，效率损失有增有减，我们没有发现增值税的效率损失有系统性的降低。剔除 9 个行业以后，并没有对留存数据的增值税平均税率造成太大影响。

表 1—6   稳健性检验——数据质量（%）

年份	2000	2002	2003	2005	2006	2007	平均
效率损失	6.8	3.5	2.7	4.6	4.5	21.3	6.8
增值税税率	10.8	10.5	10.2	10.2	10.2	10.0	10.8

1.4.3 离群值（outlier）

另一个导致本章结果高估增值税效率损失的可能是某些企业的有效增值税税率存在"离群值"，从而使得企业间增值税税率的离散程度大大增加。现有两种方法来考察这一问题对本章结果造成的影响：一是将增值税税率存在"离群值"的企业从样本中剔除；二是用 Winsorize 的方法将离群值替换为非离群值。

由于有效增值税税率等于应缴所得税除以增值额，因此企业报告的应缴所得税或者增值额出现问题，都会导致有效增值税税率离群。另外，出现有效增值税税率离群的企业的其他变量往往也容易出现数据质量问题。因此，即使对有效增值税税率进行 Winsorize，由于效率损失的计算依赖于增值额、总资产、工资总额、员工人数等，因而其他任何变量的离群也会导致对效率损失的错误估算。鉴于此，本章不采用 Winsorize 的方法，而采用剔除离群值的方法。

剔除离群值的方法如下：首先，给定某一数值 α（$0 < \alpha < 50$）；然后，将增值税税率低于 $\alpha\%$ 分位数和高于 $(100 - \alpha)\%$ 分位数的企业从数据中剔除（这相当于从样本中剔除了 $2\alpha\%$ 的离群企业）。

我们选取 $\alpha = 0.05$，在剔除离群企业后计算增值税效率损失，其结果报告在表1—7中。我们发现，除了2007年与基准结果相比有较大降低以外，其他年份基本没有变化。

表1—7　　　　　　　　　　稳健性检验——离群值（%）

年份	2000	2002	2003	2005	2006	2007	平均
效率损失	5.0	7.4	6.6	5.8	4.4	6.5	6.0
增值税税率	10.6	10.5	10.4	10.1	10.0	9.9	10.3
增值税税率（最低）	−16.8	−25.4	−30.0	−30.7	−31.0	−28.6	−27.1
增值税税率（最高）	100.0	100.0	100.0	100.1	98.2	98.9	99.5

随着 α 的提高以及被剔除企业的比例增加，留存样本中企业间增值税税率的离散程度不断降低，从而计算出的增值税税率效率损失会越来越小。因此，我们自然就会产生一个疑问：仅剔除0.1%的企业是否比例过低？本章对此的答案是否定的。原因在于，剔除0.1%的企业后增值税税率的上限约为100%［表1—7中"增值税税率（最高）"一行］，下限约为−30%［表1—7中"增值税税率（最低）"一行］。由于原材料提前购进以及我国税法对进项税额转出和视同销售等方面的规定，因而100%的增值税税率并非异常。另外，由于企业新办、关停、市场价格波动、实物返利、网上销售以及出口退税等原因，造成−30%的有效增值税税率并不鲜见。因此，我们没有充分的理由要求继续提高 α 和剔除比例，以降低增值税税率的上下限。

1.4.4　替代弹性

行业内部替代弹性 σ 的估计值并非没有争议，贸易和产业组织文献对 σ 的估计大致在 3~10 ［Broda and Weinstein（2006）］。替代弹性越大，则税率差别导致企业间资源错配的问题越严重，见（1—6）式。在前面的计算中，我们依照 Hsieh and Klenow（2009），比较保守地取 $\sigma = 3$。为了验证本章结果对替代弹性的敏感度，我们增大 σ，取 $\sigma = 5$，发现增值税产生的效率损失大大增加，见表1—8"效率损失（$\sigma = 5$）"一行；反之，如果 σ 小于3，则效率损失会大幅降低，见表1—8

"效率损失（$\sigma=1.5$）"一行。这说明本章的结论高度依赖于 σ 的取值。

表 1—8　　　　　　　　　　　稳健性检验——替代弹性（%）

年份	2000	2002	2003	2005	2006	2007	平均
效率损失（$\sigma=1.5$）	1.02	0.92	1.30	0.79	0.76	1.16	0.99
效率损失（$\sigma=5$）	14.8	26.7	23.5	34.9	36.7	58.3	32.5
效率损失（$\sigma=47$）	55.6	53.2	51.4	18.3	16.9	16.0	35.2

那么，中国制造业的替代弹性是否会比较特殊？σ 是否会小于 3，进而本章的基准结果高估了增值税的效率损失呢？答案很可能是否定的。尽管作者没有对中国制造业的弹性做出认真的估计，但我们可以从制造业的平均利润率来推断 σ 的大小。从理论上可以证明，如果企业间的产品替代弹性为常数，企业的技术为常数规模回报，则 $\sigma=$ 增值额/利润（Lerner 系数的倒数）。利用 2000—2007 年规模以上工业企业年报，我们发现"增值额/利润"的历年平均为 47。从这个角度来看，中国制造业的 σ 小于 3 的可能性很小。如果 σ 取 47，则利用本章方法得到的增值税效率损失很大，如表 1—8"效率损失（$\sigma=47$）"一行。但我们注意到，各年份的效率损失并非随 σ 单调增加，而是有增有减。

1.4.5　出口退税

如果不考虑出口退税对企业有效增值税税率产生的影响，企业间增值税差异导致的 TFP 损失有多少？

表 1—9 中的"效率损失"一行计算了剔除出口退税因素以后的结果，与基准结果（见表 1—3）相比可以发现，出口退税对增值税效率损失的影响不大，而且没有系统性的影响，有时增加了效率损失，有时降低了效率损失。

表 1—9　　　　　　　　　　　稳健性检验——出口退税（%）

年份	2000	2002	2003	2005	2006	2007	平均
效率损失	3.0	9.5	6.6	6.0	7.8	16.0	8.2

1.4.6　人力资本估算

前面的分析都基于工资度量的人力资本，如果采用其他人力资本度量方式，如 Mincerian 人力资本，或如 Hsieh and Klenow（2009）那样直接采用工资总额，则对增值税效率损失的测算会有何种影响？表 1—10 报告了采用 Mincerian 人力资本和工资总额度量人力资本时测算的增值税效率损失。[1] 结果发现，效率损失测算结

---

[1]　对人力资本估算感兴趣的读者，可向作者索要相关资料。

果对于几种人力资本度量没有关系。

表 1—10　　　　　　　　　　稳健性检验——人力资本（%）

年份	2000	2002	2003	2005	2006	2007	平均
效率损失（Mincerian）	5.0	7.4	6.5	5.7	6.6	15.9	7.9
效率损失（工资）	5.0	7.4	6.5	5.7	6.6	15.9	7.9

1.5　结论与建议

如果同一行业的企业面临的有效增值税税率不同，则会导致资源错配和行业生产效率的降低。本章以 Hsieh and Klenow（2009）的模型为基础，以 2000—2007年规模以上工业企业年报为样本，测算了我国制造业由于企业间有效增值税税率差异而导致的 TFP 损失。计算结果表明，如果企业间的增值税税率不存在差异，则制造业的 GDP 和全要素生产率历年平均可以提高 7.9%。

稳健性检验表明，增值税转型改革、数据质量、离群值以及人力资本度量问题对本章结论的影响不大，但计算结果对替代弹性的取值非常敏感。替代弹性越大，计算出的增值税效率损失越大。然而，由于本章对替代弹性的取值已经很低，因此高估增值税效率损失的可能性并不大。总体而言，各种稳健性检验得到的增值税效率损失历年平均值都在 6% 以上。

本章还研究了导致我国企业间有效增值税税率差异的一些主要因素，发现区域差异最为重要：区县之间的平均增值税税率差异贡献了约 60% 的企业间税率差异。其他因素，如企业的投入产出结构、纵向一体化程度、所有制类型都显著地影响有效增值税税率，但对企业间有效税率的离散度影响不大。增值税转型改革降低了试点产业企业间有效税率的离散度，而特异性的时间扰动、延期缴税、出口退税、企业的进入和退出不是造成企业间有效税率离散度的主要原因。

从直观上看，仅增值税一项就导致了制造业全要素生产率 6% 以上的效率损失，这还没有包括经济中其他扭曲的贡献。那么，我们应该如何理解这一计算结果？实际上，根据本章对有效增值税税率差异的因素分析，企业间增值税税率的差异在一定程度上综合反映了经济中存在的其他扭曲。例如，我们现在知道，纵向一体化可以降低企业税率，那么为什么有的企业不通过纵向一体化来降低税率？一个可能的解释就是不同企业进行纵向一体化的成本不同。如果一家企业面临更多不利于兼并、收购或者扩大规模的政策扭曲，这家企业的纵向一体化程度就会比较低，从而比同行具有更高的有效增值税税率。

又如，本章发现：约 60％的企业间增值税税率差异是由于地域之间的差异导致，而地域之间的增值税税率差异很可能反映了我国经济和财政体制区域分割的现状，这在某种程度上也是一种制度扭曲。由于增值税税率的差异综合反映了经济中存在的其他扭曲，本章分析中所谓的"消除企业间增值税税率差异"，在实践当中是要求矫正影响增值税税率的其他扭曲。如果把这些扭曲的影响也考虑进来，则 6％以上的效率损失也许并不算大。

从本章的分析结论中可以得到一些有意义的启示。

（1）差别税率因其改变产品和生产要素的相对价格，因此使企业和消费者的行为偏离最优点，最终导致效率损失。这是绝大多数经济学者接受的经济法则。但是，在现实中，由于缺少对效率损失大小进行估计的实证研究，因而差别税率导致效率损失的经济法则并没有得到重视。相反，税率因产品、行业以及企业而异的现象在经济社会中随处可见，而导致税率差异的原因更是五花八门，其中的大部分原因缺少经济学意义上的合理性。本章的测量结果显示，税率差异带来的效率损失非常大。这一点让我们重新认识到"税率差异导致效率损失"这个最基本经济法则的重要性，让决策者重新意识到，在设置税率时应当尽可能做到对所有产品和服务实施统一税率，除了特殊原因之外（如为纠正外部性对特定产品课税；出于公平的原则，对食品等基本生活品实施低税率或零税率等），应当尽量减少差别税率或税率档次。

（2）本章的分析对目前正在实施的营改增税制改革具有显著的借鉴意义。

第一，如前所述，当前的营业税不仅是导致增值税纳税人有效税率差异的重要因素之一，而且存在重复课税的弊端，导致营业税纳税人之间的实际税负各不相同。营改增的税制改革有助于缩小和消除企业之间有效税率的差异，因此可以提高效率。从这个意义上讲，本章从经济效率的角度为营改增的税制改革提供了经济学的理论基础。

第二，本章是对营改增之后增值税税率设计的启示。在营改增之后服务业企业适用增值税税率的设计上，出现了多档化的倾向。在 2011 年初上海开始营改增试点改革时，对交通运输业和部分现代服务业实施了差别税率，前者适用 11％的增值税税率，后者的增值税税率被定为 6％。[①] 这使我国增值税税率在原来的零税率、13％低税率以及 17％基本税率的基础之上，又增加了两档税率，导致增值税税率不

---

① 部分现代服务业包括 6 个小行业，其中，租赁有形动产等行业适用 11％的税率，其他的行业均适用 6％的税率。

统一的现象由此变得更加严重。更重要的是，随着试点行业范围的扩大，对不同服务业部门实施不同增值税税率的呼声越来越高。营业税原纳税人在营改增之后适用增值税税率的高低，其设定原则主要是为了保持纳税人税负不变。根据该原则，在营改增之前营业税税率给定的条件下，营改增之后适用的增值税税率主要取决于行业间增加值率（增加值与产出的比率），增加值率越高，适用的增值税税率越高，否则越低。为了让营改增税制改革顺利进行，保证营改增之后企业的税收负担不增加是可以理解的。尽管如此，根据增加值率高低来决定增值税税率高低的做法，除了导致效率损失之外，从长远来讲没有其他益处。目前推行的营改增税制改革，应当尽可能减少税率档次和保持统一的增值税税率。

第1章附录

附录1 描述性统计

附表 1 为 2000—2007 年规模以上工业企业年报的描述性统计。

附表 1	2000—2007 年规模以上工业企业年报的描述性统计[a]			
	均值	标准差	最小值	最大值
总资产	1.16E+05	1.62E+06	1	5.64E+08
员工数	2.18E+02	1.01E+03	1	1.58E+05
增加值	4.16E+04	5.11E+05	4	1.63E+08
工资总额	1.57E+04	1.63E+05	3.6	3.02E+07
增值税率	10.23%	11.02%	−308.56%	1 096.60%

注：a 包括 2000 年、2002 年、2003 年、2005 年、2006 年和 2007 年共计 693 448 个观测值。

附录2 有效增值税税率差异的来源——实证证据

前文提到了理论上可能影响企业有效增值税税率的各种因素，下面利用回归分析来定量研究各种因素的贡献。我们的主要结论是：①最主要的因素是地区差异——分析表明，区县一级的差别可以解释约 60% 的企业间有效增值税税率差异；②企业的投入产出结构、纵向一体化、所有制都显著地影响了有效增值税税率，但对企业间有效税率的离散度影响不大；③增值税转型改革降低了试点产业企业间有效税率的离散度；④特异性的时间扰动、延期缴税、出口退税、企业的进入和退出都不是影响企业间有效税率离散度的主要原因。

附录2.1 地域差别、投入产出结构、纵向一体化、企业所有制

为了考察影响企业有效增值税税率的因素，我们做以下混同 OLS 回归（pooled OLS），回归的每一个观测值为年份 t 的企业 i。

$$\tau_{it} = \alpha + \beta County_i + \gamma SOE_i + \eta Size_i + \lambda Organization_{it} + \delta Export_{it} + \theta Indu_i$$
$$+ \kappa Year_t + \xi_{it}$$

式中，τ 为有效增值税税率；$County$ 为县区级地域虚拟变量；SOE 为所有制虚拟变量（0 为国有企业）；$Size$ 为企业增加值的对数；$Organization$ 为企业的投入产出结构和纵向一体化程度；$Export$ 为企业的外向型程度；$Indu$ 为四位数产业虚拟变量；$Year$ 为年份虚拟变量。

附表 2 报告了三组回归的结果，第一组回归的 R^2 为 0.067 6，说明四位数产业间的差异很难解释企业间有效增值税税率差异。第二组回归加入了县区地域虚拟变量以后，R^2 提高到 0.669 3，说明县区之间的差异能够解释约 60% 的企业间有效增值税税率差异。[①] 第三组回归包括了所有的解释变量，与此前的分析一致：非国有企业、规模大的企业、纵向一体化程度高的企业、外向型程度高的企业具有显著的较低增值税税率。[②]

附表 2   影响企业有效增值税税率的因素

被解释变量：τ_{it}		
2000—2007 年混同 OLS 回归		
解释变量	回归（1）	回归（2）	回归（3）
常数项	10.23***[h]	10.23***	19.51***
Year Dummy[a]	包括[i]	包括	包括
Industry Dummy[b]	包括	包括	包括
County Dummy[c]	否[i]	包括	包括
SOE Dummy[d]	否	否	−0.94***
Size of Firm[e]	否	否	−0.40***
Export/Sales[f]	否	否	−1.68***
Organization[g]	否	否	−13.33***
R^2	0.067 6	0.669 3	0.693 2

注：a. 年份虚拟变量，共 6 年。

b. 四位数产业虚拟变量，共 823 个四位数产业。

c. 区县级虚拟变量，共 3 930 个区县级行政辖区。

d. 所有制类型虚拟变量，0 为国有企业，1 为非国有企业。

e. 企业规模，用企业增加值的对数进行测度。

f. 企业的外贸依存度，用出口额除以销售额进行测度。

g. 企业的投入产出结构，等于"增加额/（增加额＋中间品投入）"，相当于 $1 - \dfrac{p_m q_m}{p_y q_y}$。该指标越高，说明该企业的纵向一体化程度越高。

h. *** 代表在 1% 水平上显著，** 代表在 5% 水平上显著，* 代表在 10% 水平上显著。

i. "包括"表示该变量包含到回归中（在 Stata 中，使用 areg 进行回归，"包括"的变量作为被"absorb"的变量）；"否"表示该变量没有包含到回归中。

---

① 县区之间的差异对有效增值税税率差异的贡献可用第二组回归和第一组回归的 R^2 差值来度量，即 66.93%−6.76%≈60%。

② 为了进一步理解附表 2 中的结果，附录 3 中的附表 7 和附表 8 还具体分析了有效进项税率和有效销项税率的决定因素。

附录2.2 税制改革

为了研究 2004 年 7 月在东三省 6 大行业实施的增值税转型改革对企业有效增值税税率及其离散度的影响，我们采用三重差分（diff-in-diff-in-diff）的方法：

$$\tau_{it}[\text{or std}(\tau_{it})] = \alpha + \beta R_i^{NE} + \gamma I_i^s + \eta Y_t^{After} + \theta R_i^{NE} Y_t^{After}$$
$$+ \delta I_i^s Y_t^{After} + \kappa R_i^{NE} I_i^s + \varphi R_i^{NE} I_i^s Y_t^{After} + \xi_{it}$$

其中，被解释变量分别为企业增值税税率 τ_{it} 和组内企业增值税税率标准差 $\text{std}(\tau_{it})$。三个虚拟变量将所有企业分为 8 组：R_i^{NE} 为地域虚拟变量，东北三省为 1；I_i^s 为产业虚拟变量，改革试点产业为 1；Y_t^{After} 为时间虚拟变量，2005 年及以后为 1。

从各地区平均来看 [包括试点地区（$R_i^{NE} = 1$）和非试点地区（$R_i^{NE} = 0$）]，增值税转型改革对试点产业内部企业间有效增值税税率标准差的影响为 $\delta + \varphi = -3.03\%$。给定平均的有效增值税税率标准差 10.87%，则增值税转型改革的效果不容忽视。在前文的稳健性检验中，我们考察了舍弃试点地区和试点产业后对本章结果的变化。附表 3 报告了上述三重差分回归给变量的系数。

附表 3　　　　　　　东北地区增值税转型改革对企业增值税税率差异的影响

	$Constant$	R_i^{NE}	I_i^s	Y_t^{After}	$R_i^{NE} Y_t^{After}$	$I_i^s Y_t^{After}$	$R_i^{NE} I_i^s$	$R_i^{NE} I_i^s Y_t^{After}$
τ_{it} a	10.87%	−1.53%	0.62%	−0.41%	0.66%	−2.21%	0.39%	−1.20%
std (τ_{it}) b	10.94%	0.26%	1.42%	−0.072%	1.84%	−1.05%	3.02%	−1.98%

注：a. 该行的解释变量为企业的有效增值税税率，该回归除了解释变量 $R_i^{NE} I_i^s$ 在 10% 水平上显著以外，其余解释变量的显著性皆在 1% 以上。

b. 由于该行的解释变量为每一组样本中企业增值税税率的标准差，因此被解释变量的观测值数量等于样本组数（即解释变量的个数，共 8 个），该回归不报告 t 值和 p 值。

附录2.3 特异性（idiosyncratic）时间冲击

如果企业间的有效增值税税率完全来源于特异性时间冲击，则企业增值税税率的时间序列不具有相关性，而且年份平均值不会有差别。在税收实践当中，最主要的特异性时间冲击来源于企业现金流的波动。当企业面临现金困难时，将向税务部门申请延期缴纳，结果造成企业增值税税率在时间上的波动。

由于企业年报数据中的企业代码在 2004 年以后发生了变化，无法将 2004 年前后的企业数据匹配起来。① 因此，我们将 2000—2007 年的数据分为两个样本，样本 1 为在 2000—2003 年期间一直存在于企业年报中的企业，样本 2 为在 2005—2007

---

① 当然，通过企业的其他信息（如名称、地址、电话等）也可以将企业在 2004 年前后的数据进行匹配，但对本研究的意义不是非常大。

年期间一直存在的企业（两个样本均剔除了样本期间内新进入和退出的企业）。

附表4中企业层次上增值税税率的相关系数约为0.6，表明企业有效增值税税率具有较强的企业特异性（firm-specific）以及时间上的持续性（time-persistent）。这种时间序列相关性随着行政区划级次的提升以及产业类别级次的增加而增强。例如，在省层级以及两位数产业层次，有效增值税税率的时间序列相关系数都在0.9以上。

附表4   **特异性时间冲击对企业增值税税率差异的影响**[a]

	样本1		样本2	
	2000—2002年	2002—2003年	2005—2006年	2006—2007年
企业层次	0.54	0.60	0.60	0.60
区县层次	0.69	0.74	0.81	0.83
地市层次	0.84	0.88	0.90	0.92
省层级	0.93	0.97	0.96	0.97
四位数产业	0.72	0.43	0.90	0.75
两位数产业	0.96	0.94	0.99	0.99

注：a. 表中的数据为各层次上的增值税税率在相邻年份间的相关系数，非企业层次上对应的增值税税率为相应层次中包括了所有企业增值税税率的平均值。

附图1显示了样本1和样本2中企业各年份有效增值税税率的分布以及三年平均税率的分布。可以清楚地看出，企业增值税税率年份平均值的分布从离散程度的角度看与各年增值税税率的分布并无太大的差别，只是分布曲线变得更为平滑，说明企业间增值税税率的差异主要来源于企业的持续性特征，而非特异性的时间冲击。

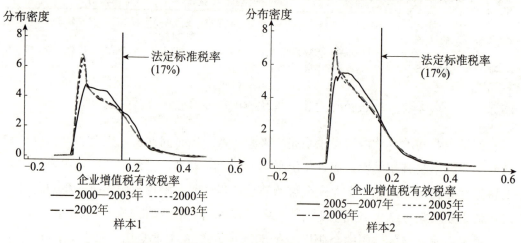

附图1 特异性时间冲击对企业增值税税率差异的影响

附录2.4 出口退税

由于出口退税的政策，外贸依存度不同的企业可能享有不同的有效增值税税率。然而，从附表5提供的数据来看，尽管出口退税降低了企业的平均有效增值税税率，但对企业间有效增值税税率的标准差没有产生太大影响。

附表 5　　　　　　出口退税对企业增值税税率差异的影响（%）

年份	退税后[a]		退税前[b]	
	均值	标准差	均值	标准差
2000	10.7	11.8	10.8	11.8
2002	10.5	11.0	10.7	11.0
2003	10.5	10.9	10.6	10.9
2005	10.2	11.3	10.3	11.3
2006	10.0	11.1	10.2	11.1
2007	10.0	10.5	10.5	10.5

注：a. 退税后的数据为企业年报中报告的数据。

b. 退税前的数据通过回归的方式进行反推，步骤如下：

（1）对下面的方程进行 OLS 回归：

$$\tau_{it} = \alpha + \beta(Export_{it}/VA_{it}) + \gamma X_{it} + \varepsilon_{it}$$

式中，τ 为企业增值税税率；$Export$ 为出口额；VA 为增值额；X 为企业特征向量，包括企业所在区县、所属四位数产业、所有制类型。

（2）退税前的增值税税率等于 $\tau_{it} - \hat{\beta}(Export_{it}/VA_{it})$，其中 $\hat{\beta}$ 为 β 的估计量。

附录 2.5　企业的进入与退出

由于新进入以及将要退出市场的企业往往具有与其他企业显著不同的特征，如生产率、利润率、产值等，因此这些企业也可能具有显著不同的有效增值税税率。例如，新注册的企业往往还没有开展实际业务，普遍会存在增值税零负担申报的问题［夏钢等（2011）］；而企业退出很可能是由于税负过重而引起的。因此，把刚进入以及将要退出的企业包括到样本中会增加企业间有效增值税税率的离散程度。为了验证这一可能性，我们将所有企业分为两组：一组是刚进入或将要退出的企业（G_2），另一组是其他企业（G_1）。附表 6 中的结果显示，两组企业的平均税率以及组内企业间税率的标准差之间存在着显著但数量很小的差异，说明企业的进入和退出并不是造成有效增值税税率差异的重要原因。

附表 6　　　　　　企业进入与退出对增值税税率差异的影响

被解释变量[a]	
$Ave\_\tau_{it}^{G_2} - Ave\_\tau_{it}^{G_1}$（%）[b]	$Std\_\tau_{it}^{G_2} - Std\_\tau_{it}^{G_1}$（%）[c]
−0.13*[d]	1.02***
（−1.68）[e]	（9.88）

注：a. 被解释变量直接对常数回归。

b. $Ave\_\tau_{it}^{G_j}$ 为 G_j（$j=1$，2）组中企业的增值税税率平均值。

c. $Std\_\tau_{it}^{G_j}$ 为 G_j（$j=1$，2）组中企业的增值税税率的标准差。

d. 常数项估计值（被解释变量均值），*** 代表在 1% 水平上显著，** 代表在 5% 水平上显著，* 代表在 10% 水平上显著。

e. 括号中的数值为 t 值。

附录3　进项税率和销项税率的影响因素

有效进项税率和销项税率的影响因素见附表7和附表8

附表7　　　　　　　　　　有效进项税率的影响因素

被解释变量：有效进项税率（$\tau_{m,it}$ ＝进项税额/中间投入品）

混同OLS回归（2000—2007年）

解释变量	回归（1）	回归（2）	回归（3）
常数项	68.88*** h	68.88***	−104.27***
Year Dummy[a]	包括[i]	包括	包括
Industry Dummy[b]	包括	包括	包括
County Dummy[c]	否[i]	包括	包括
SOE Dummy[d]	否	否	1.25
Size of Firm[e]	否	否	−1.70
Export/Sales[f]	否	否	−18.70
Organization[g]	否	否	587.85***
R^2	0.002 4	0.807 2	0.995 0

注：a～i 的所有解释同附表2。

附表8　　　　　　　　　　有效销项税率的影响因素

被解释变量：有效销项税率（$\tau_{y,it}$ ＝销项税额/销售额）

混同OLS回归（2000—2007年）

解释变量	回归（1）	回归（2）	回归（3）
常数项	10.76*** h	10.76***	13.66***
Year Dummy[a]	包括[i]	包括	包括
Industry Dummy[b]	包括	包括	包括
County Dummy[c]	否[i]	包括	包括
SOE Dummy[d]	否	否	−0.68***
Size of Firm[e]	否	否	−0.20***
Export/Sales[f]	否	否	−2.324***
Organization[g]	否	否	−0.16
R^2	0.024 2	0.690 0	0.958 6

注：a～i 的所有解释同附表2。

附录4　估算人力资本

本章结合2005年1‰人口抽样调查的部分微观数据（样本量为2 585 481）和2000—2007年规模以上工业企业年报数据，在"省—（两位数）产业—所有制类型"的层次上匹配，对规模以上工业企业历年的人力资本进行估算。估算方法按照以下四步进行：

第一，首先测量 1‰ 人口抽样调查中个人 j 的人力资本 $\ln(h_j^{p,05})$，然后在"省—（两位数）产业—所有制类型"的层次上对人力资本进行平均，得到：

$$\ln(h_{p,s,n}^{p,05}) = E[\ln(h_j^{p,05}) \mid p \text{ 省、产业 } s \text{、所有制 } n]$$

第二，2005 年企业年报中在"省—（两位数）产业—所有制类型"的层次上对所有企业 i 的平均工资 $\ln(w_i^{f,05})$（工资总额除以员工人数）进行平均，得到：

$$\ln(w_{p,s,n}^{f,05}) = E[\ln(w_j^{f,05}) \mid p \text{ 省、产业 } s \text{、所有制 } n]$$

第三，用 $\ln(h_{p,s,n}^{p,05})$ 对 $\ln(w_{p,s,n}^{f,05})$ 进行 OLS 回归

$$\ln(h_{p,s,n}^{p,05}) = \kappa + \phi\ln(w_{p,s,n}^{f,05}) + \xi_{p,s,n}$$

第四，利用企业 i 在第 t 年报告的工资水平 $\ln(w_{i,t}^f)$，按照下面的公式估算其平均人力资本 $\hat{h}_{i,t}$，即

$$\hat{h}_{i,t} = \exp(\hat{\kappa} + \hat{\phi}\ln w_{i,t}^f)$$

式中，$\hat{\kappa}$ 和 $\hat{\phi}$ 分别为 κ 和 ϕ 的 OLS 估计量。

在此，我们实际假设了 2005 年在"省—两位数产业—所有制类型"层次上的人力资本与工资的关系也适用于历年的企业层次。

在第一步中，$\ln(\hat{w}_j^{p,05})$ 的估算方法有两种：一是广义的享乐工资（hedonic wage）；二是狭义的 Mincerian 人力资本。

享乐工资所指的人力资本是指劳动力市场对某些劳动力特征的回报（如受教育年限、年龄、性别、职业）以及所在企业的性质（如所有制、地理位置、产业等）。[1] 享乐工资的测算依照下面的方程进行回归

$$\ln(w_j^{p,05}) = \alpha + X_j\beta + Z_j\gamma + \varepsilon_j$$

式中，$w_j^{p,05}$ 为 2005 年 1‰ 人口抽样调查中个人 j 报告的工资水平；X_j 为关于个人特征的向量，包括受教育年限、年龄、性别、职业、户口、是否在户口所在地外工作；Z_j 为关于企业特征的向量，包括所有制类型、地理位置、两位数产业。

享乐工资 $\ln(\hat{w}_j^{p,05})$ 为 $\ln(w_j^{p,05})$ 的 OLS 预测值。我们可以认为享乐工资反映了人力资本水平，即 $\ln(h_j^{p,05}) = \ln(\hat{w}_j^{p,05})$。

---

[1] 能力偏误（ability bias）、选择性偏误（selection bias）等因素会导致对劳动力回报的有偏估计。其他的因素，如员工—企业的匹配质量（matching quality）、人力资本外部性也会影响劳动力的回报，本章没有考虑诸如此类的劳动经济学中关注的问题。

另一种估算人力资本的方式为 Mincerian 人力资本，可按照下面的方式估算：

$$\ln(h_j^{\rho,05}) = \ln(w_0) + \rho S$$

式中，w_0 为没有受过学校教育的劳动者的平均工资；S 为受教育年限；ρ 为 Mincerian 系数，反映教育的回报。

目前有大量的关于国内外教育回报 ρ 的估算，本章采用国际上的平均值 0.1 [Klenow and Rodriguez-Clare（1997）]。

第 2 章　增值税税收优惠的效应 *

　　我国现行的增值税政策中保留了大量的税收优惠政策。税收优惠政策具有两面性：一方面，可以实现国家的产业结构调整目标；另一方面，也可能破坏了公平竞争的市场环境，导致市场在资源配置中的作用下降。十八届三中全会做出的《中共中央关于全面深化改革若干重大问题的决定》中，明确提出："税收优惠政策统一由专门税收法律法规规定，清理规范税收优惠政策。"那么，我国增值税税收优惠规模有多大？税收优惠的经济效果如何？本章利用包含间接税税收优惠信息的全国税收调查数据，测算了中国增值税的税收优惠规模，继而从政策目标、行业类别和所有权属性等方面分析了增值税税收优惠的结构，并以两项重要优惠政策为例研究了增值税税收优惠的效益。本章的研究为我国实施税收优惠管理制度的改革、尽快实现税收优惠的科学规范管理提供了依据，也为当前增值税扩围改革的持续推进提供了新思路。

2.1　问题的提出

　　在中国现行的税收体系中，以增值税和营业税为代表的间接税占了主体地位。1995—2012 年增值税（不含进口环节增值税）和营业税占全部税收收入的比重为50.7%，远高于企业所得税的占比（约 15.6%）。[①] 特别是增值税，自 1994 年分税制改革以来，增值税的税收收入占比不断上升，2013 年实现的税收收入为 28 803亿元（不含进口环节增值税），占全国税收总收入的四分之一（26.07%），是目前

---

　　* 本章是由毛捷在《间接税税收优惠的规模、结构和效益：来自全国税收调查的经验证据》［参见《中国工业经济》，2013（12）］的基础上修改而成的。

　　① 增值税、营业税、企业所得税和全部税收收入的数据来自历年《中国统计年鉴》。

中国第一大税种。虽然这种向间接税一边倒的税制结构有利于提升税收征管效率并促使税收收入的持续快速增长，但具有加重企业税负、抑制居民消费增长以及阻碍宏观税负下降等效应［吕冰洋和郭庆旺（2011）］。值得注意的是，除此之外，隐含在间接税中的税收优惠政策也不在少数，这些政策的优惠方式多种多样，包括免税、优惠税率、先征后返和即征即退等。

已有文献发现税收优惠具有诸多积极功效，包括刺激劳动供给、促进养老储蓄、吸引 FDI 和企业总部迁入、激励研发投入和服务外包、推动新能源和清洁能源等新兴产业发展等［Souleles（1999）；Dharmapala（1999）；Eissa and Hoynes（2004）；Saez（2004）；Agarwal et al.（2007）；Poterba and Sinai（2008）；Shapiro and Slemrod（2009）；Metcalf（2010）；李宗卉和鲁明泓（2004）；邓子基和杨志宏（2011）；付文林和耿强（2011）；霍景东和黄群慧（2012）；田素华和杨烨超（2012）；梁琦等（2012）］，并有助于改善收入分配格局［崔军和高培勇（2004）］。但是，也有研究认为税收优惠对于技术进步的促进作用有限［张同斌和高铁梅（2012）］，甚至产生引发或加剧市场扭曲等负面影响［Gruber and Poterba（1994）；Malpezzi and Vandell（2002）］。

在以间接税为主的现行税制下，来自增值税的税收优惠是否会破坏税制统一性？能否减轻或消除税负不公？它是阻碍还是促进企业开展公平竞争？具有怎样的经济社会效益？回答上述问题的前提条件是掌握增值税税收优惠的金额及其分布等关键信息。然而，由于缺乏相关数据，对于增值税税收优惠的金额和分布状况，一直以来鲜有研究。

本章结合税收优惠经济效应的理论分析，使用包含间接税税收优惠信息的微观数据——从 2007 年全国税收调查数据里随机抽取的 5 000 个纳税人（包括企业和个体经营者）的相关数据，应用极大似然估计方法（maximum likelihood estimation）和分位数回归估计方法（quantile regression）对数据漏填问题进行了修正，然后对中国的增值税税收优惠规模做了测算。[①]以此为基础，我们从政策目标、行业类别和所有权属性等维度分析了增值税税收优惠的结构分布，并从公平性、经济社会效益和管理难度 3 个角度研究了两项重要的增值税优惠政策的效益。

---

① 全国税收调查覆盖了国民经济所有行业的纳税人，而且调查所用的《全国税收调查表》还提供了纳税人享受的增值税优惠政策的详细信息（即专门的增值税税收优惠代码），因此能较为全面和准确地测算增值税的税收优惠金额，这是其他数据（包括规模以上工业企业数据或经济普查数据等）力不能及的。应笔者的要求，有关部门为我们测算增值税税收优惠金额专门提供了这套抽样数据。由于全国税收调查数据仍是内部数据，有关部门未提供最新年份的大样本抽样数据，而只提供了年份稍早的小样本（5 000 个纳税人）抽样数据，且提供的变量也有限。为保证样本的代表性，5 000 个纳税人是从全国税收调查总库里随机抽取的。

2.2　理论模型

借助税收归宿理论（the theory of tax incidence）[Atkinson and Stiglitz（1980）；Myles（1995）；Salanié（2003）；Kaplow（2008）]，在局部均衡和一般均衡两类理论框架里，分析增值税等间接税的税收优惠对价格和市场供求的影响。[①]

2.2.1　局部均衡模型

1. 完全竞争市场

假设某商品所在市场完全竞争，期初不征税；从某一时刻起，对该商品征收从价的比例税（商品税属于典型的间接税），实际税率为 t；该商品的生产者价格为 q，则其消费者价格为 $p=q\times(1+t)$。当市场实现均衡时，供求平衡，即 $D(p)=S(q)$，其中 D 和 S 分别为该商品的市场需求和市场供给。两边对 q 和 t 或 p 和 t 求全微分，得到税率对消费者价格、生产者价格和商品市场需求的影响如下：

$$\frac{\mathrm{dlog}(p)}{\mathrm{d}t}=1-\frac{\varepsilon_D}{\varepsilon_S+\varepsilon_D}\in[0,1] \tag{2—1}$$

$$\frac{\mathrm{dlog}(q)}{\mathrm{d}t}=-1+\frac{\varepsilon_S}{\varepsilon_S+\varepsilon_D}\in[-1,0] \tag{2—2}$$

$$\frac{\mathrm{dlog}(D)}{\mathrm{d}t}=-\frac{\varepsilon_D\,\varepsilon_S}{\varepsilon_S+\varepsilon_D}\in(-\infty,0] \tag{2—3}$$

式中，ε_S 和 ε_D 分别为供给和需求的价格弹性。

根据（2—1）式～（2—3）式，实际税率越高，消费者价格越高、生产者价格越低、商品的市场需求越少，这将导致居民消费萎缩、企业盈利减少。上述结果说明，实施增值税等间接税的税收优惠（表现为间接税实际税率降低），将抑制物价上涨、刺激居民消费、增强企业盈利。

2. 垄断市场

下面放松假设，假定市场存在垄断，垄断企业生产的边际成本是 c，市场需求函数是 $D(p)=d-p$，其中 d 是大于零的常数，其他条件与完全竞争市场相同。此

[①]　尽管目前取得的数据不足以检验本章的理论分析结果，但对增值税等间接税的税收优惠进行理论分析仍是必要的：如果理论分析发现增值税税收优惠不影响居民消费和企业发展等经济活动，那么研究增值税税收优惠的规模、结构和效益，其意义和价值十分有限。理论分析也为今后开展对税收优惠各类经济社会效益的实证分析，提供了可供检验的假说。

时，垄断厂商的利润函数是 $\pi = q \times D(p) - c \times D(p)$，对 p 求偏导数，并利用 $p = q \times (1+t)$，得到税率对消费者价格、生产者价格和市场需求的影响是：

$$\frac{\mathrm{dlog}(p)}{\mathrm{d}t} = \frac{c}{d+c} \in [0,1] \tag{2—4}$$

$$\frac{\mathrm{dlog}(q)}{\mathrm{d}t} = -\frac{d}{d+c} \in [-1,0] \tag{2—5}$$

$$\frac{\mathrm{dlog}(D)}{\mathrm{d}t} = -\frac{\mathrm{dlog}(p)}{\mathrm{d}t} = -\frac{c}{d+c} \in [-1,0] \tag{2—6}$$

（2—4）式～（2—6）式说明，即使市场存在垄断，征税仍会导致消费者价格上升、生产者价格和市场需求下降。因此，在垄断市场环境下，增值税等间接税的税收优惠仍具有抑制物价、刺激消费、扩大产出的积极作用。

2.2.2 一般均衡模型

假设存在两个部门 X 和 Y，分别生产商品 X 和商品 Y；生产这两种商品需要投入资本 K 和劳动 L 两类生产要素，其中资本 K 的价格是 r（利率），劳动 L 的价格是 w（工资率），生产要素可在两部门之间自由流动，且总量保持不变（即 X 和 Y 两部门吸引的资本及劳动的总量保持不变，或 $L_X + L_Y = \bar{L}$，$K_X + K_Y = \bar{K}$）；期初不征税，从某一时刻起，在 X 部门同时征收商品税和资本利得税，税率分别为 t_X 和 t_{KX}，Y 部门仍不征税。由于一般均衡框架下变量之间存在复杂的内生关联，这里借助 Jones（1965）的一般均衡模型分析方法，使用变量的相对变动来反映税收对居民和企业的影响。[①] 求解上述一般均衡模型，得到：

$$D \times (\dot{X} - \dot{Y}) = -\varepsilon_D \times [(a_X \times \sigma_X \times S_{KY} + a_Y \times \sigma_Y \times S_{KX}) \times t_{KX} + (a_X \times \sigma_X + a_Y \times \sigma_Y) \times t_X] \tag{2—7}$$

$$D \times (\hat{r} - \hat{w}) = -(a_X \times \sigma_X + \lambda \times \varepsilon_D \times S_{KX}) \times t_{KX} - \lambda \times \varepsilon_D \times t_X \tag{2—8}$$

式中，a、σ、S 和 ε 都是大于 0 的参数；$\lambda = K_X/\bar{K} - L_X/\bar{L}$（反映 X 部门是资本相对密集或劳动相对密集）；$D = a_X \times \sigma_X + a_Y \times \sigma_Y + \varepsilon_D \times \lambda \times (S_{KX} - S_{KY})$，可以证明 $D > 0$。

根据（2—7）式，有 $\dot{X} - \dot{Y} < 0$，这说明在 X 部门征收商品税导致该部门的市

---

① 在此，用 $\dot{X} - \dot{Y}$ 反映税收对 X 部门和 Y 部门需求的影响，用 $\hat{r} - \hat{w}$ 反映税收对资本和劳动两类生产要素报酬的影响。其中，$\dot{X} = \mathrm{d}X/X$，$\dot{Y} = \mathrm{d}Y/Y$，$\hat{r} = \mathrm{d}r/r$，$\hat{w} = \mathrm{d}w/w$。$\dot{X} - \dot{Y} > 0$ 表示税收导致 Y 部门的需求萎缩更多（或增长更少），反之亦然。$\hat{r} - \hat{w} > 0$ 表示税收导致劳动的报酬下降更多（或增长更少），反之亦然。

场需求萎缩更多（或增长更少）。一方面，这将导致以 X 商品作为主要消费品的消费者效用相对减少；另一方面，X 部门的企业盈利能力相对下降。该类影响被称为总量效应（volume effect）。根据（2—8）式，不考虑资本利得税的影响，有 $D \times (\hat{r} - \hat{w}) = -\lambda \times \varepsilon_D \times t_X$，如果 X 部门是资本相对密集的部门（$\lambda > 0$），则有 $\hat{r} - \hat{w} < 0$，即征收商品税导致资本的报酬下降更多（或增长更少），这将抑制 X 和 Y 两个部门所有企业的投资增长；反之，如果 X 部门是劳动相对密集的（$\lambda < 0$），则劳动的报酬下降更多（或增长更少），这会影响所有企业的就业吸纳能力。该类影响被称为要素替代效应（factor substitution effect）。因此，在两部门的一般均衡模型里，实施增值税等间接税的税收优惠既能调节消费构成和产业结构，还能刺激投资和就业。

综上所述，理论分析发现增值税等间接税的税收优惠对抑制物价、促进居民消费以及增强企业的盈利、投资和就业吸纳等都会产生积极影响。不过，在一般均衡框架下，间接税的税收优惠也会对消费构成和产业结构（X 部门和 Y 部门的相对规模）以及要素构成比（每个部门里 K 和 L 的比例）产生复杂的影响，可能会损害一部分居民或企业的利益。

2.3　研究方法和数据说明

现实中，增值税税收优惠是否具有上述理论分析发现的效益，有待实证检验。然而，开展实证检验的前提条件是充分掌握增值税税收优惠的基础信息。中国有关部门已完成税收优惠（也称税式支出）的分类体系（包括税收优惠政策的政策目标、受益纳税人所在行业和受益纳税人所有权属性等）和金额测算方法等文件的编制，并形成了专门的税收优惠测算方法指引。本章基于该指引确定的计算公式，利用从 2007 年全国税收调查数据库中随机抽取的 5 000 个纳税人（主要是企业）的相关数据，测算增值税税收优惠的规模，据此分析其结构和效益，以揭示中国增值税税收优惠的真实状况，具体的研究方法和数据说明如下。

2.3.1　研究方法与步骤

1. 将《中国税式支出测算方法指引》与全国税收调查对应起来

通过这一步，使得来自全国税收调查的抽样样本能够对应到《中国税式支出测算方法指引》里的具体政策。我们发现 5 000 个纳税人可以分为以下 3 类：第一，能够对应到具体税收优惠政策的纳税人；第二，享受了某项优惠政策，但无法明确对应到具体税收优惠政策的纳税人；第三，明确未享受优惠政策的纳税人。其中，前两类纳税人作为下一步测算税收优惠金额的样本，而第三类纳税人不予考虑。

2. 核实数据准确性

样本数据来自财税部门每年一度的全国税收调查，由各地财税机关负责具体的数据调查工作，并采取网上直报的方式汇总数据。由于有财税机关的管理与监督，全国税收调查的数据质量是有保障的。在后续分析使用的 5 000 个纳税人样本里，既有大中型制造业企业，也有中小规模的服务业企业，还有一定数量的个体经营者，具有较好的代表性。为了谨慎起见，本章仍对样本的数据质量进行了检查，通过对主要变量之间内在的逻辑关系进行检查，未发现明显的数据错误。但是，我们发现样本数据存在一个不容忽视的问题：虽然部分纳税人报告了享受税收优惠政策的信息（即提供了税收优惠代码），但后续的税收减免数据却漏填了（即税收减免的相关变量数据空缺）。这会影响量化分析结果的精度。

3. 克服数据漏填问题

为了克服上述问题，尽可能提高研究结论的准确性，本章使用极大似然方法和分位数回归估计等计量模型估计了纳税人的税收优惠率，然后利用估计出来的税收优惠率来估算漏填的税收优惠金额。计量模型如下：

$$L(\theta) = \max_{\theta \in \phi} L(teratio_i, Z_i; \theta) \tag{2—9}$$

$$Q_\tau(teratio_i \mid Z_i) = \alpha + \beta \times Z_i + u_i \tag{2—10}$$

（2—9）式是极大似然估计方法使用的模型，$teratio_i$ 为第 i 个样本的税收优惠率（＝该纳税人增值税的税收优惠金额/该纳税人缴纳的增值税税款）；$L(\theta)$ 为似然函数；θ 为纳税人享受税收优惠政策的概率；ϕ 为 θ 的取值范围（处于 0～1 的实数）；Z_i 为纳税人特征变量（包括行业类别、所有权属性、增值税缴纳方式、主营业务收入、所处地区等）。（2—10）式是分位数回归估计使用的模型，$teratio_i$ 和 Z_i 的含义与（2—9）式相同；$Q_\tau(teratio_i \mid Z_i)$ 为给定纳税人特征（即给定 Z_i）的情况下，τ 分位点的税收优惠率（τ 分别取 0.25、0.5 和 0.75）；α 为常数项；β 为回归系数向量；u_i 为随机扰动项。

使用极大似然估计方法需要先估计出使似然函数 $L(\theta)$ 达到最大值的参数 θ，然后再用估计出来的 θ 估算漏填的税收优惠金额；而使用分位数回归估计方法需要先估计出回归系数，然后将漏填数据纳税人的特征变量的数值代入，再估算出这些纳税人的税收优惠金额。我们将采用上述两种方法估算出来的税收优惠金额的均值作为漏填金额的近似值。

4. 测算纳税人享受的增值税税收优惠金额

根据有关部门编制的《中国税式支出测算方法指引》里的计算原理，利用全国税收调查提供的相关变量，确定每个抽样纳税人增值税税收优惠金额的具体计算公式。[①] 为了提高测算结果的可信度，本章使用了以下 3 种口径：

第一种是宽口径，即假定填报了优惠政策代码但无法明确对应到税收优惠政策的那些纳税人，实际上享受了某种税收优惠政策，只是由于疏忽未能准确填写政策优惠代码。此时，有效样本的数量是 5 000 个，且在计算税收优惠规模时，须把上述纳税人的税收优惠金额考虑在内。

第二种是窄口径，即假定上述纳税人实际上未享受任何税收优惠政策，而只是误填了优惠政策代码。此时，有效样本的数量仍是 5 000 个，但在计算税收优惠规模时，将上述纳税人的税收优惠金额视为 0。

第三种是折中口径，即假定上述纳税人不能提供有效信息。此时，有效样本的数量不再是 5 000 个，而是 3 002 个。[②]

利用抽样样本的测算结果，结合这 5 000 个纳税人以及全国税收调查总库的样本代表性，推算中国的增值税税收优惠总规模。

5. 税收优惠的结构分析

利用税收优惠金额的测算结果，从政策目标、行业类别和所有权属性等多个维度，对增值税的税收优惠进行结构分析，以明确增值税税收优惠的用途和受惠对象。

6. 税收优惠的效益分析

最后，使用 3E 方法（equity，efficiency 和 easiness）[毛捷（2011）]，从公平性、经济社会效益和管理难易程度等角度研究两项受益面广、金额大的增值税优惠政策的效益。

2.3.2　数据说明

样本数据的具体说明如下：

[①]　限于篇幅，未提供计算公式的说明。如有需要，请向笔者索要相关资料。

[②]　上述 3 种统计口径的差别在于：现实情况是，填报了优惠政策代码但无法明确对应到税收优惠政策的纳税人，有一部分实际上享受了某些税收优惠政策，而另一部分未享受任何税收优惠政策；宽口径假定前一类纳税人占了 100%，窄口径假定后一类纳税人占了 100%，而折中口径假定所有这些纳税人由于不能提供有效抽样信息而不应计入测算。笔者同时汇报上述 3 个口径下的测算结果，以避免测算结果依赖于某一特定口径。

1. 样本数据的整体情况

在 5 000 个样本里，剔除不享受任何增值税优惠政策和享受的优惠政策明确不属于税收优惠范畴的纳税人，共有 4 531 个样本可用于计算增值税税收优惠金额。其中，可与《中国税式支出测算方法指引》里具体政策明确对应起来的样本有 2 533 个，涉及的增值税税收优惠政策共计 44 项。上述样本覆盖了 56 个大类、361 个小类的行业（按 GB/T 4754—2002 标准），包括 1 247 家国有企业（国有独资公司、国有改组的股份合作企业、国有联营企业、国有与集体联营企业以及其他国有企业）、193 家集体企业（集体改组的股份合作企业、集体联营企业以及其他集体企业）、1 667 家有限责任公司（非上市的股份有限公司、上市的股份有限公司以及其他有限责任公司等）、675 家"三资"企业（港澳台商经营企业、港澳台商投资股份有限公司、中外合作经营企业、中外合资经营企业、外商投资股份有限公司以及外商独资企业）、732 家私营企业（私营独资企业、私营股份有限公司、私营合伙企业以及私营有限责任公司）、7 家个体经营户以及 10 家其他企业。样本享受的增值税税收优惠政策包含了支持"三农"等 15 类政策目标。

2. 样本代表性

根据表 2—1，以主营业务收入为准，2007 年全国税收调查（共计 42.4 万家企业）的样本代表性为 56.28%，即代表了全国一半以上的纳税人。将主营业务收入分为 10 层，被调查纳税人在每一层的分布情况见表 2—2。根据表 2—2，大部分纳税人是中小企业或个体经营户（如处于第 1 层的 369 229 家），也有部分大型企业（如处于第 10 层的 1 001 家）。后续分析使用的 5 000 个样本是从每一层的被调查纳税人里按大约 1.2% 的比例随机抽取的。

表 2—1　　　　　　　　**2007 年全国税收调查数据的样本代表性**　　　　　　　单位：亿元

2007 年	主营业务收入
被调查纳税人（42.4 万个）	394 100
全国总体	700 216
样本代表性（%）	56.28

资料来源：2007 年全国税收调查。

表 2—2　　　　　　　　**2007 年全国税收调查数据分层信息**

每层的纳税人数量	数量（个）	每层的层级权	比重（%）
N1	369 229	W1	87.04
N2	25 846	W2	6.09
N3	10 994	W3	2.59
N4	6 056	W4	1.43
N5	3 872	W5	0.91
N6	2 687	W6	0.63

续前表

每层的纳税人数量	数量（个）	每层的层级权	比重（%）
N7	1 929	W7	0.45
N8	1 461	W8	0.34
N9	1 143	W9	0.27
N10	1 001	W10	0.24
合计	424 218	合计	100

说明：层级权＝每层的被调查纳税人数量/被调查纳税人总数。

资料来源：2007 年全国税收调查。

2.4　规模测算与结构分析

2.4.1　增值税税收优惠的规模

1. 样本数据的测算结果

按上述宽口径、窄口径和折中口径进行测算，5 000 个样本享受的增值税税收优惠金额分别为 2 257.88 亿元、482.90 亿元和 1 064.20 亿元。

2. 税收优惠总规模的推算

根据 5 000 个样本的代表性（大约占 1.2%）以及全国税收调查数据的样本代表性和分层信息（见表 2—1 和表 2—2），首先，计算出全国税收调查数据里每层抽样纳税人享受的税收优惠平均值（＝每层抽样纳税人享受的税收优惠金额合计/每层抽样纳税人数量）。然后，将每层抽样纳税人享受的税收优惠平均值乘以每层的层级权，并进行加总，得到每个纳税人享受的税收优惠平均额。最后，将每个纳税人享受的税收优惠平均额乘以抽样纳税人总数，再除以全国税收调查数据的样本代表性，算出税收优惠总规模。

推算结果如下：在宽口径、窄口径和折中口径下，2007 年中国的增值税税收优惠总额推算值分别是 41 976.42 亿元、22 630.92 亿元和 37 279.23 亿元。考虑最保守的窄口径金额，中国的增值税税收优惠占国内生产总值的比重约为 8.51%。同时期，部分 OECD 国家的税收优惠总金额占国内生产总值的比重如下：加拿大 12.57%（2012 年），澳大利亚 7.77%（2011 年），美国 7.70%（2011 年），英国 6.28%（2012 年），西班牙 4.55%（2008 年），韩国 2.48%（2006 年），荷兰 2.00%（2006 年），德国 0.74%（2006 年）。[①] 较之市场经济发达国家，中国的税

[①]　相关数据来自 *Joint Committee on Taxation*，*Estimates of Federal Tax Expenditures for Fiscal Years 2009—2013*，2013；*HM Revenue and Customs*，*Tax Expenditures and Ready Reckoners*，2013；*Department of Finance Canada*，*Tax Expenditures and Evaluations 2011—2012*，2013；*The Treasury of Australia*，*Tax Expenditures Statement*，2011；IMF，*World Economic Outlook Database*，April 2009；*Tax Expenditures in OECD Countries*，2010。

收优惠规模不小：在未考虑其他税种税收优惠的情况下，中国的增值税税收优惠占比已高于除加拿大之外的大部分国家的税收优惠总额占比，远高于邻近的韩国。如此规模的税收优惠将导致存在范围广、金额大的税收遗漏，对于维护税法的权威性和税制的统一性是不利的。

2.4.2 增值税税收优惠的结构分布

以下按宽口径的测算结果[①]，对增值税税收优惠的结构分布进行多维度的分析。

1. 按政策目标细分

根据表2—3，从受益纳税人的数量来看，增值税税收优惠主要用于支持"三农"、促进环境保护和节能减排，对应的受益纳税人数量分别为1 496个和1 110个，远多于其他政策目标。这说明政府给予纳税人增值税税收优惠，其主要目的是为了加大在发展现代农业和农村经济、节能减排和保护环境等方面的投入，以更好地解决农民、农村和农业问题，以及更有效地开展节能减排，减少经济发展对环境的破坏。增值税优惠金额最高的3类政策目标分别为支持"三农"、支持金融业稳定健康发展以及促进环境保护和节能减排，金额分别为785.51亿元、72.81亿元和70.38亿元。而照顾低收入人群和弱势群体、促进就业这两类政策目标，虽然其所对应的受益纳税人数量较多（分别是49个和47个），但优惠金额并不高（分别是2.23亿元和9 040万元）。就优惠力度而言，增值税优惠政策支持力度最强的是鼓励公益慈善事业发展和支持金融业稳定健康发展，这两类政策目标对应的受益纳税人平均获得了1亿元的税收优惠。

表2—3   增值税税收优惠的结构分布（按政策目标细分）

政策目标	受益纳税人数量（个）	优惠金额（亿元）	优惠力度（=优惠金额/受益纳税人数量）（亿元/个）
支持"三农"	1 496	785.51	0.53
促进环境保护和节能减排	1 110	70.38	0.06
支持金融业稳定健康发展	73	72.81	1.00
支持社会福利和社会保障	68	7.41	0.11
照顾低收入人群和弱势群体	49	2.23	0.05
促进就业	47	0.90	0.02
吸引外资和促进国际交流	38	3.99	0.11

---

① 由于窄口径和折中口径下的受益纳税人数量及优惠金额均较少，结构分析提供的信息量不大，因此我们选用宽口径的测算结果进行结构分析。

续前表

政策目标	受益纳税人数量（个）	优惠金额（亿元）	优惠力度（＝优惠金额/受益纳税人数量）（亿元/个）
支持能源、交通等基础设施建设	31	20.07	0.65
鼓励高新技术产业发展	19	17.85	0.94
支持文化事业发展	17	3.38	0.20
支持国防和公共安全	14	0.03	0.00
支持医疗卫生事业发展	11	2.76	0.25
鼓励公益慈善事业发展	8	8.05	1.01
支持区域协调发展	7	0.95	0.14
促进科技进步和自主创新	5	0.94	0.19

说明：由于在宽口径下，部分样本不能明确对应到某一项优惠政策，此时这些样本享受的优惠政策的政策目标不能确定，因此按政策目标细分的受益纳税人数量合计和优惠金额合计小于宽口径下的受益纳税人总数和优惠金额总数。

资料来源：2007 年全国税收调查。

根据按政策目标细分的结构分析结果，我们发现中国的增值税税收优惠不仅有助于改善民生（如支持"三农"、鼓励公益慈善事业发展等），而且有助于加快转变经济发展方式（如促进环境保护和节能减排、鼓励高新技术产业发展等）。

2. 按行业类别细分

根据表 2—4，就第一产业而言，受益纳税人主要集中在农、林、牧、渔服务业（共有 92 个），其所享受的增值税税收优惠金额也最高（20.58 亿元）。

表 2—4　　　　　增值税税收优惠的结构分布（按行业类别细分）

政策目标	受益纳税人数量（个）	优惠金额（亿元）	优惠力度（亿元/个）	政策目标	受益纳税人数量（个）	优惠金额（亿元）	优惠力度（亿元/个）
第一产业				黑色金属冶炼及压延加工业	16	4.86	0.30
农、林、牧、渔服务业	92	20.58	0.22	仪器仪表及文化办公用机械制造业	14	2.05	0.15
畜牧业	13	1.76	0.14	医药制造业	11	1.40	0.13
农业	8	0.73	0.09	饮料制造业	11	0.97	0.09
渔业	5	0.54	0.10	石油加工、炼焦及核燃料加工业	10	4.69	0.47
林业	3	0.19	0.06	水的生产和供应业	9	0.79	0.09
第二产业				家具制造业	5	1.01	0.20
化学原料及化学制品制造业	431	98.91	0.23	化学纤维制造业	5	0.53	0.11
农副食品加工业	304	47.18	0.16	非金属矿采选业	5	0.22	0.04

续前表

政策目标	受益纳税人数量（个）	优惠金额（亿元）	优惠力度（亿元/个）	政策目标	受益纳税人数量（个）	优惠金额（亿元）	优惠力度（亿元/个）
通信设备、计算机及其他电子设备制造业	170	69.80	0.41	煤炭开采和洗选业	5	0.14	0.03
电力、热力的生产和供应业	154	22.33	0.14	其他采矿业	4	6.78	1.70
交通运输设备制造业	94	60.19	0.64	燃气生产和供应业	4	0.22	0.06
非金属矿物制品业	81	5.14	0.06	石油和天然气开采业	3	0.75	0.25
废弃资源和废旧材料回收加工业	75	4.28	0.06	建筑安装业	2	0.07	0.04
有色金属冶炼及压延加工业	72	62.28	0.87	烟草制品业	1	0.06	0.06
塑料制品业	72	7.58	0.11	第三产业			
金属制品业	59	6.63	0.11	批发业	2 072	1 666.62	0.80
有色金属矿采选业	54	17.53	0.32	零售业	168	23.20	0.14
工艺品及其他制造业	53	12.67	0.24	仓储业	50	8.77	0.18
电气机械及器材制造业	52	13.15	0.25	印刷业和记录媒介的复制	15	1.64	0.11
纺织服装、鞋、帽制造业	51	4.23	0.08	新闻出版业	5	0.45	0.09
专用设备制造业	44	34.55	0.79	其他服务业	3	0.19	0.06
通用设备制造业	36	17.54	0.49	广播、电视、电影和音像业	2	0.22	0.11
食品制造业	36	5.11	0.14	卫生	1	0.18	0.18
纺织业	33	1.80	0.05	专业技术服务业	1	0.15	0.15
造纸及纸制品业	31	7.26	0.23	计算机服务业	1	0.11	0.11
皮革、毛皮、羽毛（绒）及其制品业	26	3.70	0.14	装卸搬运和其他运输服务业	1	0.08	0.08
木材加工及木、竹、藤、棕、草制品业	20	2.04	0.10	居民服务业	1	0.08	0.08
橡胶制品业	19	2.53	0.13	商务服务业	1	0.00	0.00
文教体育用品制造业	17	1.44	0.08				

说明：优惠力度＝优惠金额/受益纳税人数量。
资料来源：2007年全国税收调查。

在第二产业里，根据表2—4，受益纳税人数量最多的4类行业分别是化学原料及化学制品制造业，农副食品加工业，通信设备、计算机及其他电子设备制造业以及电力、热力的生产和供应业，合计占了第二产业受益纳税人数量的一半左右，是水的生产和供应业以及烟草制品业等行业受益纳税人数量的二十倍。增值税税收优惠金额最高的4类行业是化学原料及化学制品制造业，通信设备、计算机及其他电子设备制造业，有色金属冶炼及压延加工业以及交通运输设备制造业，优惠金额分别为 98.91 亿元、69.80 亿元、62.28 亿元和 60.19 亿元，合计占了第二产业增值税税收优惠总金额的 54.69%。相比之下，第二产业大部分行业的增值税税收优惠受益纳税人数量和优惠金额都不多。

再分析第三产业，根据表 2—4，受益纳税人数量最多的行业是批发业（2 072 个），仅这一个行业就占了第三产业受益纳税人总数的 89.27%。该行业的税收优惠金额也最高，达到了 1 666.62 亿元，仅这一行业就占了第三产业增值税税收优惠总金额的 93.94%。

在三大产业中，增值税税收优惠力度较强的是其他采矿业、有色金属冶炼及压延加工业和批发业，每个受益纳税人平均获得的税收优惠都超过了 8 000 万元，明显高于其他行业。平均而言，第二产业的增值税优惠力度较强，其次是第三产业，第一产业的优惠力度最弱。

综上所述，基于行业类别的结构分析，我们发现中国的增值税税收优惠表现出一定的行业倾向性：受益纳税人主要集中在第三产业和第二产业，优惠金额最高的是第三产业，第一产业的优惠金额最少。上述行业倾向性与现行税制是相符的：增值税主要针对第二产业和部分服务业（批发业等）的纳税人。因此，根据上述结果，未发现增值税税收优惠存在明显不合理的行业倾向性。

3. 按所有权属性细分

根据表 2—5，按受益纳税人数量由高到低排序，依次是有限责任公司（1 667 个）、国有企业（1 247 个）、私营企业（732 个）和"三资"企业（675 个），合计占了增值税税收优惠受益纳税人总数的 95.37%。相比之下，享受优惠的集体企业和个体经营户数量较少，分别为 193 个和 7 个。增值税税收优惠金额最高的分别是国有企业、"三资"企业和有限责任公司，分别为 1 111.72 亿元、675.30 亿元和 353.05 亿元。其中，国有企业、"三资"企业和有限责任公司里优惠金额最高的分别是国有独资公司（803.12 亿元）、外资企业（557.56 亿元）和其他有限责任公司（238.10 亿元）。

相比之下，集体企业、私营企业和个体经营户享受的增值税税收优惠金额较少，分别为 51.96 亿元、61.85 亿元和 2 800 万元，不及国有独资公司优惠金额的 15%，约为外资企业优惠金额的 21%。

综合来看，国有企业、"三资"企业和有限责任公司是增值税税收优惠政策的主要受益者，尤其是国有独资公司和外资企业，虽然受益纳税人数量不多，但享受的税收优惠金额却很高。其中，国有独资公司平均每家获得了 5.82 亿元增值税税收优惠，而外资企业平均每家也有 2.37 亿元的增值税税收优惠，远高于其他类型企业。

　　综上所述，基于所有权属性的结构分析，我们发现增值税税收优惠表现出明显的所有权属性倾向：税收优惠的主要受益者是国有企业和"三资"企业，尤其是国有独资企业和外资企业受到了优惠政策的重点照顾。这种明显的所有权属性倾向，既会加重税负不公，也不利于企业间公平竞争，与多种所有制经济共同发展的基本经济制度相悖。

表 2—5　　　　　　　　　增值税税收优惠的结构分布（按所有权属性细分）

政策目标	受益纳税人数量（个）	优惠金额（亿元）	优惠力度（亿元/个）	政策目标	受益纳税人数量（个）	优惠金额（亿元）	优惠力度（亿元/个）
国有企业				"三资"企业			
其他国有企业	1 099	305.49	0.28	外资企业	235	557.56	2.37
国有独资公司	138	803.12	5.82	中外合资经营企业	139	59.29	0.43
国有改组的股份合作企业	6	0.81	0.13	港、澳、台商经营企业	136	22.01	0.16
国有联营企业	2	1.72	0.86	合资经营企业（港或澳、台资）	98	18.85	0.19
国有与集体联营企业	2	0.58	0.29	中外合作经营企业	20	4.14	0.21
集体企业				合作经营企业（港或澳、台资）	19	1.49	0.08
集体企业	185	51.75	0.28	港、澳、台商投资股份有限公司	15	8.57	0.57
集体改组的股份合作企业	7	0.19	0.03	外商投资股份有限公司	13	3.39	0.26
集体联营企业	1	0.02	0.02	私营企业			
有限责任公司				私营有限责任公司	654	56.39	0.09
其他有限责任公司	1 427	238.10	0.17	私营股份有限公司	39	3.21	0.08
股份有限公司（非上市公司）	152	70.77	0.47	私营独资企业	31	1.98	0.06
股份有限公司（上市公司）	55	29.09	0.53	私营合伙企业	8	0.27	0.03
股份有限公司（上市公司分公司）	32	14.69	0.46	个体经营户			
股份有限公司（未注明上市与否）	1	0.40	0.40	个人合伙	4	0.14	0.04
其他				个体户	3	0.14	0.05
其他企业	5	3.38	0.68				
其他联营企业	5	0.36	0.07				

　　说明：优惠力度＝优惠金额/受益纳税人数量。
　　资料来源：2007年全国税收调查。

2.5　增值税税收优惠的效益研究

上述分析发现中国的增值税税收优惠规模巨大，而且同时表现出积极的和负面的倾向性。那么，如此大规模的、带有倾向性的增值税税收优惠是否产生了如理论分析所描述的那些效益？受篇幅和数据限制，逐项分析优惠政策的效益不切实际。下面从公平性、经济社会效益和管理难易程度三个方面，研究"对粮食收储国有企业销售粮食、储备食用油免征增值税"（以下简称"政策一"）和"对废旧物资回收经营单位销售其收购的废旧物资免征增值税"（以下简称"政策二"）这两项受益纳税人数量多、优惠金额大的重要优惠政策的实际效果。[①]

2.5.1　优惠政策的公平性

首先分析受益纳税人的公平性。将受益纳税人按主营业务收入排序，上述两项政策的优惠资金分配情况如图 2—1 和图 2—2 所示。根据图 2—1，政策一的优惠金额累计占比与 45 度线基本吻合，但规模最大的那个受益纳税人获得了接近该政策优惠总金额近三成（28.61%）的资金，这说明行业龙头企业受到了更多照顾。根据图 2—2，政策二的优惠金额累计占比超出了 45 度线，尤其是规模处于 45%～85% 的受益纳税人，其获得的优惠金额占比明显超出了规模占比。

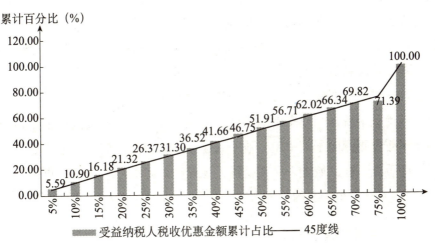

图 2—1　"对粮食收储国有企业销售粮食、储备食用油免征增值税"的公平性

资料来源：2007 年全国税收调查。

[①]　在样本数据里，这两项政策最为重要：无论是受益纳税人数量还是优惠金额，都排在前两位。另外，这两项政策分别用于支持"三农"以及促进环境保护和节能减排，与改善民生和促进经济发展方式转变紧密相关。因此，选择上述两项政策来研究间接税税收优惠的效益。

累计百分比（%）

图 2—2　"对废旧物资回收经营单位销售其收购的废旧物资免征增值税"的公平性

资料来源：2007 年全国税收调查。

再看受益区域的公平性。政策一的优惠主要给了河南、吉林、辽宁、安徽和湖南等农业大省，上述 5 省获得的优惠金额占比约为四成（39.47%）。东部和中部省份获得的优惠资金分别占了 50.23% 和 40.91%，西部地区受益较少。这与该政策的目标是一致的，即倾向于以农业生产为主的地区。政策二的资金主要分配给了安徽、江西、湖南、河南和浙江，其获得优惠金额占比超过了四分之三（75.88%）。这主要是因为安徽、江西、湖南和河南 4 个省份是一些常用有色金属（主要是铜）的采掘和加工地，因此集中了数量众多的废旧金属回收企业，而浙江经营二手设备、废纸和工业废料的废旧物资回收企业数量较多。

上述发现说明，在受益区域上，增值税税收优惠表现出较好的公平性，优惠资金主要流向受益纳税人相对集中的地区。但是，对于不同规模的纳税人，增值税税收优惠却暴露出更倾向于大中型企业的问题。这为提高增值税税收优惠公平性提供了线索，即重点不在区域上，而在受益人规模上，同一项政策的优惠内容不能"一刀切"，应加大对中小企业的优惠力度。

2.5.2　优惠政策的经济社会效益

由于仅有 2007 年的截面数据，而且相关变量十分有限，因而我们无法深入研究上述两项政策的经济社会效益。然而，根据这两项政策出台前后相关经济情况发生的明显变化，仍能对其效益做初步分析。

政策一旨在通过给予税收优惠，激励国有粮食购销企业按照合理价格向市场供应粮食，从而保障粮食供给和粮食销售价格的平稳。以商品零售价格指数来反映粮食市场供给和价格的波动，发现在该项政策实施后不久（政策一于 1999 年 12 月 3 日生效），粮食的价格指数就出现了显著下降，降幅达到了 5.3 个百分点，而同期其他日常食品的价格指数都在上升；此外，截至样本时期（2007 年），粮食的价格指数仍处于较低水平，低于食品平均价格指数近 6 个百分点（比菜、蛋、油脂、肉禽及其制品等日常食品的价格指数都低）。[①] 上述发现说明，政策一的实施对维持国内粮食供给的平稳、抑制粮食销售价格的上涨产生了一定的积极作用。这与理论分析一致，即增值税税收优惠能够抑制物价上涨。

政策二旨在借助税收优惠手段，鼓励废旧物资回收经营单位扩大废旧物资的收购和销售规模，提高资源综合使用效率。[②] 不少废旧物资经过加工处理后，可以重复利用，是重要的再生物资。自该项政策实施之后（政策二于 2001 年 5 月 1 日生效），中国废旧物资产业的发展出现了转机：1998—2000 年限额以上废旧物资回收企业的购进总额和销售总额呈逐年下降态势；自 2001 年起，其购进总额和销售总额均开始快速增长。再看各类废旧物资集中交易场所（即旧货市场）的交易情况：在政策二出台当年，中国主要旧货市场的成交额出现了大幅上升，年增长率达到了 72.40%；与之相比，此后各年的增长率要低得多（为 8.6%～21.5%）。[③] 结合废旧物资回收企业的购销情况和旧货市场的交易情况来看，政策二的实施推动了我国废旧物资产业的发展，激励相关企业提高了资源综合使用效率。这也与理论分析一致，即增值税税收优惠有助于企业扩大产出、增加供给。

2.5.3　优惠政策的管理难易程度

从优惠方式和受益纳税人构成来看，政策一和政策二均较易管理。一方面，这两项政策的优惠方式是免征增值税，只需根据进项税额和销项税额计算应纳税额，就可确定优惠金额；此外，由于中国增值税征管体制日趋完善，增值税的进项税额和销项税额较难做假，因而税收征管机构并不需要投入很多人力、物力去核实相关数据的真实性。另一方面，这两项政策的受益纳税人绝大部分是增值税的一般纳税人，有能力提供规范材料来证明其是否拥有享受该项政策的资格以及能够享受多少额度的优惠，税收征管机构无须为收集信息额外开展大量工作。

---

① 相关数据来自历年的《中国统计年鉴》。

② 这里的废旧物资是指在社会生产和消费过程中产生的各类废弃物品，包括经挑选、整理等简单加工后的各类废弃物品。

③ 相关数据来自历年的《中国国内贸易年鉴》和《中国商品交易市场统计年鉴》。

2.6　结论与建议

本章利用来自 2007 年全国税收调查的 5 000 个随机抽样纳税人的相关数据，克服数据漏填等问题，估算了中国增值税税收优惠的总规模。在此基础上，我们结合理论模型，进一步分析了增值税税收优惠的结构特征和效益，主要研究结论如下：①中国的增值税税收优惠金额巨大，保守估计其占国内生产总值的比重超过了 8%，高于澳大利亚和美国等 OECD 国家。规模如此巨大的税收优惠会危及税制的统一性。②结构分析发现，中国的增值税税收优惠在政策目标、行业类别和所有权属性等方面都表现出一定的倾向性，这既有改善民生、促进经济发展方式转变等积极的一面，但也存在加重税负不公、不利于企业间公平竞争和多种所有制经济共同发展等负面影响。③以两项重要优惠政策为例，一方面发现中国的增值税税收优惠具有理论分析得出的稳定物价、培育市场等积极效益，另一方面暴露出照顾大中型企业的负面影响。

根据上述结论，针对增值税税收优惠管理制度的改革，我们提出以下政策建议：

第一，政府应尽快建立专门的税收优惠管理体系，这是科学管理税收优惠的制度基础，具体包括健全的税收优惠信息统计系统、定期分析和评估税收优惠政策的经济社会效益、及时调整税收优惠规模和结构、定期编制税收优惠相关报告并向社会发布税收优惠信息等。为此，要切实做到：①将税收优惠管理纳入政府预算。一旦纳入政府预算、接受立法机构的审查和监督，税收优惠基础数据的获取以及数据本身的真实性就有了法制保障，税收优惠的管理工作才能顺利开展。②建立以财税部门为主、多部门支持的税收优惠数据收集系统，优惠金额和结构分布监测系统以及优惠政策效益分析和评估系统，这是科学管理税收优惠的关键环节。特别是税务部门在编制各类税收调查表时，应设计能准确反映税收优惠基础信息的指标（包括享受优惠政策的类型、优惠内容、相关税基和税率等），以引导纳税人充分反馈税收优惠信息。③由政府部门定期向社会发布税收优惠报告。根据国际经验，税收优惠报告至少应每年发布一次，内容包括税收优惠的界定、现行税收优惠政策说明、税收优惠金额测算方法说明、税收优惠规模与结构分析以及税收优惠效益评估等内容。

第二，政府应加强对税收优惠的规模监控和效益评估，这是清理规范税收优惠政策的工作重点。由于隐蔽性强、预算约束不硬等，世界各国在税收优惠管理实践中往往出现以下问题［Surrey（1970）；楼继伟和解学智（2003）］：高收入者和大型企业从税收优惠政策里获得的收益多于低收入者和中小企业，加剧了社会不公平；滋生寻租机会，增大了市场扭曲；使税制变得复杂，影响了税法权威性和税制统一性。本章的研究发现，当前中国的增值税税收优惠政策数量繁多、金额巨大，而且明显倾向于国有企业和外资企业等特定企业。为避免税收优惠产生上述负面影响，当务之急是要尽快准确掌握税收优惠的真实规模和评估优惠政策的实际效益，废止会加重税负不公、妨碍企业间公平竞争且金额巨大的优惠政策，控制税收优惠的总规模。在评估税收优惠政策的效益时，应借鉴国际主流方法（如前文中使用的3E 分析方法），从公平性、经济社会效益和管理难易度等多个角度，综合分析税收优惠的资金流向，其对价格、投资和生产等重要经济变量的影响以及税收优惠政策本身的实施成本等。

第三，逐步提高税收优惠政策制定与实施的透明度，这是政府部门加强对税收优惠管理的社会依托。在不涉及国家安全或经济稳定等原则问题的前提下，政府应公开税收优惠的相关数据，让社会各界充分利用数据资源对税收优惠的经济社会效益进行研究，为政府制定和完善税收优惠政策提供依据。不少误导重要发展战略的错误研究结论都是源自数据匮乏。例如，20 世纪 70 年代困扰学术界的"能源悖论"（即税收优惠越多，新能源产业的投资增长越慢）就是使用截面数据进行实证分析得到的有偏结果，一旦使用面板数据，该悖论就不复存在了。为了避免由于数据不足导致出现有偏的税收优惠政策建议，政府应向社会公开税收优惠的基本信息（包括优惠金额等基础数据），让科研机构、学术团体和群众了解税收优惠的政策背景和实施情况，理解税收优惠的功效和缺陷，并参与对税收优惠管理的评估和监督。为了规范数据的使用，具体操作上可借鉴国外做法：先将税收优惠数据分类整理，并置于指定机构的计算机里；然后制定并颁布数据使用的制度，数据使用者在完成必要的信息登记和用途说明后，可使用这些计算机对相关数据进行操作；如果使用者在分析数据时发现疑问或错误，数据管理部门应负责解答或记录，并据此不断改进税收优惠数据质量。

第四，合理利用增值税税收优惠，为增值税扩围改革提供助力，这是当前推动税收优惠科学管理的重要抓手。2012 年 1 月，我国政府在上海正式启动了增值税扩围改革（也称营业税改征增值税试点），将交通运输业和部分现代服务业纳入增值税征收范围。迄今为止，交通运输业和部分现代服务业的扩围改革已在全国范围内推开，但部分生活类服务业、金融业、建筑业和房地产业等尚未纳入扩围改革。科学、合理地利用税收优惠政策，能有效降低企业因税制改革而暂时增加的税负或成本，进而为生活类服务业、金融业、建筑业和房地产业纳入增值税扩围改革创造有利条件。这至少应包括以下两方面的工作：①研究原有的营业税税收优惠如何与增值税税收优惠衔接起来，以使扩围后服务业企业仍能享受税收优惠。②针对服务业各自的特点，设计新的增值税税收优惠，为扩围后的服务业企业创造一个相对宽松的生存和发展环境。

第 3 章　增值税转型的经济影响 *

2009 年 1 月，中国实施了增值税全面转型改革，即允许设备投资的进项税额可以抵扣。自此，在全国范围内实现了部分消费型增值税制度。增值税转型对国民经济的影响主要体现在投资和就业两方面，那么这种影响的程度有多大？已有研究对此缺乏深入的实证分析。本章基于增值税转型对企业投资和就业吸纳的理论分析，首次使用来自全国税收调查的企业层面微观数据，针对装备制造业、石油化工业、冶金业、船舶制造业、汽车制造业、农产品加工业、采掘业、电力业等行业，量化分析了该项改革对企业固定资产投资和吸纳就业的影响。在实证方法上，我们采用了基于趋势评分匹配的对比法，以避免政策制定过程中存在的"选择偏误"，提高实证分析结果的精度和可信度。研究发现，增值税转型改革对投资和就业的影响在不同行业存在差异，主要取决于行业景气度和市场化程度等因素。本章的研究结论对于全面、准确地评估增值税改革的经济效应，以及对于现阶段我国正在开展的"营业税改征增值税"改革，具有政策启示意义。

3.1　问题的提出

自 1954 年法国开始实行增值税以来，增值税因宽税基、不重复征税以及较易征管等诸多优点，在全球范围内得到迅速推广，已成为近 130 个国家（不包括美国）的主要税种 [Keen and Mintz (2004)]。[①] Bye et al. (2012) 发现，半个多世纪的实践经验，尤其是发达国家（主要是欧盟国家）的经验显示，增值税制度经历了从生产型增值税到消费型增值税、从部分覆盖到全覆盖、从多重税率到统一税率

---

　*　本章是毛捷在《增值税全面转型对投资和就业的影响》[参见《财贸经济》，2014 (6)] 的基础上修改而成。
　①　目前已有 160 余个国家和地区开征了增值税。

的改革历程。Keen and Smith（2006）、Sørensen（2007）认为，其背后的原因是全覆盖的、税率统一的消费型增值税具有如下优点：税负一致，税收扭曲较少；进项的增值税净税率为零，对生产的影响较少；覆盖商品和服务业，能促进产业结构升级、刺激就业。

在中国，目前增值税是第一大税种，2013 年其税收收入为 28 803 亿元（仅国内增值税，不含进口环节增值税），占全国税收收入总额的 26.07％。为了不断提高这一主体税种的经济效率、使其更好地服务于经济社会的可持续发展，中国的增值税制度也经历了类似发达国家的改革过程。2004—2008 年中国政府分别在东北三省一市、中部地区六省 26 个老工业基地城市、内蒙古东部 5 个市（盟）以及四川地震受灾严重地区开展了增值税转型改革的试点。但是，杨之刚和张斌（2005）、杨斌等（2005）和杨志安（2005）指出，这些试点存在行业税负不均、滋生避税等诸多问题。

鉴于此，自 2009 年 1 月 1 日起，我国增值税转型改革结束了在部分地区部分行业的试点，开始在全国范围内实施全面转型。其主要政策是：纳税人在购买机器、机械、运输工具以及其他与生产经营有关的设备、工具、器具时，允许抵扣其包含的进项税额；但房屋、建筑物等不动产不纳入固定资产进项税额的抵扣范围。2012 年 1 月，增值税扩围改革（即营业税改征增值税试点，以下简称"营改增试点"）在上海启动，增值税开始覆盖交通运输业和部分现代服务业等服务业领域，并逐步扩大到北京等 12 个地区（省、直辖市和计划单列市）。自 2013 年 8 月 1 日起，我国将交通运输业和部分现代服务业的营改增试点在全国范围内推开，并将广播影视作品的制作、播映、发行等纳入试点。

中国增值税制度历次改革的效果如何？国内学者开展了一系列的研究。聂辉华等（2009）、王素荣和蒋高乐（2010）发现，在试点地区，增值税转型改革能促进企业投资增长；汪德华和杨之刚（2009）、施文泼和贾康（2010）对增值税扩围的利弊做了理论探讨，但唯独对 2009 年增值税全面转型的经济效应缺乏深入分析。[①]高培勇（2009）指出，增值税的全面转型改革既是短期内为应对金融危机而采取的结构性减税措施的一部分，又是经过长期考虑且具有战略意义的一项税制改革，是近年来我国财税体制改革的重大事件。因此，量化分析这项改革的经济影响，尤其是其对企业行为（投资和吸纳就业等）的影响，不仅具有理论研究价值，而且可为当前正在开展的营改增试点提供科学依据，因而意义重大。

---

① 仅陈烨等（2010）使用 CGE 模型进行了模拟分析。

基于此，本章使用企业层面微观数据（2008—2009 年全国税收调查数据），通过运用基于趋势评分匹配（propensity score matching，PSM）的对比方法（average treatment effect on the treated，ATT），消除了样本企业之间的系统性差异，并分行业量化分析了 2009 年增值税全面转型改革对企业投资和吸纳就业的实际影响。

3.2 理论分析

3.2.1 增值税转型与企业投资

根据已有研究［聂辉华等（2009）］，假定代表性企业的生产函数和成本函数分别为：

$$Q = Q(L, K) \tag{3—1}$$
$$C(L, K) = wL + rK \tag{3—2}$$

式中，Q 为产量；C 为生产成本；L 和 K 分别为投入生产的劳动和资本（主要是固定资产）；w 和 r 分别为工资水平（即劳动力的价格）和利率（即资本的价格）。

根据微观经济学相关理论，生产函数和成本函数满足以下性质：

$$Q_L = \partial Q / \partial L > 0$$
$$Q_K = \partial Q / \partial K > 0$$
$$Q_{LL} = \partial Q_L / \partial L < 0$$
$$Q_{KK} = \partial Q_K / \partial K < 0$$
$$C_L = \partial C / \partial L = w > 0$$
$$C_K = \partial C / \partial K = r > 0$$

据此，得到利润函数：

$$\pi = pQ(L, K) - C(L, K) \tag{3—3}$$

式中，p 为价格。

以上述利润函数作为目标函数，实现利润最大化的最优资本投入应满足 $pQ_K = r$ 这一条件。

增值税转型使得固定资产的进项税额可抵扣，降低了企业使用固定资产的机会成本，相当于降低了资本价格，因此 r 随之下降。在需求不发生变化的情况下（p 不变），为了满足最优资本投入的条件 $pQ_K = r$，资本的边际产出（Q_K）必须下降。而根据 Q_K 的性质（Q_K 是 K 的减函数），Q_K 下降意味着最优资本投入 K 增加。

3.2.2 增值税转型与企业吸纳就业

相比于投资，增值税转型对企业吸纳就业的影响要复杂一些。根据微观经济学的相关理论，在实现利润最大化时，要素投入的无条件需求函数与条件需求函数（即成本最小化时的要素需求）相等，即

$$L(p,r,w) = L^C(r,w,Q) \qquad (3—4)$$

该等式两边对 r 求导数，得到劳动力需求对资本价格的反应函数，即

$$\frac{\partial L(p,r,w)}{\partial r} = \frac{\partial L^C(r,w,Q)}{\partial r} + \frac{\partial L^C(r,w,Q)}{\partial Q} \times \frac{\partial Q}{\partial r} \qquad (3—5)$$

等式（3—5）右边的第一项称为替代效应，是指资本价格变化对劳动需求的影响。该效应的符号为正 $[\partial L^C(r, w, Q) / \partial r > 0]$，即资本价格越低，作为其替代品的劳动需求越小；第二项称为产出效应，是指产量变化对劳动需求的影响。该效应的符号为负，这是因为 $\partial Q / \partial r < 0$（即资本价格越低，生产的边际成本越低，最优产量越高），而 $\partial L^C(r,w,Q) / \partial Q > 0$（产量越高，劳动需求越大）。

综上所述，理论分析发现：一方面，增值税转型将促进企业增加固定资产投资；另一方面，增值税转型产生的替代效应和产出效应，将分别减少和增加企业对劳动的需求，因此其对企业吸纳就业的影响不确定。

3.3 实证方法与数据说明

3.3.1 计量方法

政策效应分析的一般思路是通过将受政策影响的个体设定为实验组，将不受政策影响的个体设定为控制组（或参照组），然后比较政策实施后实验组与控制组在特定方面出现的差异（该差异就是政策效应）。但是，由于实验组与控制组往往不是随机划分的，因而会产生所谓的选择偏误（selection bias）：实验组与控制组之间出现的差异并不是政策效应，而是实验组与控制组之间存在的系统性差异的作用结果。

为此，我们采用基于趋势评分和匹配对比的方法，以控制选择偏误，并提高实验组与控制组的比较精度。其原理如下：

首先，借助某些特征变量 (X)，估计出每家企业受政策影响的概率，即趋势评分 $p_i(X) = \Pr(D_i = 1 | X_i) = F(h(X_i))$；其中，$D_i$ 是政策哑变量（$D_i = 1$ 表示第

i 家企业是受政策影响的实验组，$D_i = 0$ 表示第 i 家企业是不受政策影响的控制组），$F(\cdot)$ 为 Logistic 分布函数，$h(\cdot)$ 为第 i 家企业特征变量（X_i）的线性函数。

其次，检验上述趋势评分是否满足平衡性（balancing property）。根据袁诚和陆挺（2005），平衡性是指满足该属性时，以 $p_i(X)$ 为条件将样本企业划分为若干组，在每一组里，实验组和控制组企业的划分是随机的，此时的选择偏误可消除。

最后，基于趋势评分结果（仅保留通过平衡性检验的结果），使用最小邻域匹配、核匹配和分层匹配 3 种常见的匹配方法来匹配实验组和控制组企业，并比较实施增值税全面转型改革后这两类企业在固定资产投资和吸纳就业方面出现的差异。经匹配后，由于差异较大的比较对象被剔除，因此比较精度更高。

根据相关政策的具体规定，本章以未纳入试点范围的增值税一般纳税人作为实验组，以非增值税纳税人、增值税小规模纳税人、纳入试点范围的增值税一般纳税人以及属于外商投资企业的增值税一般纳税人作为控制组。理由如下：非增值税纳税人以及增值税小规模纳税人在全面转型后仍无法享受固定资产投资进项税额抵扣政策，因此不受改革影响；转型试点企业以及外商投资企业在 2009 年全面转型改革之前，就已享受到固定资产投资进项税额抵扣的政策（通过免税或退税等方式），因此全面转型对其影响微弱。

3.3.2　数据来源与变量设置

1. 样本数据的说明

我们所用的数据来自 2008—2009 年全国税收调查的抽样调查企业数据，采用分层随机抽样方法，每年抽取约 12 万家样本企业。这套数据来自财税部门每年一度的全国税收调查，由各地财税机关负责具体的数据调查工作。由于有财税机关的统一管理与监督核实，全国税收调查的数据质量比较高。此外，全国税收调查覆盖了国民经济所有行业的纳税人，其样本代表性也要好于中国工业企业数据库等其他微观数据。

样本数据的基本信息见表 3—1。由表 3—1 可知，样本企业数量众多，覆盖各种类型的增值税纳税人以及非增值税纳税人。此外，样本既包含为数不少的重点调查企业（规模较大、纳税金额较多的企业），又有大量中小企业（抽样调查但不是重点调查的企业），因此具有较好的代表性。另外，样本中的大部分企业处于正常营业状态，因而其投资和就业吸纳决策可以较好地反映企业的正常行为。

表 3—1　　　　2008—2009 年全国税收调查抽样调查企业的基本信息

年份 变量	2008 年 （次）	2009 年 （次）
总观察次数	114 847	124 796
有纳税人识别号的企业	114 847	124 792
增值税缴纳方式：		
非增值税纳税人	28 716	25 601
独立缴纳增值税的一般纳税人	54 296	83 907
小规模纳税人	29 605	13 475
上报上级公司缴纳增值税的一般纳税人	690	1 257
汇总下级公司缴纳增值税的一般纳税人	111	427
未说明	1 429	129
增值税转型试点：		
未纳入增值税转型试点范围的纳税人	112 561	—
纳入增值税转型试点范围且享受转型退税的纳税人	363	—
纳入增值税转型试点范围但未享受转型退税的纳税人	512	—
未说明	1 411	—
营业状态：		
处于正常营业状态	99 988	122 429
因主客观原因暂时处于停业或歇业状态	7 451	1 326
处于筹建状态	557	428
调查年度关闭	4 630	489
在调查年度按照法律规定宣告破产	185	123
税务机关查无此户	101	1
不属于前 6 种营业状态	1 935	0
未说明	0	0
调查方式：		
重点调查但不是抽样调查的纳税人	0	0
抽样调查但不是重点调查的纳税人	95 876	89 408
既是抽样调查又是重点调查的纳税人	18 971	35 388
未说明	0	0

2. 变量设置

下述实证分析的核心变量是企业的固定资产投资和吸纳就业。一方面，以企业当年新增固定资产投资来反映企业固定资产投资的情况。其中，当年新增固定资产投资包括当年新增的生产经营用机器设备类固定资产以及在建工程购入的生产经营机器设备。需要说明的是，除了石油化工业和电力业之外，大部分行业不同规模企业的固定资产投资水平差异迥然。为了控制规模因素的影响，对于这些行业，将上述变量除以"固定资产年末数"，也就是使用相关变量的占比数值来反映企业固定资产投资活动。另一方面，以全年平均职工人数的年度增长数量来反映企业吸纳就业的情况。

3. 趋势评分使用的企业特征变量

我们选取利润总额等二十多项指标作为特征变量进行趋势评分，结果见表3—2。由表3—2可知：①包含特定行业企业（装备制造业等直接受增值税全面转型改革影响的8个行业）的样本数据均通过了平衡性检验；②全样本或包含所有工业部门企业的样本数据，无论如何选取特征变量，均未通过平衡性检验。

这说明抽样调查企业数据不适合对包含较多行业的样本进行分析，因此下面分析增值税全面转型改革对特定行业投资和吸纳就业的具体影响。

表3—2　　　　基于2008—2009年全国税收调查抽样调查企业数据的趋势评分结果

分析情境	特征变量	最优分组数	平衡性检验
装备制造业	企业年龄，企业年龄的二次项，企业性质，所处地区，2008年利润总额，2008年全年平均职工人数，2008年主营业务收入，2008年主营业务成本，2008年应交消费税额，2008年应交营业税额，2008年应纳所得税额，2008年电力消费量	8	通过检验
石油化工业	企业年龄，企业年龄的二次项，所处行业，2008年利润总额，2008年增加的固定资产，2008年主营业务收入，2008年主营业务成本，2008年一般货物及劳务销售额，2008年销项税额，2008年进项税额，2008年应交消费税额，2008年应纳所得税额，2008年企业总产值	7	通过检验
冶金业	企业年龄，企业年龄的二次项，企业性质，所处行业，2009年资产年初数，2009年负债年初数，2008年全年平均职工人数，2008年增加的固定资产，2008年主营业务收入，2008年主营业务成本，2008年一般货物及劳务销售额，2008年销项税额，2008年进项税额，2008年应交消费税额，2008年应交营业税额，2008年应纳所得税额，2008年企业总产值，2008年电力消费量	5	通过检验
船舶制造业	企业年龄，企业年龄的二次项，企业性质，所处行业，2009年资产年初数，2009年负债年初数，2008年利润总额，2008年全年平均职工人数，2008年增加的固定资产，2008年一般货物及劳务销售额，2008年销项税额，2008年进项税额，2008年应交消费税额，2008年应交营业税额，2008年应纳所得税额，2008年企业总产值，2008年企业增加值，2008年电力消费量	6	通过检验
汽车制造业	企业年龄，企业年龄的二次项，企业性质，所处地区，所处行业，2009年资产年初数，2009年负债年初数，2008年利润总额，2008年全年平均职工人数，2008年增加的固定资产，2008年主营业务收入，2008年主营业务成本，2008年一般货物及劳务销售额，2008年销项税额，2008年进项税额，2008年应交消费税额，2008年应交营业税额，2008年应纳所得税额，2008年企业总产值，2008年企业增加值，2008年电力消费量	6	通过检验

续前表

分析情境	特征变量	最优分组数	平衡性检验
农产品加工业	企业年龄，企业年龄的二次项，企业性质，2008 年利润总额，2008 年全年平均职工人数，2008 年主营业务收入，2008 年主营业务成本，2008 年一般货物及劳务销售额，2008 年销项税额，2008 年进项税额，2008 年应交消费税额，2008 年应交营业税额，2008 年应纳所得税额，2008 年企业总产值，2008 年企业增加值，2008 年电力消费量	10	通过检验
采掘业	企业年龄，企业年龄的二次项，所处行业，2009 年资产年初数，2009 年负债年初数，2008 年利润总额，2008 年全年平均职工人数，2008 年增加的固定资产，2008 年主营业务收入，2008 年主营业务成本，2008 年一般货物及劳务销售额，2008 年销项税额，2008 年进项税额，2008 年应交消费税额，2008 年应交营业税额，2008 年应纳所得税额，2008 年企业总产值，2008 年企业增加值，2008 年电力消费量	8	通过检验
电力业	企业年龄，企业年龄的二次项，所处行业，2009 年资产年初数，2009 年负债年初数，2008 年利润总额，2008 年全年平均职工人数，2008 年增加的固定资产，2008 年主营业务收入，2008 年主营业务成本，2008 年一般货物及劳务销售额，2008 年销项税额，2008 年进项税额，2008 年应交消费税额，2008 年应交营业税额，2008 年应纳所得税额，2008 年企业总产值，2008 年企业增加值	8	通过检验
全样本	各种组合的特征变量	—	未通过检验
工业部门	各种组合的特征变量	—	未通过检验

3.4 实证结果

3.4.1 增值税全面转型对企业投资的影响

下面分别以装备制造业、石油化工业、冶金业、船舶制造业、汽车制造业、农产品加工业、采掘业和电力业这 8 个直接受增值税全面转型影响的行业企业作为样本，进行趋势评分和匹配对比，实证结果见表 3—3～表 3—6。

根据实证结果，我们发现：

第一，2009 年增值税全面转型改革显著促进了石油化工业和电力业企业的固定资产投资。由表 3—3 和表 3—6 可知，固定资产投资变量的匹配对比结果表明，全面转型改革对相关企业固定资产投资增长的影响是正向且显著的。

第二，增值税全面转型改革在一定程度上促进了冶金业和船舶制造业企业的固定资产投资。由表 3—4 可知，当采用分层匹配方法时，冶金业的实证结果显著为正（系数是 0.213，在 5% 水平下显著）；相似地，由表 3—4 可知，使用核匹配方法时，船舶制造业的实证结果显著为正（系数是 0.088，在 10% 水平下显著）。

第三，对于装备制造业、汽车制造业、农产品加工业和采掘业企业的固定资产投资而言，增值税全面转型改革并未产生显著影响。由表 3—3 可知，装备制造业的实证结果为正（系数分别为 0.223 和 0.294）；由表 3—5 可知，汽车制造业的实证结果为负（系数分别为 −0.058、−0.096 和 −0.100）；由表 3—5 和表 3—6 可知，农产品加工业和采掘业的部分实证结果有正有负。但以上结果在统计上均不显著。

表 3—3　　　　　　分行业样本的实证结果（装备制造业与石油化工业）

	装备制造业			石油化工业（投资是原值，而非占比；千元）		
	最小邻域匹配	核匹配	分层匹配	最小邻域匹配	核匹配	分层匹配
固定资产投资	0.223 (0.741)	0.294 (1.086)	—	33 800*** (3.905)	33 330*** (4.308)	31 980* (1.464)
吸纳就业	−73.9 (−0.680)	−69.6* (−1.343)	−54.4 (−0.991)	−118.1** (−1.794)	−108.7 (−1.045)	−104.2* (−1.808)

说明：（1）变量对比值＝实验组企业的某一变量平均值−控制组企业的同一变量平均值，对比值下方括号里的数值为该对比值的 t 统计值。

（2）为了增强分析结果的可靠性，采用自助法（bootstrap method，模拟次数为 10 次）得到变量对比值及其 t 统计值。

（3）利用上述 t 统计值，依据国家统计局发布的《统计分布数值表：t 分布》（GB 4086.3—83）以及不同匹配方法的自由度（最小邻域匹配和核匹配的自由度均是实验组的观察次数减去 1，分层匹配的自由度是趋势评分的最优分组数减去 1），确定对比变量的差异值是否通过显著性检验。

（4）***、** 和 * 分别代表在 1%、5% 和 10% 的显著性水平上通过了显著性检验。

（5）"—"表示由于匹配后观察值过少而难以获得对比值。

表 3—4　　　　　　分行业样本的实证结果（冶金业与船舶制造业）

	冶金业			船舶制造业		
	最小邻域匹配	核匹配	分层匹配	最小邻域匹配	核匹配	分层匹配
固定资产投资	0.234 (1.117)	0.205 (0.819)	0.213** (2.117)	0.098 (1.159)	0.088* (1.520)	0.078 (1.383)
吸纳就业	16.6 (0.202)	−0.1 (−0.002)	22.0 (0.353)	57.2 (0.926)	46.5 (1.178)	48.6 (1.153)

说明：同表 3—3。

表 3—5　　　　　　分行业样本的实证结果（汽车制造业与农产品加工业）

	汽车制造业			农产品加工业		
	最小邻域匹配	核匹配	分层匹配	最小邻域匹配	核匹配	分层匹配
固定资产投资	−0.058 (−0.511)	−0.096 (−1.211)	−0.100 (−1.420)	−0.048 (−1.097)	0.004 (0.113)	0.004 (0.163)
吸纳就业	110.7** (2.011)	150.6 (1.166)	143.6 (1.100)	−78.2** (−1.816)	−84.5* (−1.440)	−26.4* (−1.739)

说明：同表 3—3。

表 3—6 分行业样本的实证结果（采掘业与电力业）

	采掘业			电力业 （投资是原值，而非占比；千元）		
	最小邻域匹配	核匹配	分层匹配	最小邻域匹配	核匹配	分层匹配
固定资产投资	0.387 （0.166）	−4.314 （−0.958）	−4.490 （−0.964）	226 000*** （3.063）	175 000* （1.582）	156 000 （1.191）
吸纳就业	96.4 （0.380）	−9.6 （−0.091）	−75.4 （−0.308）	164.9*** （2.719）	151.0** （1.956）	145.2* （1.420）

说明：同表 3—3。

上述结果部分印证了理论分析的结论，即对于一部分受影响的行业而言，增值税转型改革促进了企业投资的增长。

3.4.2 增值税转型改革对企业吸纳就业的影响

根据表 3—3～表 3—6 的实证结果，我们发现：

第一，2009 年增值税转型改革显著促进了电力业企业的就业增长。由表 3—6 可知，无论采用哪一种匹配方法，电力业吸纳就业的实证结果均显著为正（系数分别为 164.9、151.0 和 145.2，分别在 1%、5% 和 10% 水平下显著）。

第二，增值税转型改革在一定程度上促进了汽车制造业企业的就业增长。由表 3—5 可知，在 3 种匹配方法下，汽车制造业吸纳就业的实证结果均为正（系数分别为 110.7、150.6 和 143.6），而且在最小邻域匹配方法下，实证结果显著为正（在 5% 水平下显著）。

第三，增值税转型改革抑制了农产品加工业、石油化工业和装备制造业企业的就业增长。由表 3—5 可知，无论采用何种匹配方法，农产品加工业吸纳就业的实证结果均显著为负（系数分别为 −78.2、−84.5 和 −26.4，分别在 5%、10% 和 10% 水平下显著）。由表 3—3 可知，在 3 种匹配方法下，石油化工业吸纳就业的实证结果也均为负（系数分别为 −118.1、−108.7 和 −104.2），而且除使用核匹配方法外，采用其他两种匹配方法得到的结果均显著。由表 3—3 可知，与石油化工业相似，在 3 种匹配方法下，装备制造业吸纳就业的实证结果也均为负（系数分别为 −73.9、−69.6 和 −54.4），而且在使用核匹配方法时，实证结果显著为负。

第四，增值税转型改革对冶金业、船舶制造业和采掘业企业的吸纳就业，无显著影响。

结合理论分析，上述结果说明：在电力业和汽车制造业，增值税转型改革影响企业吸纳就业的"产出效应"明显占优，因此企业吸纳就业出现了增长；在农产品加工业、石油化工业和装备制造业，增值税转型改革影响企业吸纳就业的"替代效应"明显占优，因此吸纳就业出现了下滑；而在其他行业，两类效应势均力敌，企业吸纳就业未发生显著变化。

3.4.3　实证结果的进一步讨论

我们将上述分行业的实证结果进行了汇总，结果见表 3—7。根据表 3—7 可知，增值税转型改革的经济影响在不同行业存在明显的差异。以石油化工业为例，增值税转型改革促进了固定资产投资的增长，但抑制了吸纳就业。而在电力业，增值税转型改革对固定资产投资和吸纳就业均有促进作用。在一些行业（冶金业和船舶制造业）里，增值税转型改革刺激了企业固定资产投资的增长，但对吸纳就业没有产生显著影响；而在另一些行业（装备制造业、汽车制造业和农产品加工业），情况正好相反，增值税转型改革对企业吸纳就业产生了负向或正向的影响，但对固定资产投资没有显著影响。在某些行业（采掘业），增值税转型改革既不影响固定资产投资，也不影响吸纳就业。这背后的原因是什么？

表 3—7　　　　　　　　　增值税转型影响 8 个行业投资和就业的实证结果汇总

	固定资产投资	吸纳就业
装备制造业	—	↓
石油化工业	↑	↓
冶金业	↑	—
船舶制造业	↑	—
汽车制造业	—	↓
农产品加工业	—	↓
采掘业	—	—
电力业	↑	↑

说明："↑"在 3 种匹配方法下至少有 1 种匹配方法的结果显著为正，加粗"↑"表示在 3 种匹配方法下至少有 2 种匹配方法的结果显著为正；相似地，"↓"表示在 3 种匹配方法下至少有 1 种匹配方法的结果显著为负，加粗"↓"表示在 3 种匹配方法下至少有 2 种匹配方法的结果显著为负。"—"表示在 3 种匹配方法下的结果均不显著。

利用样本数据，我们发现：增值税转型改革能否促进企业增加固定资产投资，与行业景气度有关；而改革是否导致企业吸纳就业的变化，与行业的市场化程度有关。[①]

第一，根据表 3—7 显示的结果，2009 年增值税全面转型改革对石油化工业和电力业企业固定资产投资的促进作用是显著的，而这两个行业在 2009 年（相比 2008 年）是比较景气的。在此，我们使用本年电力消费量的平均值来反映行业景气度，这是因为用电量能较为准确地反映企业生产经营的活跃程度。由表 3—8 可

---

① 借鉴已有文献的一般做法，用"国有企业数量占比"代表市场化程度。

知，上述两个行业 2009 年企业电力消费量的平均值分别是 2008 年的 3.98 倍和
13.99 倍。在冶金业和船舶制造业，2009 年企业电力消费量的平均值均高于 2008
年的均值，因此增值税转型改革也在一定程度上促进了这两个行业的固定资产投资
增长。相比之下，2009 年装备制造业、汽车制造业、农产品加工业和采掘业企业
电力消费量的平均值低于 2008 年的均值或未发生明显的上升，处于不太景气的境
况。相应地，增值税转型改革也未显著促进这些行业的企业增加固定资产投资。

上述解释与经济理论相符：行业越景气，投资回报相对越高且稳定，此时企业
增加固定资产投资的积极性越高，以扩大产能和增强市场竞争力，而增值税转型改
革进一步放大了企业增加投资的积极性；反之，企业会减缓固定资产投资增长，以
避免因贸然扩大规模而导致损失增加。此时，尽管增值税转型改革本身会刺激投资
增长，但企业往往不会仅因为这项改革而贸然增加投资。

第二，根据表 3—7 的结果，2009 年增值税转型改革显著抑制了石油化工业和
农产品加工业企业的就业增长，而根据表 3—8，2008 年和 2009 年这两个行业的国
有企业数量所占比重在相关行业里均排在最后。相比之下，增值税转型改革显著促
进了电力业企业劳动力数量的增长。根据表 3—8，2008 年和 2009 年电力业的国有
企业数量占比在 8 个行业里排名第一，是石油化工业和农产品加工业的 15 倍。

这符合中国的实际情况：相比于其他企业，国有企业不仅要考虑经济利益，还
要兼顾社会效益，因此不会因为固定资产相对便宜而大量减少对劳动力的需求；而
非国有企业更多地考虑经济利益，如果固定资产变得相对便宜了，就会提高资本—
劳动比率，它们对劳动力的需求随之降低。也就是说，增值税转型改革对市场化程
度较高行业的就业增长，有一定的负面影响。

表 3—8　　　　　不同行业的国企数量占比和电力消费量

		装备制造业	石油化工业	冶金业	船舶制造业	汽车制造业	农产品加工业	采掘业	电力业
国企数量占比（%）	2008 年	3.00	2.00	4.11	7.41	5.22	1.92	8.08	30.00
	2009 年	4.21	3.07	4.30	13.41	6.06	2.15	14.51	47.60
电力消费量（万千瓦时）	2008 年	4 904.17	2 544.32	10 516.57	59.54	344.48	4 901.08	12 087.19	1 612.95
	2009 年	2 504.54	10 123.20	30 793.71	4 601.20	377.63	3 396.31	8 051.98	22 560.47

3.5　结论与建议

理论分析指出，增值税转型改革将促进企业增加投资，但对企业吸纳就业的影
响不确定。本章利用 2008—2009 年全国税收调查抽样调查企业数据，实证分析了

中国于 2009 年实施的增值税转型改革对企业固定资产投资和吸纳就业的影响。研究发现：一方面，增值税转型改革促进了石油化工业、电力业、冶金业和船舶制造业企业的固定资产投资，对装备制造业、汽车制造业、农产品加工业和采掘业企业的投资活动无显著影响；另一方面，增值税全面转型促进了电力业和汽车制造业企业的就业增长，对石油化工业、农产品加工业和装备制造业企业的吸纳就业产生了抑制作用，而基本不影响冶金业、船舶制造业和采掘业企业的就业。根据上述研究结论，我们不难发现，增值税转型改革的经济影响在不同行业存在明显的差异。进一步的讨论发现，上述差异主要取决于行业的景气度和市场化程度。

对于当前我国正在开展的增值税扩围改革（即营改增试点），本章的研究结论具有政策启示。增值税的转型与扩围是紧密联系、相辅相成的：一方面，没有先行的增值税转型改革，后续的增值税扩围改革的意义也将大打折扣。增值税转型改革完成了增值税税制由生产型增值税转为消费型增值税，增值税的抵扣范围和程度随之发生了质的提高，这为增值税扩围后服务业企业增加固定资产投资、提升技术含量和服务水平创造了条件。另一方面，只有持续推进增值税扩围改革，才能真正实现增值税税制的彻底转型。2009 年的增值税转型改革尚未将不动产纳入抵扣范围，因此从严格意义上讲，我国目前的增值税税制属于准消费型或部分消费型增值税。此后，如果将增值税扩围到建筑业和房地产业，进而将不动产也纳入抵扣范围，我国的增值税制度才转变为真正意义上的消费型增值税。

鉴于此，由于增值税转型改革的经济影响在不同行业存在明显差异，因而后续的增值税扩围改革也应充分重视行业差异，不宜搞一步到位和"一刀切"。就这一点而言，目前增值税扩围改革采取分地区、分行业逐步扩围的方式，并非过于谨慎，而是有科学依据的。今后在生活类服务业、金融业、建筑业和房地产业等行业推行增值税扩围改革时，应当根据宏观经济形势和行业差异来合理设计相关制度，循序渐进地实施改革措施，而不应急于求成，一次性地实现完全统一的增值税新制度。这样做只会增加改革成本，反而不利于增值税税制改革的顺利开展。我们建议在经济发展势头较好、国有经济占有一定份额的地区，对生活类服务业、金融业、建筑业和房地产业等行业率先开展营业税改征增值税试点，这样既能充分发挥增值税转型改革后促进企业扩大投资的积极作用，又能较好地控制其对就业增长可能产生的负面影响。

第4章 营改增的宏观经济效应 *

自2012年1月1日上海率先启动营业税改征增值税试点以来，已在短短两年内扩大到全国各个省市。营改增改革涉及面广、利益调整复杂，其难度不亚于1994年的分税制改革。虽然这次改革只是将部分生产性服务业纳入了增值税征税范围，但这绝不意味着其影响只局限在生产性服务业内，在现代经济各部门联系日益紧密的情况下，它的影响是全局的。

本章构建了一个包含62个部门的可计算一般均衡模型，用于模拟不同的增值税扩围改革方案所产生的影响，并且在模型设计时考虑到了中间抵扣的变化，这与以往研究中将增值税的税基假设为增加值相比，更接近实际情况。

4.1 问题的提出

1994年的分税制改革建立了对工业和批发零售业征收增值税，对服务业、建筑业和交通运输业征收营业税，对高档消费品征收消费税等多税并存的格局。但是，由于考虑到通货膨胀的现实情况，当时实行的是生产型增值税，即固定资产不能抵扣。此外，为了不侵蚀地方税基、减少改革的难度，增值税增收范围中并不包括服务业。因此，从增值税体制建立伊始，围绕增值税转型和扩大增值税范围的改革呼声就一直没断过。

在多年试点的基础上，2009年我国开始全面实施增值税转型改革，将机器设备类固定资产纳入了进项税额的抵扣范围，推动增值税由生产型增值税向消费型增值税转变［陈烨等（2009）］。[①] 增值税转型改革之后，关于增值税扩围的改革成为

---

* 本章作者为寇恩惠。
① 有关增值税转型改革的经济影响，请参阅第3章。

大家关注的焦点。

由于营业税一般是按营业收入全额征收，中间投入不能获得抵扣，同时增值税纳税人购买征收营业税行业的中间投入也不能抵扣，这就使得我国的增值税并没有在所有产业对所有生产、流通环节形成完整的抵扣返还链条，造成了增值税征收抵扣链条的中断，从而产生层叠效应［平新乔（2010）］。一方面，这将增加征收营业税和增值税行业的税负；另一方面，还使得生产性服务的价格产生了扭曲，使制造企业倾向于自我提供生产性服务，不利于生产性服务业的发展。然而，我国服务业发展滞后，成为经济发展的短板已是不争的事实，同时服务业增加值和就业比重没有完成"十一五"规划目标已经引起各方的关注。而制约我国服务业发展的重要因素，则是营业税和增值税并存的财税体制。

2011 年 11 月 17 日，财政部和国家税务总局印发了《营业税改征增值税试点方案》，该方案主要解答了三方面问题：

第一，征收范围问题。《营业税改征增值税试点方案》提出，实行试点的地区先在部分现代服务业、交通运输业等生产性服务业开始试点，再逐步推广至其他行业。这一规定既明确了当前试点的征收范围，也提出了全覆盖的目标。这不仅回应了学术界关注的增值税征收范围问题，而且解决了学术界关于改革的模式之争。此前，学术界对增值税扩大范围的认识是基本一致的，即增值税的应税服务应涵盖生产和劳务，建立统一性、现代性和消费型三大趋势性制度特征的现代增值税服务，实现增值税中性的目标。改革是一步到位还是分步实施都有其合理性，但从现实选择来看，试点方案选取部分行业先行试点是正确的选择。毕竟，营业税和增值税作为我国的两大税种，两者的融合涉及面较广，结合全面推行改革的需要和当前实际，采取统筹设计、分步实施、稳步推进的方式，有利于正确处理改革、发展和稳定的关系，保证改革的顺利进行。

第二，税收负担的确定问题。为使试点行业的总体税负不增加，改革试点设定了 11％和 6％两档低税率，分别适用于交通运输业和部分现代服务业。财政部、国家税务总局负责人指出，将我国增值税税率档次由目前的两档调整为四档，是一种必要的过渡性安排。今后将根据改革的需要，适时简并税率档次。这与学术界认为的，应在降低大多数服务行业税负，以保证改革顺利进行和促进服务业发展的基础上，尽可能保持服务业税率统一的观点基本一致。应该说，我们应根据实际情况，先设置多档税率，再根据改革的需要，在合理测算的基础上逐步简并税率档次，这是当前一种切实可行的办法。

第三，财政体制变革和收入归属确定问题。这是学术界和实务界一直以来都十分关注的问题，也是改革中比较棘手和敏感的问题。《营业税改征增值税试点方案》对这方面做出了过渡性政策安排："试点期间保持现行财政体制基本稳定，原归属试点地区的营业税收入，改征增值税后收入仍归属试点地区，税款分别入库。因试点产生的财政减收，按现行财政体制由中央和地方分别负担。"这一安排对于顺利推进试点的实施具有重要作用，但从长远来看，财政体制改革势在必行，中央、地方财税体制调整是营业税改征增值税改革难以避开的问题。

试点工作显示，营改增为上海企业直接减税 426.3 亿元，显著促进了工业企业的主辅分离和现代服务业的加速发展，为我国优化产业结构、加快转变经济发展方式提供了新的强劲动力和支撑点。尽管营改增试点工作已逐渐展开并取得了一定成功的经验，但营改增是一项全新的财税体制改革，仍有很多工作需要摸着石头过河。

例如，目前的试点行业是交通运输业和现代服务业，但李克强在扩大营业税改征增值税试点工作座谈会上强调，需要研究扩大行业试点范围，适时将邮电通信、铁路运输、建筑安装等行业也纳入营改增改革。从国际经验来讲，2001 年挪威增值税改革的过程与我国当前的增值税改革是一样的，即从只覆盖货物的增值税扩围到覆盖货物和一部分服务的增值税，然后变成覆盖所有货物和服务的增值税。Bye，Strøm and Åvitsland（2012）用 CGE 模型分析了挪威增值税改革的福利效应，他们发现：如果增值税扩围不全面，居民福利还不如未扩围的增值税；如果进行全面扩围的、统一的增值税改革，居民福利最高。但是，挪威只是一个开放的小国，中国是一个大国，有关增值税扩围改革对中国居民福利的影响，其结论可能是相反的，也可能是一致的。因此，营改增的行业范围扩围到哪些行业才是最优的？如果将这些行业纳入改革，应该何时纳入最优？此外，对新纳入试点的行业，应适用标准税率，还是新增加的 11% 和 6% 的税率档次？现有的 4 档税率是否过多，使增值税失去了原有的税收中性特征？如若过多，何时减少增值税的税率档次？

由于改革的复杂性，定性讨论和简单估计无法准确揭示上述政策的影响。为此，我们必须建立一个既能反映中国实际经济活动和财税制度，灵活模拟各种改革方案，又能综合估计改革政策影响的数量经济模型。本章运用国际上评估政策效应的先进方法——可计算一般均衡模型（computable general equilibrium model，CGE 模型）分析营业税改征增值税各种可行改革方案的政策影响，为中国顺利推进营业税改征增值税试点工作、加快转变经济发展方式提供科学依据。

4.2　文献综述

由于增值税自身的优点，从其诞生后就很快风靡全球，截至目前已有 170 多个国家采用。从理论上说，理想状态的增值税相当于消费税。而在现实经济中，增值税并不是理想状态的增值税。为了提高效率，发展中国家在扩大增值税的征收范围。然而，对于增值税的最优结构，文献则没有统一的结论。

增值税征收范围的改革与调整是所有征收增值税的国家都面临的挑战［Ebrill et al.（2001）］。发达国家的主要问题包括是否需要以及如何将金融业纳入增值税体系，是否可以取消对食品、医疗和教育的免征，是否应当用零税率代替免征等等。而发展中国家的主要问题是如何将增值税的征收范围扩大到更多的服务行业，以扩大税基，并降低增值税体系的割裂和扭曲。下面分析在各国的增值税改革研究中，一些学者运用可计算一般均衡（CGE）模型进行的分析。

在对比增值税改革的福利效应时，Emini（2000）运用可计算一般均衡（CGE）模型，并以喀麦隆为例，分析了实施增值税后福利变化的短期效应和长期效应之间的差异。他发现：如果假定短期内只有劳动力可以在生产部门之间流动，而劳动力和资本在长期都可以流动，即使有缺陷的增值税制度可以在短期内改进福利，但从长期来看，它也有促使福利降低的倾向；相反，如果实行理论上纯粹的增值税制度（pure VAT），转型期内短期增加的福利会在长期增加得更多。同样地，即使福利在转型期内短期恶化，但从长期来看，这种福利恶化的情况将趋于消失或变为福利改进。因此，为了可持续地改进福利，应该鼓励逐步推行纯粹的增值税制度。Giesecke and Tran（2009）构建了一个包含 133 个部门的动态 CGE 模型，用于模拟越南统一税率增值税和废除免征的影响。他们的研究表明，2005 年越南的增值税只有 62.6% 是从最终消费获得，而 29.4% 和 8% 的税负分别落在了中间投入和投资上。模拟结果显示，废除免税并实行统一税率会使社会福利（真实的私人消费）增加约 1%，其中三分之一来自废除免税和统一税率带来的效率改进，主要是促进了资本积累，还有三分之二来自税收管理和遵从成本的下降，但累退性却在增加。Bye, Strøm and Åvisland（2012）运用可计算一般均衡（CGE）模型，并以挪威为例，比较了在小型开放经济中三种增值税征税范围下的福利状况。他们发现，将增值税征税范围不完全地扩大到更多的服务业时，其福利状况要次于只对商品征税的非统一的增值税制度。但是，在采用普遍和统一的增值税制度时，福利状况要优于上述两种非统一的增值税制度，即优于只对商品征税和对商品以及部分服务征税的增值税制度。原因在于，不同增值税征收范围下获得的效率对福利状况有重要的影响作用，将增值税制度不完全地扩大到服务业，将引起效率损失和福利状况恶化。另外，征收普遍和统一的增值税制度降低了只对商品征收增值税时引起的国内市场和出口的效率损失。

在研究中国税制改革的 CGE 模型中，Toh and Lin（2005）构造了一个中国税收 CGE 静态模型，评估 1994 年税制改革的影响；同时，他们还在税收中性的假设下模拟了增值税扩展到所有部门和增值税转为消费型增值税这两个替代性的政策方案。这两项改革的税收中性税率分别为 10% 和 16%。增值税扩围改革会提高整体的社会福利，转型改革有助于提高国民经济总值，但会提高消费者价格，从而降低家庭的福利。国内研究者 [郑玉歆等（2002）] 发现，营业税改征增值税改革在短期内对宏观经济几乎没有影响。如果只是在个别部门进行试点，改革的效应更是微乎其微。陈烨等（2010）表明，增值税转型对于实际 GDP 的刺激非常有限，却可能造成大量新增失业。但是，如果将原生产型增值税税率向下普调 2%，将会增加就业以及更大程度地刺激整体经济和提高居民福利水平。

一个理想的 VAT 系统将对国内销售采取单一的税率，对出口采取零税率，没有豁免 [Tait（1988）]，因而将对整个经济体系造成最少的扭曲和遵从成本。消费型增值税等于消费税，对最终消费者征收的税率等于法定税率。在早期的 CGE 模型中，VAT 是按照消费税在模型中进行计算的 [Ballard and Shoven（1987）]。对于生产型增值税，陈烨等（2010）设置了一个凯恩斯宏观闭合的 CGE 模型，模拟了增值税转型对于宏观经济与就业的政策效应，但把增值税的税基设定为增加值。上述 CGE 模型对增值税的设置与现实的增值税运用存在偏差，都未考虑营改增涉及中间投入所使用的服务，因而在模拟增值税的政策效应时可能有所偏差。

国内文献存在的问题包括：①未使用最新的数据；②早期的 CGE 模型设置存在与中国增值税现行税制不符的地方，如未充分考虑中间投入的抵扣等因素。本项目的研究将弥补上述不足。这将大大提高增值税税改模拟的真实性，使 CGE 模型更准确地模拟当前营业税改征增值税改革的实际政策效应；③未对中国增值税扩围改革现有试点的可能路径和长期目标进行政策模拟分析。

4.3 CGE 模型的结构描述

可计算一般均衡（CGE）模型是把瓦尔拉斯的一般均衡（GE）理论由一个抽象形式变为一个关于现实经济的实际模型 [Shoven and Whalley（1984）]，并使之成为数值可计算的 GE 模型——CGE 模型。

各生产者根据自身的生产优化行为，确定在某一组商品价格条件下生产过程所使用的要素数量，得到生产要素和中间投入的需求，并决定生产的产出，最终形成社会总供给；而各种生产要素（如劳动力、资本等）的所有者确定在某一要素价格条件下要素的供给，通过要素回报获得收入，形成对各部门产品的最终需求，并与中间需求一起构成总需求；在均衡条件下，总供给与总需求相等。因此，CGE 模型的求解就是求出这样一组商品和要素价格，使得商品市场和要素市场的总供给及总需求达到均衡，同时确定要素和商品的数量。实际上，CGE 模型就是描述系统供求平衡关系的一组方程。CGE 模型的结构反映了不同部门之间、经济主体之间相互依赖和相互作用的数量联系，并通过外部冲击引起的模型变量的数值变化来体现各部门经济效率和行为主体分配格局的变化趋势。

本章的 VAT CGE 模型沿用了张欣（2010）模型的基本结构。该模型包括产品和要素市场以及居民、企业、政府和世界其他地区等部门。其中，产品市场包括 62 个产业部门，要素包括劳动力要素和资本要素。与此同时，该模型还包括了增值税、营业税等主要税种，以及政府、企业、居民、世界其他地区之间的转移支付行为。在详细描述模型结构特征之前，我们先对模型中使用的符号进行如下说明：大写字母代表内生变量，当其代表外生变量或标准化常数时，在字母上方加一横线；希腊字母或小写字母代表参数；生产活动表示为 $a \in A$。这些生产活动的产出分为三个子集：出口 $a \in AE$，国内销售 $a \in AD$ 和进口 $a \in AM$。生产活动中所使用的要素表示为资本 K 和劳动 L。提供生产要素和进行商品消费的居民表示为 $h \in H$。国内经济主体表示为 $i \in INSD$，包括居民、政府和企业；当经济主体中不包括政府时，表示为 $i \in INSDNG$。

4.3.1　生产模块和增值税

假定生产者（由生产活动代表）的行为是为了追求利润最大化。利润是取得的收入和投入的总成本（包括要素成本和中间投入成本）之间的差额。每个生产者在价格给定的情形下，通过选择总产出量（QA）和投入品数量来最大化自己的利润，其中投入品包括中间投入（$QINT$）和生产要素（QF）。不过，利润最大化受两层嵌套的生产技术约束。其中，顶层的生产函数是 CES（constant elasticity of substitution production function，CES）函数，即生产者的总产出（QA）是生产过程中使用的总中间投入（$QINTA$）和增加值（QVA）的 CES 函数。而底层生产函数有 CES 函数和里昂惕夫函数两种。其中，增加值（QVA）是生产要素（包

括资本和劳动 QLD_a 和 QKD_a ）的 CES 函数，总中间投入（$QINTA$）是分解的中间投入（$QINT$）的里昂惕夫函数。

中国在增值税的实际运行中采用了发票抵扣方法，为了模型构建的方便以及能够模拟出增值税扩围的影响，我们在模型中拟采用加法来进行增值税的模拟。增值税的征收分为两个部分，即对要素增加值和不能抵扣的中间投入进行征收。

增值税的一个重要特征（事实上，不只是形式上）是只对购买和销售之间的差额征税。在计算增值税额时，主要有三种方法：

（1）加法（addition method）。先将各种要素所得加总（需要经过必要的调整）估算出增加值，然后再计税。此方法的缺点在于构成增加值的各种要素所得必须分别计算，不但手续较为复杂，而且需要较为完备的会计记录作为依据。另外，存在免税项目或对不同物品及劳务采用差别税率时，应用该方法较为困难。

（2）减法（subtraction）。直接针对每个企业的收入减去允许扣除的购买后的账户增加值计税。若实行的增值税并无减免规定，并且采用单一税率，则利用此法计算应纳税额相当方便。但是，基于种种原因，实行增值税的国家都有一些减免规定，并且对于不同的物品及劳务可能课征不同的税率。在这种情况下，虽然减法从表面上看似简单，但事实上可能较其他方法更为复杂。

（3）发票抵扣法（invoice credit）。纳税人按其销售所适用的税率计算销项税额，在减去同一期间购买投入品时已纳的进项税额后计算应纳税额。采用该方法时，销售方必须向购买方收取销项税额，并向其开具记载已收取销项税额的专用发票。由于采用发票抵扣法时，税负计算不会因为采用复式税率或因部分物品或劳务免税而增加困难，并且对于出口退税的计算特别便利。此外，采用发票抵扣法可以促使购买方取得购买凭证，有利于税务机关查核。因此，目前已实施增值税的国家，除日本采用减法外，其他国家均采用发票抵扣法。[①]

征收增值税的行业，其购买中间投入品支付的增值税可以获得进项税额返还。这就消除了对中间投入品和资本品征税而产生的层叠效应（cascading effect），从而体现出增值税不扭曲生产决策的中性特点。但是，低税率、免税以及某些行业缴纳营业税会产生很多影响，其中的一些影响非常复杂。这些政策都会破坏增值税抵扣返还链条，并且产生了扭曲。在征收营业税的行业中，当使用免税和低税率行业的产品作为生产活动的中间投入时，就丧失了增值税的重要特点，即增值税中性。因为投入品的税收不可扣除或不可完全抵扣，从而累加在随后出售的商品价格中，使

---

① 对这三种方法更为详细的对比介绍见 Tait（1988）。

得供应链下端的纳税人无法获得税收返还，进而会引起层叠效应。这种层叠效应的严重性取决于免税发生在供应链的哪个环节。如果免税发生在最终销售的前一个环节，则不会产生层叠效应，因此后果只是因最终销售环节的增加值免于征税而带来的税收损失；反之，如果免税发生在某些中间环节，层叠效应的后果将使净税收收入以不透明的方式增加。在这种情形下，扭曲会激励纳税人进行垂直整合（自我提供）以逃避税收，并且当企业有动力自我提供应税投入品而不是外购无法获得增值税抵扣的投入品时，将会妨碍企业外包。这些情况可能会导致经济低效率，因为它会扭曲供应链结构。

对资本和劳动要素征收的增值税相当于对工资和资本价格征收的价格税，见（4—1）式和（4—2）式。

$$WLT_a = \overline{WL} \times (1 + tval_a) \quad a \in A \tag{4—1}$$

$$WKT_a = \overline{WK} \times (1 + tvak_a) \quad a \in A \tag{4—2}$$

式中，$\overline{WL}$ 和 $\overline{WK}$ 分别为劳动和资本的价格，为外生变量；$tval_a$ 和 $tvak_a$ 分别为劳动和资本的增值税税率；WLT_a 和 WKT_a 分别为企业支付的包括增值税的劳动和资本的单位成本。

生产模块第一层的增加值部分包括增值税，具体如下：

$$QVA_a = \alpha_a^{va} \times [\delta_a^{va} \times QLD_a^{\rho_a^{va}} + (1 - \delta_a^{va}) \times QKD_a^{\rho_a^{va}}]^{\frac{1}{\rho_a^{va}}} \quad a \in A \tag{4—3}$$

$$\frac{WLT_a}{WKT_a} = \frac{\delta_a^{va}}{1 - \delta_a^{va}} \times \left(\frac{QKD_a}{QLD_a}\right)^{1 - \rho_a^{va}} \quad a \in A \tag{4—4}$$

$$PVA_a \times QVA_a = WLT_a \times QLD_a + WKT_a \times QKD_a \quad a \in A \tag{4—5}$$

式中，QVA_a 和 PVA_a 分别为增加值的数量和价格；WLT 和 WKT 为劳动和资本需求量。

此外，我们对中间投入的增值税部分进行构建，ap 部门从 a 部门购买的中间投入 $QINT_{a,ap}$ 的补缴（compensate）税率 $tvatcomp_{a,ap}$ 和税额 $VATcomp_{a,ap}$ 的等式为：

$$tvatcomp_{a,ap} = tvat_a - tvat_{ap} \tag{4—6}$$

$$VATcomp_{a,ap} = QINT_{a,ap} \times PQ_a \times tvatcomp_{a,ap} \tag{4—7}$$

式中，$tvat_a$ 为 a 部门的法定税率；$tvat_{ap}$ 为 ap 部门的税率；PQ_a 为 $QINT_{a,ap}$ 的价格。

如果 a 部门和 ap 部门同为税率 17% 的部门，则在中间投入上不缴纳增值税。如果 $tvat_a$ 为 17% 且 $tvat_a$ 为 a 部门的法定税率，而 $tvat_{ap}$ 为 13%，则 $QINT_{a,ap}$ 需要缴纳 4% 的增值税。如果 ap 部门为征收营业税的部门，则 $QINT_{a,ap}$ 的税率为 17%。

ap 部门所有的补缴增值税税额为：

$$VATcompA_{ap} = \sum_a VATcomp_{a,ap} \tag{4—8}$$

ap 部门总中间投入的价格为：

$$PINTA_{ap} = \sum_a ica_{a,ap} \times PQ_a + \frac{VATcomA_{ap}}{QINTA_{ap}} \tag{4—9}$$

增值税不仅影响了要素的价格，还会影响中间投入的价格。总中间投入（$QINTA$）是由各部门中间投入（$QINT$）通过 Leontief 生产函数汇总而成，若定义 $ica_{a,ap}$ 为生产每一单位的总中间投入 a 所需要的 ap 投入数量，则中间投入的需求量可表示为：

$$QINT_{a,ap} = ica_{a,ap} \times QINTA_a \tag{4—10}$$

4.3.2 居民

假设所有居民的偏好相同，可以柯布-道格拉斯（Cobb-Douglas）效用函数描述。居民拥有全部劳动要素禀赋与部分资本要素禀赋。居民的收入来源于要素回报，并且居民交税、储蓄，在可支配收入预算约束下，他们追求效用最大化，同时产生商品需求，则有

$$YH = \overline{WL} \times QLS + shif_{hk} \times \overline{WK} \times QKS + trnsfr_{hgov} + trnsfr_{hent} + trnsfr_{hrow} \tag{4—11}$$

$$PA_a QH_a = shrh_a(1 - tins_h) \times mpc \times YH \tag{4—12}$$

式中，YH 为居民总收入；WL 和 WK 分别为劳动与资本的税后价格；$shif_{hk}$ 为资本要素收入付给居民的份额；QLS 和 QKS 分别为劳动与资本要素总供给；QH_a 为居民对 a 产品的消费需求；$shrh_a$ 为居民在 a 商品上支出的份额；$tins_h$ 为个人所得税税率；mpc 为边际消费倾向（这里指平均消费倾向）；$trnsfr_{hgov}$、$trnsfr_{hent}$ 和 $trnsfr_{hrow}$ 分别为政府、企业和国外三个部门对居民的转移支付。

4.3.3 企业

企业拥有部分资本禀赋，因此企业在支付中间投入及要素成本后，还有自身的收入。此外，企业向政府纳税；企业也向居民做转移支付，在中国表现为除要素成本以外对劳动者、经理、股东等做各种转移支付；剩下的部分为企业储蓄。注意，企业投资可以通过市场融资来决定，因此无须等于企业储蓄。

4.3.4 政府的收入与支出

政府通过各类税收（增值税、营业税、关税、个人和企业所得税）获得财政收

入。政府的财政支出用于购买公共产品、开支以及转移支付。财政收入与财政支出的差额是政府的财政盈余或赤字。为了集中研究增值税转型对于宏观经济与就业的影响，虽然模型里包括了各税种，但除了增值税之外，其他税种假定不变。政府的行为遵照凯恩斯框架，因此政府支出外生给定。

$$YG = \sum_{a \in A}(tval_a \times \overline{WL} \times QLD_a + tvak_a \times \overline{WK} \times QKD_a) + \sum ta_a \times PA_a$$

$$\times QA_a + tins_h \times YH + tins_{ent} \times YENT + trnsfr_{govrow} \tag{4—13}$$

$$EG = \sum_{a \in A} PA_a \times \overline{QG_a} + trnsfr_{hgov} \tag{4—14}$$

$$GSAV = YG - EG \tag{4—15}$$

式中，YG、EG 和 $GSAV$ 分别为政府收入、支出和财政盈余（赤字）；ta_a 为其他间接税（如营业税等）的实际税率；$tins_h$ 和 $tins_{ent}$ 分别为居民及企业的所得税税率；$trnsfr_{govrow}$ 为国外对政府的转移支付。在 SAM 表上，这一项是负数，显示中国政府对国外是净转移支出。

4.3.5　要素市场结构与均衡

商品市场完全竞争，所有商品价格都具有弹性。在均衡条件下，商品供求均衡，市场出清。

与以往文献采用新古典主义闭合不同，在要素市场，我们在模型中引入刘易斯闭合的要素市场条件。它的宏观经济状况是，劳动力是非充分就业的。因此，劳动要素供给具有弹性，而它们的价格具有下降黏性。[①] 要素总需求量决定要素实际供应量，因此劳动要素供应为内生变量。要素在部门间能够充分自由地流动，各部门要素边际回报相等。与新古典主义闭合下的瓦尔拉斯均衡不同，这是一种具有要素非充分就业状态的刘易斯均衡模型。该设置更符合目前中国存在大量非自愿性失业劳动力与制造业面临产能过剩的现实国情。因此，在劳动力市场上，我们假设一个经常性过剩的状况。而在资本要素市场上，资本是稀缺的，资本要素价格根据资本供求，因而需要考虑不同的宏观经济形势。

4.3.6　投资储蓄

作为国民经济核算账户恒等式，总储蓄等于总投资。储蓄由私人储蓄、企业储

---

①　此类假设要素价格黏性的微观闭合方式常用于研究发展中国家的经济政策问题，因为发展中国家通常在工业化的过程中具有此类特征（譬如劳动力）。我们认为，中国拥有大量的剩余劳动力，在劳动力要素的供给上，可以说是近似无限的，所以假设劳动力价格黏性也是符合中国现实的。

蓄、政府预算盈余（赤字）和经常账户余额组成。

$$\sum_a PQ_a \times QINV_a + \sum_a PQ_a \times qdst_a$$

$$= \sum_{i \in INSDNG} MPS_i \times (1 - TINS_i) \times YI_i + GSAV + EXP \times FSAV + walras$$

$$(4—16)$$

（4—16）式左边是投资，右边是居民储蓄、企业储蓄、政府预算盈余（赤字）和经常账户余额之和。由于对模型求解来说，这个等式在数学上是多余的，所以加一个虚拟变量 *walras*，如模型设置无误，则 *walras* 等于或是趋于零。

4.4 增值税扩围模拟的方案

鉴于以上分析，本章设计了表 4—1 中的扩围方案：BASE 是基准方案，即扩围改革前的营业税征税方案。SIM1 和 SIM2 是按上海试点方案在全国扩围。SIM3 是按照《营业税改征增值税试点方案》的全扩围方案，即在现行增值税 17% 标准税率和 13% 低税率的基础上，新增 11% 和 6% 两档低税率。租赁有形动产等适用 17% 税率，交通运输业、建筑业等适用 11% 税率，其他部分现代服务业适用 6% 税率。SIM4 是全部行业按 13% 的税率扩围。SIM5 是全部行业按 17% 的税率扩围。基准方案、SIM1 和 SIM2 采用的是新古典闭合，SIM3、SIM4 和 SIM5 采用的是刘易斯闭合。

表 4—1 增值税扩围改革方案

行业	BASE	SIM1	SIM2	SIM3	SIM4	SIM5
闭合	新古典	新古典	刘易斯	刘易斯	刘易斯	刘易斯
建筑业	3%	—	—	—	13%	17%
交通运输业	3%	11%	11%	11%	13%	17%
仓储业	5%	6%	6%	6%	13%	17%
邮政业	3%	—	—	6%	13%	17%
电信和其他信息传输服务业	3%	6%	6%	6%	13%	17%
计算机服务业	3%	6%	6%	6%	13%	17%
软件业	3%	6%	6%	6%	13%	17%
住宿业	5%	—	—	6%	13%	17%
餐饮业	5%	—	—	6%	13%	17%
银行业、证券业和其他金融活动	5%	—	—	—	—	—
保险业	5%	—	—	—	—	—
房地产业	5%	—	—	—	—	—

续前表

行业	BASE	SIM1	SIM2	SIM3	SIM4	SIM5
租赁业	5%	17%	17%	17%	13%	17%
商务服务业	5%	6%	6%	6%	13%	17%
研究与试验发展业	0%	6%	6%	6%	13%	17%
综合技术服务业	0%	6%	6%	6%	13%	17%
水利、环境和公共设施管理业	0%	—	—	6%	13%	17%
居民服务和其他服务业	5%	—	—	6%	13%	17%
教育	免税	免税	免税	免税	免税	免税
卫生、社会保障和社会福利业	免税	免税	免税	免税	免税	免税
文化、体育和娱乐业	3%	—	—	6%	13%	17%
公共管理和社会组织	免税	免税	免税	免税	免税	免税

4.5 模拟结果

4.5.1 对国内生产总值的影响

依据此前设计的扩围方案，我们模拟了五种不同增值税扩围改革方案下国内生产总值的变化，即 GDP 的变化（见表 4—2 和图 4—1）。

表 4—2　　　　　　　　增值税扩围改革对 GDP 的影响（%）

	基准（亿元）	SM1	SM2	SIM3	SIM4	SIM5
居民消费	96 552.62	0.52	0.61	1.23	0.84	0.25
固定投资	105 435.87	−0.36	0.55	−0.83	0.73	−0.04
存货[1]	8 776.54	—	—	—	—	—
政府消费[1]	35 190.92	—	—	—	—	—
总吸收[2]	245 955.94	0.05	0.48	0.13	0.64	0.08
出口	95 540.99	0.47	0.96	1.19	1.61	0.93
进口	−74 020.55	0.61	1.24	1.54	2.08	1.20
GDP（生产法）[3]	267 476.38	0.05	0.44	0.12	0.59	0.07
间接税[4]	39 951.29	−2.67	−2.19	−11.22	−4.09	−0.70
GDP（收入法）	238 819.32	0.01	0.39	0.03	0.49	0.00

注：（1）存货和政府消费在模型中均被设为外生变量，因此扩围对其不产生影响。

（2）总吸收是居民消费、固定投资、存货以及政府消费之和。

（3）生产法计算 GDP 等于总吸收加上出口，减去进口。

（4）间接税是包括增值税、营业税在内的所有间接税收入。

从表 4—2 和图 4—1 可以看出，在新古典闭合方案下，居民的消费增加，而固定投资和进出口减少，用生产法或收入法计算的 GDP 增加（但变化幅度相对较

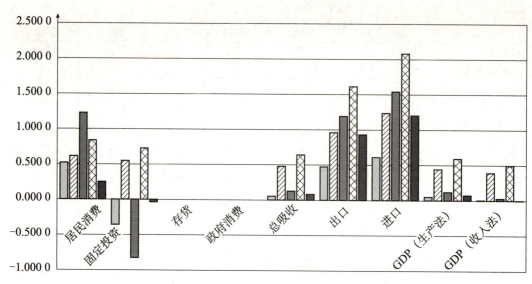

居民消费　固定投资　存货　政府消费　总吸收　出口　进口　GDP（生产法）　GDP（收入法）

☐ SM1　☒ SM2　▨ SIM3　▨ SIM4　■ SIM5

图 4—1　增值税扩围改革对 GDP 的影响

小）。产生这一现象的原因在于 GDP 是居民消费、固定投资、存货、政府消费以及净出口之和。增值税扩围改革使得增加值价格上升，因此居民的要素报酬增加（或者说居民收入增加），在居民储蓄率外生给定的条件下，居民的消费增加。同时，由于模型闭合是储蓄驱动型的闭合，政府储蓄、外国储蓄也是外生给定的，唯一可以调整的变量是投资，而投资需求的下降抵消了消费的增加。此外，增值税扩围改革使得出口增加、进口增加，最终导致 GDP 有较小幅度的增加，即从 SIM1 到 SIM5 分别减少 0.069 0、0.121 6、0.131 1、0.129 1 和 0.135 1 个百分点。

比较这五种不同的扩围方案可以发现，如果从 GDP 变化率的绝对值来看，产生影响最大的是 SIM5，然后依次是 SIM3、SIM4、SIM2 和 SIM1。同时，比较居民消费、固定投资、出口、进口的变化，发现其变化率的绝对值也是按照 SIM5、SIM3、SIM4、SIM2 和 SIM1 的顺序递减。

4.5.2　对出口的影响

从表 4—3 和图 4—2 可以看出，按照 SIM1 扩围（即将征收营业税行业改征增值税）时，运输业、电信和其他信息传输服务业、计算机服务业、软件业、商务服务业、研究与试验发展业的出口都增加，分别增加了 10.87、8.56、14.52、27.38、6.37 个百分点。其中，主要原因是这些行业的中间投入品可以抵扣，故产出价格下降，导致在国际市场上的竞争力上升，从而出口增加。

按 SIM2、SIM3、SIM4 和 SIM5 扩围时，建筑业、邮政业、软件业、住宿业、餐饮业、居民服务和其他服务业以及文化、体育和娱乐业的出口也在增加。农业和原征收增值税行业由于最终产出价格的上升，导致产业出口下降。综合工商业和服务业的效应，将导致总出口下降。在不同的扩围模型方案下，分别下降 0.42、0.85、0.85、0.86、0.88 个百分点。这意味着增值税扩围使扩围服务业的出口增加，从而有利于服务业的发展，但对其他工商业没有影响。不过，它对出口的总体影响不大。

表 4—3　　　　　　　　**增值税扩围改革对各产业出口的影响（%）**

	基准（亿元）	SIM1	SIM2	SIM3	SIM4	SIM5
农业	665.98	−2.24	−2.67	−3.95	−3.49	−4.10
煤炭开采和洗选业	233.76	−1.82	−2.40	−2.97	−2.76	−2.95
石油和天然气开采业	173.56	−2.54	−3.37	−4.49	−4.06	−4.56
黑色金属矿采选业	0.74	−2.60	−3.84	−4.73	−4.44	−4.79
有色金属矿采选业	81.55	−2.07	−3.19	−3.55	−3.47	−3.61
非金属矿采选业和其他采矿业	150.44	−2.11	−3.13	−3.79	−3.60	−3.83
农副食品加工业	1 244.84	−1.17	−1.04	−1.70	−1.48	−1.78
食品制造业	421.20	0.92	1.56	2.25	1.96	2.28
饮料制造业	227.33	0.61	1.53	2.15	1.91	2.19
烟草制品业	18.75	−0.69	−0.53	−0.63	−0.57	−0.61
纺织业	8 215.89	−4.11	−5.08	−6.56	−6.05	−6.69
纺织服装、鞋、帽制造业	3 742.05	−1.55	−1.93	−2.18	−2.11	−2.23
皮革毛皮羽毛（绒）及其制品业	1 930.59	−2.49	−2.90	−3.69	−3.41	−3.74
木材加工及木竹藤棕草制品业	791.22	−2.35	−3.53	−4.46	−4.19	−4.59
家具制造业	1 633.25	−2.05	−3.10	−3.78	−3.61	−3.90
造纸及纸制品业	314.58	−0.50	−0.70	−1.02	−0.90	−1.02
印刷业和记录媒介的复制	197.13	0.11	0.30	0.08	0.18	0.11
文教体育用品制造业	1 752.71	−1.38	−1.74	−1.74	−1.78	−1.78
石油加工、炼焦及核燃料业	767.84	−0.82	−1.44	−1.89	−1.74	−1.92
化学原料及化学制品业	3 490.87	−1.25	−1.68	−1.77	−1.76	−1.77
医药制造业	671.72	0.84	1.27	2.29	1.95	2.35
化学纤维制造业	254.88	−2.63	−3.29	−4.06	−3.81	−4.12
橡胶制品业	1 403.89	−2.04	−2.99	−3.49	−3.35	−3.56
塑料制品业	1 416.55	−1.80	−2.58	−2.87	−2.81	−2.93
非金属矿物制品业	1 483.69	−2.37	−3.71	−4.53	−4.28	−4.63
黑色金属冶炼及压延加工业	3 685.00	−2.38	−3.74	−4.52	−4.28	−4.62

续前表

	基准（亿元）	SIM1	SIM2	SIM3	SIM4	SIM5
有色金属冶炼及压延加工业	1 470.49	−1.75	−2.89	−2.99	−2.97	−3.06
金属制品业	3 558.52	−2.21	−3.25	−3.82	−3.63	−3.87
通用设备制造业	3 415.95	−2.18	−3.50	−4.09	−3.91	−4.19
专用设备制造业	2 320.90	−2.44	−3.97	−4.67	−4.46	−4.79
交通运输设备制造业	3 282.16	−1.00	−1.90	−2.04	−2.02	−2.10
电气机械及器材制造业	6 825.66	−0.90	−1.80	−1.63	−1.72	−1.68
通信设备、计算机及其他电子设备制造业	21 377.51	−2.44	−4.11	−3.44	−3.72	−3.56
仪表仪器及文化、办公用机械制造业	3 237.40	−3.25	−4.67	−4.61	−4.68	−4.72
其他制造业	1 309.72	−1.77	−2.49	−3.01	−2.86	−3.09
废弃资源和废旧材料回收加工业	31.73	−4.66	−6.56	−8.62	−7.90	−8.90
电力、热力的生产和供应业	65.11	−1.96	−2.33	−2.81	−2.56	−2.76
建筑业	408.87	−2.09	11.68	11.20	11.27	11.14
运输业	3 982.98	10.87	10.84	10.49	10.66	10.64
批发零售业	4 007.56	1.25	1.82	3.27	2.76	3.49
邮政业	48.57	−0.11	14.65	16.23	15.60	16.52
电信和其他信息传输服务业	98.61	8.56	8.40	8.12	8.32	8.11
计算机服务业	132.15	14.52	15.08	18.33	17.09	18.34
软件业	215.76	−0.39	7.75	11.55	10.13	11.49
住宿业	451.53	−0.25	23.52	25.00	25.12	25.98
餐饮业	285.00	−1.04	13.39	12.88	13.11	12.87
金融业	17.53	−2.02	−2.56	−4.00	−3.47	−4.18
保险业	68.72	1.75	4.84	4.33	4.60	4.37
商务服务业	3 209.47	27.38	31.09	33.70	33.14	34.44
研究与试验发展业	26.05	6.37	6.10	6.00	6.10	6.02
居民服务和其他服务业	284.88	−0.88	18.84	19.19	19.51	19.88
教育	25.85	−1.21	−0.74	−1.77	−1.37	−1.87
卫生、社会保障和社会福利业	42.15	−0.55	0.01	−0.19	−0.11	−0.23
文化、体育和娱乐业	328.17	−1.10	13.77	14.79	14.90	15.56
公共管理和社会组织	42.00	−1.88	−1.10	−2.30	−1.84	−2.42
合计	95 540.99	−0.42	−0.85	−0.85	−0.86	−0.88

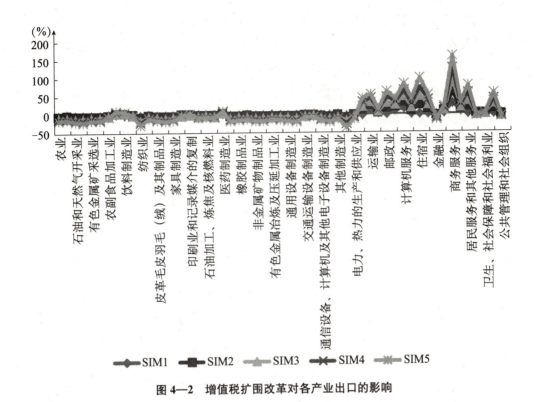

图 4—2　增值税扩围改革对各产业出口的影响

4.5.3　对劳动就业的影响

从局部行业的劳动力调整观点出发，由于增值税扩围改革，原营业税行业的中间投入可以抵扣了，也就是中间投入的价格下降，因而生产者会增加中间投入的使用，减少劳动要素的使用。因此，增值税扩围改革涉及的行业，如仓储业、电信和其他信息传输服务业、商务服务业的劳动力需求在几乎所有五个模拟中均在减少，说明这些行业的中间投入可以抵扣后，企业使用了更多的中间投入，同时减少了对劳动力的需求。以模拟情景 1 为例，运输业、仓储业、电信和其他信息传输服务业、计算机服务业、软件业、租赁业的劳动力需求减少了 2.07、2.94、1.26、2.51、1.82、1.61 个百分点。

就劳动力市场整体而言，增值税扩围改革对劳动就业的影响依赖于有关劳动就业变量的内外生设定和不同闭合准则的设定。在刘易斯闭合和凯恩斯闭合中，实质工资为外生给定，各项政策变动的冲击对劳动力市场的影响主要反映在劳动力数量上，即劳动力的供给是完全弹性的，可以充分调整。而在新古典闭合中，劳动力的供给是完全无弹性的，而实质工资可自由调整，以实现劳动力市场的均衡。因此，增值税扩围改革对两种闭合下的劳动力市场的冲击是不同的。

　　我们首先分析采用刘易斯闭合的模拟情景 2 和模拟情景 4，模拟结果见表4—4。在生产税改革框架（SIM2）和消费税改革框架（SIM4）下，增值税扩围改革都刺激了总的劳动需求增加，劳动力的供给分别增加了 0.81 和 0.78 个百分点。情景 2 和情景 4 显示增值税扩围改革刺激了总的劳动需求，这说明增值税扩围在刘易斯闭合下有利于就业。虽然营改增行业的劳动需求是降低的，但营改增降低了整体经济的税负，有利于行业扩大再生产，使得劳动需求增加，进而使劳动总需求增加。

表 4—4　　　　　　　增值税扩围改革对各产业劳动需求的影响（%）

	基准(亿元)	SIM1	SIM2	SIM3	SIM4	SIM5
劳动力供给	110 047.30	0.00	0.81	0.00	0.78	0.00
工资	1.00	0.72	0.00	1.02	0.00	0.36
农业	27 181.63	0.50	0.75	1.56	1.68	0.91
煤炭开采和洗选业	2 125.02	0.35	1.39	−1.73	−0.71	1.41
石油和天然气开采业	1 305.04	1.21	2.44	−3.21	−3.29	0.86
黑色金属矿采选业	439.43	0.02	1.25	−4.28	−0.95	3.09
有色金属矿采选业	376.92	0.31	1.42	−2.91	−0.60	2.15
非金属矿采选业和其他采矿业	616.73	−0.02	1.21	0.98	2.26	1.44
农副食品加工业	1 749.50	0.42	0.91	2.24	2.48	0.86
食品制造业	483.82	0.12	0.78	0.55	0.30	−0.42
饮料制造业	439.72	0.13	0.95	0.95	0.78	0.47
烟草制品业	417.70	0.06	0.82	−6.50	−7.66	−1.41
纺织业	1 845.77	0.20	1.18	0.52	1.48	0.93
纺织服装、鞋、帽制造业	1 283.26	0.13	0.91	0.06	0.43	0.27
皮革毛皮羽毛（绒）及其制品业	612.17	0.17	0.90	0.69	1.02	0.06
木材加工及木竹藤棕草制品业	530.12	−0.07	1.05	−0.44	−0.03	0.33
家具制造业	507.64	−0.23	0.88	0.11	0.88	0.09
造纸及纸制品业	544.16	0.37	1.34	1.16	1.61	0.93
印刷业和记录媒介的复制	447.69	0.42	1.26	−0.08	0.19	1.13
文教体育用品制造业	249.43	0.06	0.90	−0.07	0.54	0.54
石油加工、炼焦及核燃料业	1 095.54	0.87	2.04	−0.90	−0.76	1.15
化学原料及化学制品业	1 962.24	0.28	1.31	−0.32	−0.22	0.33
医药制造业	601.61	−0.06	0.62	0.44	0.59	−0.42

续前表

	基准（亿元）	SIM1	SIM2	SIM3	SIM4	SIM5
化学纤维制造业	166.59	0.15	1.28	−2.07	−1.26	0.56
橡胶制品业	257.94	0.27	1.38	−0.05	0.39	0.46
塑料制品业	792.28	0.21	1.28	−0.64	−0.40	0.27
非金属矿物制品业	2 195.55	−0.34	1.04	0.32	1.13	0.73
黑色金属冶炼及压延加工业	2 082.08	−0.12	1.28	−1.10	−0.40	0.40
有色金属冶炼及压延加工业	1 039.59	0.07	1.34	−0.37	0.01	0.13
金属制品业	1 249.84	−0.04	1.22	−1.06	−0.54	0.30
通用设备制造业	2 094.02	−0.06	1.26	−0.06	0.67	0.11
专用设备制造业	1 264.49	−0.31	1.03	−0.84	−0.07	−0.37
交通运输设备制造业	2 528.71	−0.03	1.09	−0.72	−0.23	−0.02
电气机械及器材制造业	1 362.47	−0.07	1.18	−0.36	0.11	0.11
通信设备、计算机及其他电子设备制造业	2 349.26	0.23	1.18	0.94	0.28	−0.69
仪表仪器及文化、办公用机械制造业	400.90	0.43	1.28	−2.26	−4.06	−1.62
其他制造业	683.54	−0.04	0.91	−0.35	−0.04	−0.05
废弃资源和废旧材料回收加工业	52.65	0.56	2.42	9.87	11.67	1.23
电力、热力的生产和供应业	2 098.05	0.34	1.54	−3.64	−2.30	1.55
燃气生产和供应业	93.10	0.11	1.07	−8.64	−3.17	5.83
水的生产和供应业	244.29	0.44	1.34	0.51	1.26	1.26
建筑业	7 405.32	−0.61	0.83	−1.28	1.39	−4.54
交通运输业	3 661.87	−2.07	−0.92	−1.86	−1.06	−1.71
仓储业	121.87	−2.94	−1.93	−1.46	−1.37	−2.33
邮政业	275.08	0.37	0.87	0.25	2.12	−1.52
电信和其他信息传输服务业	682.95	−1.26	−0.09	0.99	−0.17	−0.99
计算机服务业	176.03	−2.51	−1.66	−1.07	−0.90	−2.23
软件业	280.31	−1.82	−0.46	0.10	3.89	−1.51
批发零售业	4 188.61	−0.22	0.86	−1.62	−1.41	−0.33
住宿业	521.61	0.43	1.21	1.44	4.23	−1.59
餐饮业	1 016.27	0.33	1.18	1.54	4.09	−2.86
金融业	2 742.98	0.44	1.58	5.13	6.12	1.11
保险业	745.80	0.40	1.13	1.81	2.84	1.60
房地产业	1 338.66	0.15	1.43	5.12	6.32	0.41
租赁业	25.38	−1.61	−0.38	−2.12	−0.23	−1.08
商务服务业	1 292.47	−4.71	−3.83	−3.25	−1.44	−2.56

续前表

	基准（亿元）	SIM1	SIM2	SIM3	SIM4	SIM5
研究与试验发展业	357.96	0.35	0.98	−1.84	0.89	0.66
综合技术服务业	1 235.72	−0.77	0.16	−0.78	−0.80	−1.40
水利、环境和公共设施管理业	550.49	0.02	0.67	0.88	2.89	−2.09
居民服务和其他服务业	1 140.15	0.46	1.39	2.11	4.51	−1.93
教育	5 734.75	−0.01	0.37	0.82	1.30	0.16
卫生、社会保障和社会福利业	2 556.86	−0.09	0.45	0.79	1.12	−0.22
文化、体育和娱乐业	692.73	0.19	0.92	0.80	3.38	−2.01
公共管理和社会组织	7 532.95	−0.19	0.10	0.08	0.63	0.05

在新古典闭合的 SIM1 和 SIM3 中，劳动力供给是一个常数，而工资水平的调整使劳动要素在不同行业流动，使劳动力报酬增加了 0.72 个百分点和 1.02 个百分点。

4.6　增值税扩围改革对居民的影响

增值税扩围改革对居民的影响可以从三个方面进行分析：一是收入方面，即可支配收入的变化；二是消费方面，即效用的变化；三是福利水平，即等价变化（EV）和补偿性变化（CV）。

4.6.1　对居民收入分配的影响

增值税扩围改革对居民（农村居民和按收入等级划分的 7 类城镇居民）收入水平的影响见表 4—5 和图 4—3。

表 4—5　　　　　　　　　　增值税扩围改革对居民收入的影响（%）

	基准（亿元）	SIM1	SIM2	SIM3	SIM4	SIM5
农村居民	47 141.400	1.926	3.706	4.799	4.401	4.964
最低收入户	3 587.679	1.836	3.517	4.551	4.174	4.706
低收入户	5 209.153	1.833	3.519	4.553	4.176	4.709
中等偏下户	13 643.796	1.840	3.524	4.561	4.183	4.716
中等收入户	17 954.359	1.850	3.532	4.572	4.193	4.728
中等偏上户	23 729.146	1.842	3.516	4.549	4.173	4.704
高收入户	16 425.948	1.839	3.508	4.535	4.161	4.689
最高收入户	29 260.164	1.865	3.544	4.579	4.202	4.735

从表 4—5 和图 4—3 中可以看出，在任何一种增值税扩围改革方案下，城镇居

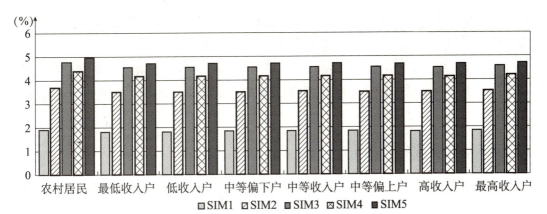

图 4—3 增值税扩围改革对居民收入的影响

民的可支配收入都有所增加，而且按 SIM5 扩围时，各个组居民收入增加的比例最大，然后依次是 SIM3、SIM4、SIM2 和 SIM1。同时，比较在同一种扩围方案下的收入变化可以发现，农村居民的收入变化要大于城镇居民的收入变化。另外，对于城镇居民而言，最高收入户的居民收入增加比例要大于最低收入户的居民收入增加比例。居民的可支配收入均有所上升，这主要是因为工资报酬率的增加导致居民要素收入的增加。

可以使用 Reynolds-Smolensky 测量工具（以下简称"L 指标"）来衡量收入分配的税前和税后影响。L 指标中包括税前和税后的基尼系数。表 4—6 给出了 L 指标的变化。

表 4—6　　　　　　　　　　　增值税扩围改革对城镇居民收入分配的影响

	BASE	SIM1	SIM2	SIM3	SIM4	SIM5
税前基尼系数	0.318 7	0.318 7	0.318 7	0.318 7	0.318 7	0.318 7
变化（%）		0.011 78%	0.006 32%	0.004 04%	0.005 15%	0.003 83%
税后基尼系数	0.314 4	0.314 4	0.314 4	0.314 2	0.314 2	0.314 1
变化（%）		0.025 17%	−0.005 76%	−0.044 11%	−0.047 54%	−0.075 90%
L 指标	0.004 3	0.004 2	0.004 3	0.004 4	0.004 4	0.004 5
变化（%）		−0.971 14%	0.892 66%	3.538 18%	3.872 73%	5.856 26%

表 4—6 中的基尼系数是通过计算城镇居民 7 个类型的收入获得的，数据是加总的数据，因此并不能说明 7 个类型内部的收入分配情况。表 4—6 中的数据说明，模拟方案 SIM1 对税后基尼系数（根据扩围后可支配收入计算）或税前基尼系数（根据扩围后总收入计算）都是正的影响，这说明上海试点方案 SIM1 加剧了收入分配的不平等。然而，按照扩围方案 SIM2，虽然它对税前收入基尼系数是正的影响，但是实施该方案后税前收入的基尼系数比上海试点方案要小，而且税后收入的基尼系数比基期变小了，因此 SIM2 方案对收入分配平等有促进作用。而采取四档

税率全行业扩围的 SIM3，比采取四档税率局部行业扩围的 SIM2 的基尼系数要小。模拟结果说明：扩围越彻底，越有利于收入分配公平。

与 SIM3 相比，单一税率 SIM4（13％）和 SIM5（17％）对基尼系数的影响均较小。这说明税率档次越多，扭曲越多。因此，模拟结果显示：扩围的行业越多，收入分配越公平；税率等级越少，收入分配越公平。

4.6.2 对居民福利的影响

对居民福利的影响可以通过等价性变化（EV）和补偿性变化（CV）衡量，见表 4—7、图 4—4 及图 4—5。

表 4—7　　　　　　　　增值税扩围改革对居民福利的影响　　　　　　　单位：亿元

	等价性变化					补偿性变化				
	SIM1	SIM2	SIM3	SIM4	SIM5	SIM1	SIM2	SIM3	SIM4	SIM5
农村居民	380.37	702.34	895.32	827.87	925.78	381.70	707.80	904.78	835.68	935.89
最低收入户	46.96	87.29	111.21	102.90	115.04	47.10	87.82	112.14	103.66	116.03
低收入户	67.95	127.91	162.07	150.22	167.56	68.09	128.47	163.12	151.06	168.68
中等偏下户	173.60	326.91	412.65	382.98	426.46	173.82	327.87	414.61	384.49	428.57
中等收入户	222.57	423.53	532.04	494.54	549.58	222.74	424.17	533.74	495.75	551.42
中等偏上户	284.28	548.28	684.43	637.59	706.69	284.34	548.25	685.46	638.08	707.83
高收入户	187.85	372.70	462.54	431.75	477.37	187.84	372.14	462.50	431.41	477.37
最高收入户	305.89	640.26	784.37	735.61	809.06	305.79	637.54	782.12	732.96	806.75

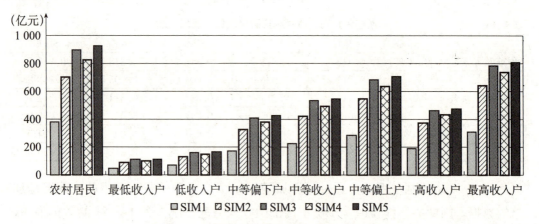

图 4—4　对居民福利的影响：等价性变化

从福利水平来看，增值税扩围改革使农村和城镇各个收入等级居民的效用水平都上升，故等价性变化（EV）也增加，并且增加的趋势随着收入等级呈累进趋势。其中，城镇最低收入等级居民增加了 46.96 亿元，而最高收入等级住户增加得最多，为 305.89 亿元。

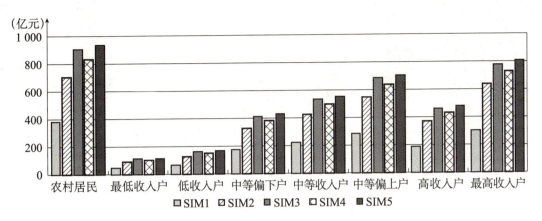

图 4—5　对居民福利的影响：补偿性变化

比较 SIM1 和 SIM2，比较明显的区别是在 SIM2 下，居民收入、消费、等价变化和补偿变化都有所增加。这说明随着增值税扩围幅度的增加，增值税更趋中性，原增值税行业的税负减少更多，居民福利也有所改善。SIM3 比 SIM2 的基尼系数要小，这说明采取统一税率不仅有利于提高效率，还提高了公平水平。SIM4 和 SIM5 的福利水平也高于上海试点的 SIM1。

4.6.3　累退性分析

增值税的累退性是每个家庭实际支付的增值税占其收入的比例。增值税扩围改革的累退性分析见表 4—8 和图 4—6。

表 4—8　　　　　　　　　　　增值税扩围的累退性分析

	BASE	SIM1	SIM2	SIM3	SIM4	SIM5
农村居民	0.029 45	−0.003 69	−0.006 44	−0.008 04	−0.007 52	−0.008 33
最低收入户	0.054 24	−0.002 71	−0.005 18	−0.006 27	−0.005 93	−0.006 49
低收入户	0.053 30	0.002 83	−0.005 41	−0.006 49	−0.006 15	−0.006 71
中等偏下户	0.050 92	−0.003 00	−0.005 49	−0.006 54	−0.006 22	−0.006 75
中等收入户	0.048 63	−0.003 12	−0.005 72	−0.006 78	−0.006 45	−0.007 00
中等偏上户	0.046 31	−0.003 29	−0.006 08	−0.007 15	−0.006 83	−0.007 38
高收入户	0.044 04	−0.003 35	−0.006 46	−0.007 58	−0.007 24	−0.007 81
最高收入户	0.039 40	−0.003 56	−0.007 63	−0.008 85	−0.008 49	−0.009 12

从图 4—6 可以看出，基期的增值税是累退的，因为较低收入阶层的居民对增值税支付的比例高于高收入阶层。基期的城镇最低收入居民支付了占收入 5.42％的增值税，而最高收入阶层的居民支付了占收入 3.94％的增值税。增值税扩围后，虽然每个家庭对增值税的负担比例都在下降，见表 4—8，但最高收入家庭下降的比例大于低收入家庭。因此，虽然增值税扩围降低了每个家庭对增值税的支付比例，却

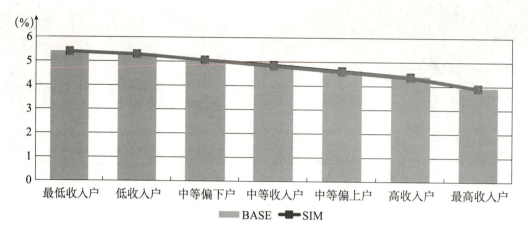

图4—6 增值税扩围对居民增值税累退性的影响

增加了增值税的累退性。

4.7 结论与建议

本章构建了一个包含62个部门的中国增值税CGE模型，用于模拟不同营改增方案对中国宏观经济产生的影响，我们得到的结论主要为：

第一，营改增改革后，使得国内生产总值（GDP）增加。营改增改革使得居民的要素报酬增加，进而增加了居民的消费。在政府储蓄、外国储蓄是外生给定的情况下，虽然投资需求的下降抵消了部门消费的增加，但最终GDP有较小幅度的增加。

第二，营改增改革使营改增行业的出口增加，这些行业的中间投入品可以抵扣，因而产出价格下降，导致这些行业在国际市场的竞争力上升，从而出口增加。

第三，从居民福利水平来看，营改增改革使农村和城镇各个收入等级居民的效用水平都上升，则等价性变化（EV）也增加。随着营改增范围的扩大，居民福利会有进一步的增加。虽然营改增降低了每个家庭对增值税的支付比例，但增加了增值税的累退性。

本章研究对目前增值税扩围改革有两方面的启示意义：

第一，对增值税扩围后税率设定的启示。目前，营改增面临的一个重要改革难点是增值税扩围行业的适用税率难以选择。由于具有较高的增值率和较低的适用税率，多数征收营业税行业的增加值税负都小于增值税行业。若对这些行业适用增值税标准税率，很可能会提高其税负，甚至对于某些行业适用低税率也不能保证降低税负，这就与通过增值税扩围改革促进服务业发展的初衷不符。但是，如果为这些行业设计更低的税率、增加税率级次，又会违背增值税的一致性原则，造成新的扭曲。从本章的模拟结果来看，采用四级不同税率的 SIM3，虽然降低了营改增行业的税负，但与采用同一等级税率的 SIM4 和 SIM5 相比，原征收增值税行业的税负还略有增加。

第二，对增值税扩围后中央和地方分税的启示。从体制层面看，增值税扩围改革的难题主要涉及中央政府和地方政府的税收收入分配。用作为共享税的增值税取代地方税的主要来源营业税，势必降低地方政府的税收收入。因此，增值税扩围改革必然伴随分税制的改革，或者提高地方政府的增值税分享比例，或者增加中央政府对地方政府的转移支付，以保证地方政府的财政收入不受影响，从而获得地方政府的支持。否则，营改增将面临巨大的阻力，难以成功。然而，对于具体的改革路径，各方仍没有达成共识。在目前的试点方案中，我们采取了折中的方法，即营改增的税收收入仍属于地方政府。

第 5 章　营改增的产业关联效应 *

国民经济各部门之间是密切关联的，营改增势必会对这些行业的上下游产业产生影响。营改增行业对下游产业会产生供给推动，同时对上游产业具有需求拉动作用。从税负上看，营改增不仅影响试点行业的税负，它通过抵扣效应影响了上下游行业的税负，消除了重复征税问题。因此，评估营改增产生的政策效果，不仅应该关注对试点行业的影响，也应该关注其对国民经济各行业的影响。投入产出表为度量营改增行业的产业关联提供了很好的工具，本章利用投入产出表计算营改增行业对上下游行业的关联效应，并计算了营改增对消除重复征税的影响。

5.1　问题的提出

国务院于 2011 年 11 月发布了《营业税改征增值税试点方案》，决定于 2012 年 1 月 1 日率先在上海市开展营改增试点，试点行业为交通运输业和部分现代服务业。2012 年 8 月 1 日，国务院将营改增试点地区扩大至 10 个省（市）。2013 年 8 月 1 日，国务院将营改增试点地区推广到全国。从 2014 年 1 月 1 日起，我国将铁路运输业和邮政服务业纳入营改增试点行业。从 2014 年 6 月 1 日起，我国将电信业纳入营改增试点行业。2015 年，营改增有望覆盖全部服务业行业。

营改增是完善我国流转税制的重大举措，对推动经济结构调整具有关键作用。营改增打通了增值税抵扣链条，消除了重复征税问题，这不仅对试点行业发展会产生正面作用，还会通过投入产出关系对上下游行业产生关联效应。因此，评估营改增产生的政策效果，不仅应该评估营改增对试点行业的影响，也应该评估营改增对

---

* 本章作者为马光荣、陈志刚。

国民经济各行业的影响。

营改增对试点行业的作用主要来源于以下三种效应：第一，税负变动效应。税率高低会对企业的投资活动产生显著的影响［Hassett and Hubbard（2002）；Djankov et al.（2009）］。营改增对试点行业实际税负产生正面影响还是负面影响，取决于不同行业在营改增之前适用的营业税税率、现在适用的增值税税率以及行业的增值率（增加值占产值的比重）。现有研究都发现，除交通运输业和租赁业的税负增加之外，其他行业在营改增后的实际税负都会降低［胡怡建（2013）］。[1] 第二，试点行业的进项可抵扣效应。由于增值税纳税企业可对进项税额进行抵扣，这会鼓励企业购进投入要素。尤其是我国目前已经实施了消费型增值税，营改增后，企业购入的固定资产设备可以实现进项税额抵扣，因此营改增鼓励了试点行业的企业更新设备和技术升级，从而有利于服务业的长远发展。[2] 第三，下游行业的进项税税额可抵扣效应和减税效应。营改增之后，下游制造业企业购买试点行业的服务，在缴纳增值税时可以进行进项税额抵扣，因此这鼓励了下游行业购买营改增行业的服务，增加了营改增行业的市场需求。由于可以抵扣进项税额，因而下游行业购买营改增行业的服务时税负会降低。由于税负是可以转嫁的，因此这个减税效应也会通过买卖双方的价格谈判而使双方都获得实际上的减税。因此，下游行业的减税可以通过税收转嫁的方式，反过来惠及营改增行业。

营改增不仅会对试点行业产生上述正面影响，还会通过增值税的产业链可抵扣性对下游行业产生关联效应，具体说来，这体现为以下几个方面。首先，对于营改增试点行业的下游制造业企业来说，营改增之后，购买试点行业的服务可以进行增值税进项税额抵扣，从而带来下游制造业的减税。[3] 减税效果的大小取决于下游行业与营改增行业之间的产业关联度大小。如果一个行业的上游投入品当中来自营改增行业的产品比重越高，那么营改增对这一行业减税的效果越大。其次，在原先征收营业税时，一些制造业企业为了避免重复征税，选择将部分服务业进行内部化生产（如物流、售后服务、人力资源培训、会计、税务、研发、咨询等）。营改增促使这些制造业企业将这些服务业分离出来，从而专注于本行业的生产经营，因此营

---

① 对于小规模纳税人，由于营改增后仍不能对进项税额进行抵扣，因此实际税负变动仅取决于营改增前后适用的营业税税率和增值税税率孰大孰小。对于目前已经实施营改增的行业，绝大多数行业的小规模纳税人实际税负都出现了大幅下降。

② 从这个角度看，营改增通过鼓励服务业企业购入仪器设备等中间投入品，将降低服务业的增值率，而增值率降低后，营改增的减税效果将更加显现。

③ 当然，根据上面的分析，由于存在税收转嫁，因而这种减税并不只是由下游企业获益，交易双方将通过价格谈判而共同受益。

改增促进了行业间的分工深化。而根据亚当·斯密的理论，分工深化会提高生产率，因此营改增带来的产业分工深化会促进下游制造业企业的发展。

营改增行业的进项税额可抵扣效应，也会对上游制造业企业产生正面影响。一方面，根据上面的分析，增值税的进项税额可抵扣性，鼓励了营改增行业对上游产品的购买，拉动了上游行业的市场需求。另一方面，营改增之前，服务业行业为了避免重复征税的问题，选择将部分服务业进行内部化生产（如物流、售后服务、人力资源培训、会计、税务、研发、咨询等）。营改增促使这些制造业企业将这些服务业兼业分离出来，从而专注于本行业的生产经营。因此，营改增促进了行业间的分工深化。根据亚当·斯密的理论，分工深化会提高生产率，因此营改增带来的产业分工深化会促进下游制造业企业的发展。营改增行业的进项税额可抵扣效应，也会对上游制造业企业产生正面影响。根据上面的分析，营改增通过抵扣进项税额，鼓励了营改增行业对上游产品的购买，拉动了上游行业的市场需求。

目前，学术界对于营改增对试点行业的税负变化和产业发展的影响已有较多的研究，见图5—1。而营业税改征增值税后，随着抵扣链条的完善和消除重复征税，将对上下游产业产生多少影响，目前缺乏足够的研究。更重要的是，营改增对各个上下游产业的关联效应到底有多大？这需要进行定量分析。本章利用2007年投入产出表定量计算营改增对上下游各产业的关联效应，评估了营改增对国民经济产生的综合影响。我们不仅评估了已实施营改增行业的产业关联效应，还评估了未来即将实施营改增行业的产业关联效应，从而为未来营改增范围的扩大提供了决策参考。

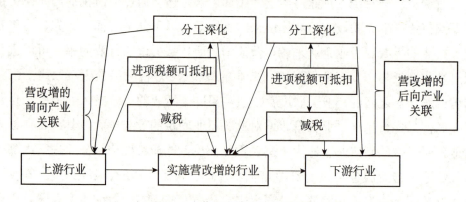

图5—1 营改增的产业发展效应

5.2 研究方法

5.2.1 关于产业关联度

产业关联是指国民经济各个产业部门之间通过产品供需而形成的互相关联、互为存在前提条件的内在联系。在产品的供需方面，任何一个行业的生产以及任何一种产品都会作为其他行业生产（不包括最终消费品的生产）的投入要素；同时，它也会以其他产品或其他行业的生产作为自己生产的投入要素。国民经济各部门也因此形成了以投入和产出为纽带的技术经济关联。如果产业关联度为正，则两个产业部门存在关联；进一步，产业关联度大于平均值，则两个产业部门密切相关［黄硕等（2010）］。

从关联的方向看，产业关联度可分为前向关联度和后向关联度。前向关联度是指某一产业与需求本产业产品或服务的产业部门的技术经济关联程度，即本产业与"下游"产业的关联。后向关联度是指某一产业与向本产业提供产品或服务的产业部门的技术经济关联程度，或者说本产业与"上游"产业的关联。

从关联的程度看，产业关联度可分为直接关联度和完全关联度。直接关联度是指某产业与相关产业部门的直接供给和需求关系的技术经济关联程度。完全关联度是指某产业与相关产业部门的全部供给和需求关系的技术经济关联程度。

5.2.2　营改增对下游产业的直接关联效应

产业关联度的计算主要依赖于投入产出表。[①] 在国民经济各部门中，每一个部门的经济活动都包含投入和产出两大部分：投入是指该部门在生产过程中所消耗的货物或服务，产出是指其生产活动的结果。在 20 世纪 30 年代，美国经济学家里昂惕夫提出了投入产出模型，以数学形式描述国民经济各部门生产与分配使用之间的平衡关系，或国民经济各部门生产与各种消耗之间的平衡关系。从横向看投入产出表，表示一个部门产出的使用情况，包括被其他部门用于生产的数量以及最终使用的数量；从纵向来看，表示一个部门的投入构成情况，包括消耗其他部门的产出以及资本、劳动等投入。投入产出表能够清晰地揭示国民经济各部门、产业结构之间的内在联系，特别是能够反映国民经济中各部门之间在生产过程中的直接与间接联系，以及各部门、各产业生产与分配使用、生产与消耗之间的平衡（均衡）关系。

就后向关联来说，直接后向关联的衡量指标为直接消耗系数，是指生产 j 部门的一单位产品对于 i 部门产品的消耗量，用 a_{ij} 表示，系数的大小反映了该产业对相应产业或部门直接带动作用的强弱，并且有

$$a_{ij} = \frac{x_{ij}}{x_j} \qquad i,j = 1,2,\cdots,n \tag{5—1}$$

① 产业关联度的计算参见刘起运等（2006）。

式中，x_{ij} 为生产 j 部门产品对 i 部门产品的消耗量；x_j 为生产 j 部门产品的各部门总投入；a_{ij} 为消耗系数，a_{ij} 越大，代表行业 j 的生产过程中对行业 i 的投入品依赖度较高。

如果衡量一个产业 i 每生产一单位产品提供给下游各行业的比重，则是前向关联。前向直接关联的指标是直接分配系数，可表示为：

$$d_{ij} = \frac{x_{ij}}{x_i} \qquad i,j = 1,2,\cdots,n \tag{5—2}$$

式中，x_{ij} 为第 i 部门产品提供给 j 部门的中间投入；x_i 为 i 部门的总产出，反映 i 部门单位产出为 j 部门提供的直接供给或者说直接推动能力。

营改增行业对下游行业的关联效应可以从两个角度进行分析。一方面，一些产业部门作为营改增产业部门的下游产业，需要消耗营改增产业的产品或服务。如果某行业直接消耗的营改增行业的产品或服务占其自身产值的比重越多，即直接消耗系数越大，那么营改增后它获得的减税效应也越大；下游行业对营改增行业的直接消耗系数可用来度量营改增带来的减税额占自身产值的比重，但如果一个行业的规模很小，尽管其中间投入对上游营改增行业的依赖度很高（直接消耗系数很高），减税效果（减税额占自身产值）很显著，但这个行业从营改增中得到的总减税额可能是较小的（因为行业规模小）。另一方面，从营改增行业本身来看，其每生产一个产品都要分配给下游行业。营改增行业每生产一单位产品，下游产业由于增值税进项税额可抵扣，总计可以获得 0.17 单位的减税。因此，如果营改增行业对某行业的分配比例越大，即直接分配系数越大，那么营改增行业的产品用于该行业的比重越大；相比下游其他行业，该行业从营改增行业身上得到的总减税额也越大。营改增行业对下游行业的直接分配系数可以度量营改增带来的减税额主要分配给了哪些行业。

5.2.3 营改增对下游产业的间接关联效应

下游产业除了直接消耗营改增产业的产品或服务外，还存在间接消耗。以炼钢业消耗交通运输业的服务为例，生产钢需要直接消耗交通运输业的服务，还要消耗生铁、耐火材料等，而在生产生铁（炼铁业）、耐火材料（耐火材料制造业）和其他的消耗产品时又要消耗交通运输业的服务。这就是炼钢业对交通运输服务的第一次间接消耗。由于所有供消耗的产品都有可能需要交通运输业的服务，依此类推，还有第二次、第三次以至无穷次的间接消耗。因此，炼钢业对交通运输业服务的直接消耗和无数次间接消耗之和，就构成了完全消耗。

完全消耗系数就是这种完全消耗的衡量指标，该指标的大小表示本产业或部门对相应产业或部门的综合拉动作用的强弱。该系数矩阵可表示为：

$$B = (I - A)^{-1} - I \tag{5—3}$$

式中，B 中的元素 b_{ij} 表示为 j 部门提供一单位最终产品对 i 部门的完全消耗系数；A 为直接消耗系数矩阵；I 为单位矩阵。

完全消耗系数并不能反映减税效果，因为下游行业对营改增行业的进项税额可扣除这一减税效果仅仅在于直接消耗这一环节。譬如存在行业 1、行业 2、行业 3 三个行业，行业 1 为缴纳营业税行业，行业 2、行业 3 都是缴纳增值税行业，其中行业 2 直接消耗行业 1 的产品，行业 3 直接消耗行业 1 的产品，同时通过行业 2 间接消耗行业 1 的产品。若行业 1 实行营改增，则行业 3 只能享受到行业 1 带来的直接减税效应，而不能通过行业 2 间接享受到行业 1 的减税效应，因为即使没有实行营改增，行业 2 和行业 3 之间也不存在重复征税问题。但是，由于营改增行业自身的减税和分工深化，营改增对非直接关联产业也会产生间接效应，从而带动关联产业增长。完全消耗系数可以反映其他行业每生产一单位产品所需投入品中最终来自营改增行业的比重。

同理，营改增行业每生产一单位产品并作为投入品最终分配到下游各产业的比例，则可以用完全分配系数来衡量，其可以用下式计算：

$$C = (I - D)^{-1} - I \tag{5—4}$$

式中，C 中的元素 C_{ij} 为 i 部门对 j 部门一单位产出的完全供给系数；D 为直接分配系数矩阵，I 为单位矩阵。它反映 i 部门单位产出为 j 部门提供的直接和间接供给之和，可理解为完全推动力。

5.2.4　营改增对上游产业的关联效应

根据上面的分析，营改增对上游产业也会产生产业关联效应，营改增每生产一单位产品，其对上游产业的需求程度反映了营改增对上游产业的影响大小，这可以用营改增行业对各行业的直接消耗系数来反映。如果要反映行业间的间接影响，则可以进一步使用营改增行业对各行业的完全消耗系数来反映。

5.2.5　感应度系数和影响力系数

在上述完全消耗系数和完全分配系数的基础上，可以计算行业的影响力系数和感应度系数。

影响力系数是反映国民经济某一部门增加一单位最终使用时，对国民经济各部门所产生的需求波及程度。某部门的影响力系数为：

$$F_j = \frac{\sum\limits_{j=1}^{n} b_{ij}}{\sum\limits_{i=1}^{n}\sum\limits_{j=1}^{n} b_{ij}} \qquad j=1,2,\cdots,n \tag{5—5}$$

当某部门的影响力系数（见表 5—1）大于 1 时，表示该部门的生产对其他部门所产生的影响程度高于社会平均影响水平（即各部门所产生影响的平均值）。影响力系数越大，该部门对其他部门的拉动作用越大。

感应度系数是指当国民经济各个部门均增加一单位最终使用时，某部门由此受到的需求感应程度，也就是需要该部门为其他部门的生产而提供的产出量。其计算公式为：

$$E_i = \frac{\sum\limits_{i=1}^{n} c_{ij}}{\sum\limits_{i=1}^{n}\sum\limits_{j=1}^{n} c_{ij}} \qquad j=1,2,\cdots,n \tag{5—6}$$

当某部门的感应度系数大于 1 时，表示该部门的感应度水平高于社会平均感应度水平。感应度系数越大，说明该部门对国民经济的推动作用越大。感应度系数越大的部门受到的需求压力越大，因而越具有基础产业和瓶颈产业的属性［中国投入产出学会课题组（2006）］。

表 5—1　营改增之前和现在仍在缴纳营业税行业的产值及影响力系数和感应度系数

行业	总产值（亿元）	增加值（亿元）	感应度系数	影响力系数
既有改革行业				
铁路运输业	3 840.91	2 469.71	1.307 9	0.493 2
道路运输业	10 417.29	4 879.32	1.177 4	0.761 2
城市公共交通业	2 188.31	1 182.36	0.411 3	0.675 2
水上运输业	6 791.14	3 035.21	1.045 5	0.795 6
航空运输业	2 728.39	675.36	0.831 7	1.144 5
管道运输业	419.60	211.17	2.112 3	0.709 1
装卸搬运和其他运输服务业	4 322.57	1 892.06	0.847 0	0.826 0
仓储业	991.89	279.24	1.047 3	0.870 1
邮政业	730.76	358.44	1.008 5	0.738 4
电信和其他信息传输服务业	7 694.09	5 151.95	0.773 8	0.515 9
计算机服务业	1 002.80	345.92	1.006 7	1.006 6
软件业	1 333.53	523.03	0.084 6	0.835 1
租赁业	273.05	110.02	1.223 6	0.891 5
商务服务业	9 888.31	3 183.59	1.051 5	1.081 2
研究与试验发展业	1 379.02	601.46	1.398 1	0.879 2
专业技术服务业	3 115.73	1 775.81	1.191 7	0.655 3
科技交流和推广服务业	770.32	404.14	1.208 6	0.692 0
地质勘查业	511.03	183.85	0.738 2	0.928 3
广播、电视、电影和音像业	974.75	371.39	0.604 2	0.927 6

续前表

行业	总产值（亿元）	增加值（亿元）	感应度系数	影响力系数
建筑业和房产业				
建筑业	62 721.74	14 513.45	0.027 2	1.192 1
房地产业	14 774.62	12 319.24	0.314 7	0.233 0
金融保险业				
金融业	15 457.60	12 262.16	1.157 1	0.253 4
保险业	4 023.42	1 169.13	0.999 6	0.918 9
居民服务业				
批发零售业	28 832.54	17 332.44	0.697 4	0.531 5
住宿业	2 815.91	1 190.53	1.100 2	0.797 9
餐饮业	11 999.53	4 376.19	0.614 2	0.818 7
旅游业	1 623.23	513.87	0.325 0	0.869 0
居民服务业	4 504.04	2 348.57	0.166 4	0.663 7
其他服务业	4 250.34	1 669.03	1.297 8	0.966 0
新闻出版业	823.89	394.63	0.529 1	0.786 8
文化艺术业	563.29	216.94	0.303 7	0.879 3
体育	164.05	65.70	0.028 9	0.876 2
娱乐业	1 014.93	473.69	1.042 4	0.678 2

表 5—1 是营改增之前和现在仍在缴纳营业税的行业列表以及各行业的产值、增加值、影响力系数和感应度系数。可见，多数行业的需求拉动能力（影响力系数）都低于全社会的平均水平，但大多数行业的供给推动能力（感应度系数）都高于全社会的平均水平，这说明这些行业对下游产业的影响较大，其税收缴纳方式的变化也会对关联产业产生重要影响。因此，分析这些行业的产业关联效应尤其是与下游企业的产业关联效应有其必要和意义。

5.3　营改增行业对下游行业的关联效应

5.3.1　营改增行业对下游行业的直接关联效应

根据上面的分析，在营改增后，下游行业购买营改增行业的产品或服务可以进行进项税额抵扣，因而这些下游产业的税负下降（消除了重复征税的问题），而且进项税额抵扣效应还可以促进分工的深化，促使下游行业和营改增行业的剥离与分工，进而带动下游行业的发展。[①] 而营改增行业对下游行业的有利影响有多大？这取决于下游行业与营改增行业的产业关联度。

---

① 需要说明的是，在投入产出表中，任何行业都可以是所有行业（包括它本身）的上游或下游行业，这与我们通常所说的上下游行业有一定差别。

考虑到营改增行业的范围是逐步扩大的，在接下来的分析中，将会分成既有改革行业[①]、建筑业、房地产业、金融保险业、广义的居民服务业[②]几个步骤进行计算。最后，我们将分析上述所有行业实施营改增后所带来的下游行业关联效应。

表5—2第1栏列出了下游行业对营改增行业的直接消耗系数，各行业的系数值是该行业对营改增行业消耗系数的加总。[③] 限于篇幅，在接下来的每一个步骤中，我们只列出关联系数前十位的行业。根据上面的分析，某行业对营改增行业的直接消耗系数越大，意味着营改增之后下游行业的减税效果越大。此外，对营改增行业直接消耗系数越大的行业，通过分工深化效应，可以获得更快的发展。

表5—2　　　　　　　　　　下游行业对各类营改增行业的直接消耗系数

第1栏：已实施营改增的行业		第2栏：建筑业和房地产业	
软件业	0.266 0	保险业	0.054 9
保险业	0.196 4	居民服务业	0.051 8
旅游业	0.175 8	邮政业	0.043 8
邮政业	0.175 1	计算机服务业	0.043 2
计算机服务业	0.171 7	软件业	0.043 0
批发零售业	0.167 7	娱乐业	0.038 1
广播、电视、电影和音像业	0.141 4	体育	0.034 4
水上运输业	0.136 2	文化艺术业	0.033 7
科技交流和推广服务业	0.130 1	住宿业	0.028 3
航空运输业	0.118 4	管道运输业	0.028 1
第3栏：金融保险业		第4栏：广义的居民服务业	
保险业	0.133 7	旅游业	0.344 2
其他电子设备制造业	0.108 5	文化艺术业	0.218 8
租赁业	0.076 9	保险业	0.158 5
铁路运输业	0.069 7	体育	0.153 9
装卸搬运和其他运输服务业	0.064 6	地质勘查业	0.138 1
道路运输业	0.064 2	公共管理和社会组织	0.117 5
城市公共交通业	0.060 2	广播、电视、电影和音像业	0.111 8
旅游业	0.056 9	管道运输业	0.108 9
地质勘查业	0.054 7	社会保障业	0.107 1
环境管理业	0.053 5	住宿业	0.102 0

---

① 对应到包含135个部门的投入产出表，既有改革行业包括铁路运输业，道路运输业，城市公共交通业，水上运输业，航空运输业，管道运输业，装卸搬运和其他运输服务业，仓储业，邮政业，电信和其他信息传输服务业，计算机服务业，软件业，租赁业，商务服务业，研究与试验发展业，专业技术服务业，科技交流和推广服务业，地质勘查业，广播、电视、电影和音像业。

② 广义的居民服务业主要包括批发零售业、住宿业、餐饮业、旅游业、居民服务业、其他服务业、新闻出版业、文化艺术业、体育、娱乐业。

③ 在后文的每个步骤中，消耗系数都是各行业的加总值。

续前表

第 5 栏：所有已经和潜在的营改增行业			
旅游业	0.578 2		
保险业	0.543 5		
软件业	0.414 7		
文化艺术业	0.359 6		
地质勘查业	0.304 8		
邮政业	0.304 4		
计算机服务业	0.299 6		
体育	0.295 7		
广播、电视、电影和音像业	0.290 9		
批发零售业	0.284 6		

说明：限于篇幅，在接下来的每一个步骤中，我们只列出关联系数前十位的行业。

研究结果显示，软件业直接消耗的营改增行业的产品或服务占其直接消耗的比例最大，它每生产一单位产品，需要既有营改增行业提供 0.266 单位的中间产品或服务。这意味着既有营改增行业给软件业带来的直接减税效应最大，在营改增后，软件业每生产一单位产品，可以进行进项税额抵扣的投入品增加了 0.266 单位。从前十位行业的分布看，还有相当一部分行业没有纳入营改增的范围，而且它们都属于第三产业，因此它们享受不到既有改革行业带来的好处。从这一点看，扩大营改增的范围有利于推动第三产业的发展，有利于扩大现有改革对整个经济的影响。

如果建筑业和房地产业也被纳入营改增的范围，那么这两个行业对下游行业的关联度有多大？表 5—2 第 2 栏的结果显示，保险业对建筑业和房地产业的直接消耗系数最大，随后是居民服务业和邮政业。在保险业消耗的中间产品和服务中，有 5.49％来自建筑业和房地产业，来自居民服务业的为 5.18％，来自邮政业的为 4.38％。可以看出，处于前十位的行业仍是第三产业。由此可见，将建筑业和房产业纳入营改增范围也会推动第三产业的发展。

接下来，金融保险业和广义的居民服务业也可能被纳入营改增的范围。表 5—2 第 3 栏给出了下游行业对金融保险业的消耗系数。结果表明，保险业、其他电子设备制造业等对金融保险业的直接消耗系数较大，金融保险业纳入营改增范围的改革对这几个行业会产生较明显的直接减税效应。处于前十位的行业除其他电子设备制造业外都属于第三产业的范畴。可见，金融保险业因缴纳营业税对第三产业产生了较多的重复征税。最后，我们计算广义的居民服务业对下游企业的关联效应，表 5—2 第 4 栏给出了相关结果。从中可以看出，如果进一步将居民服务业纳入营改增范围，则旅游业、文化艺术业、保险业等行业受到的直接减税效应最大。

至此，前文分别计算了在营改增之前各类缴纳营业税的行业对下游产业的关联效应①，而营改增最终会扩大到所有行业，因此我们计算了所有行业与下游企业的总关联效应，相关结果见表5—2第5栏。由表可知，旅游业、保险业、软件业等服务业行业对其他服务业行业的消耗系数更大。服务业全部纳入营改增，首先可以通过抵扣链条更大幅度地降低这些行业的税负，而在旅游业、保险业、软件业等服务业的中间投入品当中，超过40%都可以抵扣，因此这些行业的间接税负担率将下降40%以上。如果营改增扩大到所有的行业，则对于旅游业、保险业、软件业、文化艺术业等服务业行业来说，不仅这些行业进行营改增可以促进本行业的发展，而且其他营改增行业也将通过进项税额抵扣效应惠及这些行业。

5.3.2 营改增对下游行业的间接关联效应

直接消耗系数反映了其他行业与营改增行业的直接关联，尤其是可以计算出其他行业因营改增而享受的减税幅度。但是，从产业分工的角度看，尽管有些行业与营改增行业的直接关联效应较小，但通过行业间的多次投入产出关系，这些行业还会以间接的方式与营改增行业发生关联。尽管抵扣效应不直接发生在这些间接关联的行业，但抵扣效应带来的减税效果仍会传导到这些下游行业，而产业间的分工深化也可能通过间接的方式关联到这些行业。为了将这些间接关联效应考虑进来，我们还计算了其他行业对营改增行业的完全消耗系数，见表5—3。由表可知，如果接下来营改增覆盖到所有行业，那么从完全消耗系数的角度看，旅游业、保险业、软件业和文化艺术业所受到的有利影响仍是最大的，这与直接消耗系数基本一致。

表5—3   下游行业对所有已经和潜在营改增行业的消耗系数

完全消耗系数	
旅游业	0.865 1
保险业	0.819 6
软件业	0.622 0
文化艺术业	0.605 6
计算机服务业	0.530 7
地质勘查业	0.526 0
广播、电视、电影和音像业	0.516 1
体育	0.510 7
邮政业	0.495 3
航空运输业	0.456 4

---

① 水利管理业，环境管理业，公共设施管理业，教育、卫生、社会保障业，社会福利业，公共管理和社会组织等零税率行业部门除外。

5.4　营改增对上游行业的关联效应

营改增行业不仅与下游行业存在关联，与上游行业同样具有联系。由于营改增行业会购买上游行业的产品或服务，因而在实行营改增后，营改增行业购买这些行业的产品可以进行进项税额扣除，即所谓的"抵扣效应"，这会刺激营改增行业对上游行业产品或服务的购买，从而有利于这些行业的发展。

与上一节类似，我们同样分为五个步骤计算了已实施营改增的行业、建筑业和房地产业、金融保险业、广义的居民服务业对上游行业的消耗系数。表5—4和表5—5分别是营改增行业对上游行业的直接消耗系数和完全消耗系数。由表可知，已实施营改增的行业对软件业的直接和完全需求拉动能力都是最强的；建筑业和房地产业则对保险业的需求拉动能力最强；金融保险业对其他电子设备业的需求拉动最强；广义的居民服务业直接消耗邮政业的产品和服务最多，完全消耗通信设备制造业的产品和服务最多，而这两个行业都与居民服务本身密切相关。

表 5—4　　　　　　　营改增行业对上游行业的直接消耗系数

已实施营改增的行业		建筑业和房地产业	
软件业	0.050 3	保险业	0.025 5
旅游业	0.043 1	居民服务业	0.024 5
保险业	0.016 9	邮政业	0.022 7
批发零售业	0.016 4	计算机服务业	0.019 8
计算机服务业	0.014 5	软件业	0.019 8
水上运输业	0.013 5	体育	0.017 7
日用化学产品制造业	0.011 9	娱乐业	0.017 7
邮政业	0.011 7	文化艺术业	0.016 7
道路运输业	0.010 8	卫生	0.014 7
社会保障业	0.010 7	管道运输业	0.014 0
前十位行业占比	22.09%	前十位行业占比	37.21%
金融保险业		广义的居民服务业	
其他电子设备制造业	0.098 2	邮政业	0.036 7
铁路运输业	0.052 9	旅游业	0.028 8
水泥、石灰和石膏制造业	0.046 9	卫生	0.027 5
租赁业	0.046 2	娱乐业	0.026 3
道路运输业	0.045 8	通信设备制造业	0.026 1
社会保障业	0.045 7	雷达及广播设备制造业	0.023 0
水的生产和供应业	0.045 4	家用电力和非电力器具制造业	0.021 5
保险业	0.043 3	软饮料及精制茶加工业	0.020 4
金融业	0.041 5	调味品、发酵制品制造业	0.020 4

续前表

已实施营改增的行业		建筑业和房地产业	
环境管理业	0.040 8	电信和其他信息传输服务业	0.020 1
前十位行业占比	22.25%	前十位行业占比	13.81%
第5栏：所有已经和潜在的营改增行业			
保险业	0.024 1		
邮政业	0.021 8		
软件业	0.020 9		
其他电子设备制造业	0.018 6		
计算机服务业	0.018 1		
娱乐业	0.017 9		
住宿业	0.016 3		
旅游业	0.016 2		
批发零售业	0.016 1		
租赁业	0.015 5		
前十位行业占比	15.68%		

表5—5　　　　　　所有已经和潜在的营改增行业对上游行业的完全消耗系数

完全消耗系数	
保险业	0.042 5
其他电子设备制造业	0.037 2
软件业	0.035 9
计算机服务业	0.035 4
邮政业	0.034 9
旅游业	0.034 1
电子计算机制造业	0.033 9
雷达及广播设备制造业	0.033 4
家用视听设备制造业	0.033 1
通信设备制造业	0.032 5
前十位行业占比	11.03%

　　就需求拉动的消耗比重看，既有改革行业直接消耗最多的前十个行业占既有改革行业总需求的比重为22.09%，完全消耗最多的前十个行业占既有改革行业总需求的比重为12.65%；相应地，建筑业和房地产业的这两个指标分别为37.21%、22.75%；金融保险业为22.25%、13.73%；广义的居民服务业为13.81%、11.36%；以上所有行业这两个指标分别为15.68%和11.03%。与供给推动能力相比，这些行业对国民经济各部门需求拉动能力的分布要均匀得多，建筑业和房地产业、金融保险业相比其他行业来说，其需求拉动的作用差异较大，原因可能是相比广义的居民服务业，金融保险业、建筑业和房地产业的需求更加单一。

总之，无论是从直接消耗系数还是从完全消耗系数上看，上述行业对国民经济各部门的需求较大，尤其是对第三产业的需求较大。将它们纳入营改增的范围，对第三产业能够产生较为深远的影响，因而扩大营改增的范围有其必要性。

5.5　营改增对消除重复征税的影响

由于营业税税制的存在，导致在后续环节重复征收了增值税和营业税，主要分为三种情况：一是课征增值税行业的产出作为课征营业税行业的中间投入，在下一环节征收营业税；二是课征营业税行业的产出作为课征营业税行业的中间投入，在下一环节再次征收营业税；三是课征营业税行业的产出作为课征增值税行业的中间投入，在下一环节不能抵扣，导致重复征收增值税。

5.5.1　影响机制

本节利用投入产出基本原理建立了一个重复征税计算模型，研究营业税的重复征税问题。我们的主要思路是：从一个生产环节来看，如果一个部门的部分产出直接被最终使用消耗，则不存在重复征税；其他产出被另一个部门作为中间投入使用，则前一环节被征收的流转税不能在下一环节被完全抵扣，即存在重复征税。经过一个生产环节后，重复征税的部分有一定比例进入了最终消费，因而不再重复征税；还有一定比例被其他部分使用，仍然存在重复征税，而其中的投入产出数量结构关系正好可以借助投入产出模型进行描述。考虑到国民经济产业链是一个周而复始的循环过程，各部门的产出也会经多个生产环节，不断被其他部门作为中间投入使用，已课征税收的税源不断转入下一生产环节，这样会存在多次重复征税，因此重复征税的规模将以乘数形式放大。考虑营业税、增值税税制，可以计算现行税制下营业税的重复征税规模。如果考虑营业税改征增值税的政策变化，可以计算改革前后的重复征税规模，进而可以计算由于改革所减少的重复征税规模。具体计算步骤如下：

第一步：利用投入产出表的基本流量矩阵，根据行业间税收的投入产出关系，构建行业间应税流量矩阵 A 和应税流量系数矩阵 CA。以 a_{ij} （i，$j=1$，2，3，…，n）表示产品部门 j 在生产过程中直接消耗的产品部门 i 的货物或服务价值量。如果产品部门 i 的产出免税且被产品部门 j 消耗，由于不存在重复征税，则令 $a_{ij}=0$。对于产品部门 i，其应税总产出就等于第 i 行所有应税最终使用，即 $TO_i = \sum_j a_{ij} + TFU_i$，其中 TFU_i 是产品部门 i 最终使用中应税部分的价值。应税流量矩阵 A 每

一行的每一个元素 a_{ij} 都除以该行的应税总产出 TO_i，即得到应税流量系数矩阵 $\boldsymbol{CA}$。矩阵 $\boldsymbol{CA}$ 中的元素 $ca_{ij}=a_{ij}/TO_i$（$i, j=1, 2, 3, \cdots, n$）。ca_{ij} 表示产品部门 i 的应税产品被产品部门 j 使用的价值量占产品部门 i 应税总产出的比例。通过矩阵 $\boldsymbol{A}$ 和 $\boldsymbol{CA}$ 可以看出经过一个环节后重复征税的价值量和比例关系。

第二步：构建重复征税税率矩阵 $\boldsymbol{TR}$。$\boldsymbol{TR}$ 的构建主要是根据每一个产品部门的产出征税税率以及被其他部门作为中间投入使用后的抵扣税率。tr_{ij} 表示产品部门 i 的产出被产品部门 j 使用后的重复征税税率。以现代服务业为例，在营改增政策实施前，现代服务业的产出按 5% 税率征税，被现代服务业作为中间投入使用的部分在下一个环节仍然按照 5% 税率征税，因此 $\boldsymbol{TR}$ 矩阵中对应的元素为 0.05；被制造业作为中间投入使用的部分由于不能进行进项税额抵扣，故制造业的产出会按照 17% 税率征税，$\boldsymbol{TR}$ 矩阵中对应的元素为 0.05。营改增政策实施后，现代服务业的产出按 6% 税率征税，被现代服务业作为中间投入使用的部分也按 6% 抵扣，因此消除了重复征税，$\boldsymbol{TR}$ 矩阵中对应的元素为 0；被制造业使用的部分在下一个环节按照 17% 征税，$\boldsymbol{TR}$ 矩阵中对应的元素为 0。按照上述原则，定义矩阵 $\boldsymbol{TR}$。

第三步：根据应税流量矩阵 $\boldsymbol{A}$、应税流量系数矩阵 $\boldsymbol{CA}$、重复征税税率矩阵 $\boldsymbol{TR}$ 计算经过一个生产环节后的重复征税税额。由于各部门的产出被用于最终使用，也就是不存在重复征税，因此只需计算产品部门 i 的产出被产品部门 j 作为中间投入使用的部分，其价值量为 $rt_{ij}^1=a_{ij}\times ca_{ij}$，重复征税税额可写为 $dt_{ij}^1=a_{ij}\times ca_{ij}\times tr_{ij}$。全行业经一个生产环节后的重复征税额则可以写为 $DT^1 = \sum\limits_{i,j}dt_{ij} = \boldsymbol{TR}\cdot\boldsymbol{CA}\cdot\boldsymbol{A}$，这里的 · 表示矩阵的点积，即矩阵 $\boldsymbol{TR}$、$\boldsymbol{CA}$ 和 $\boldsymbol{A}$ 中对应的元素相乘，再求和。

第四步：计算经过多个生产环节的全部重复征税税额。首先计算经过两个及两个以上环节的重复征税税额。由于每经一个生产环节就有一部分被用作最终使用，还有一部分被其他部门继续用作中间投入，因此仍然存在重复征税。令 rt_{ij}^2 为产品部门 i 的产出经过两个生产环节后被产品部门 j 使用的部分，可以理解为产品部门 i 的产出，在第一个环节被其他部门（$k=1, 2, 3, \cdots, n$）使用，然后在第二个环节被 j 部门使用，因此有 $rt_{ij}^2 = \sum\limits_{k=1}^{n} ca_{ik}\times ca_{kj}$，全行业在第二个环节的重复征税税额可以写为 $DT^2=\boldsymbol{TR}\cdot\boldsymbol{CA}^2\cdot\boldsymbol{A}$。依此类推，全行业在第 m 个环节的重复征税税额为 $DT^m=\boldsymbol{TR}\cdot\boldsymbol{CA}^m\cdot\boldsymbol{A}$。

一年的产出经 m 个环节后，总的重复征税税额可写为：

$$DT = DT^1 + DT^2 + \cdots + DT^m$$

$$= TR \cdot CA \cdot A + TR \cdot CA^2 \cdot A + \cdots + TR \cdot CA^m \cdot A$$
$$= TR \cdot (CA + CA^2 + \cdots + CA^m) \cdot A$$

由于 CA 里的任意元素 ca_{ij} 均为 $0 \leqslant ca_{ij} < 1$，容易证明 $(I - CA)$ 有逆矩阵。当 m 不断增加且趋于无穷大时，有

$$DT = TR \cdot CA \cdot (I - CA)^{-1} \cdot A$$

从以上模型的构建过程可以看出，营业税重复征税与各部门产出中最终使用的比例有关，也与各部门和其他部门的经济联系有关。

5.5.2　计算过程

利用上述模型计算重复征税规模的具体计算过程是：

（1）应税流量矩阵 A 及应税流量系数矩阵 CA 的构建：一是根据 2011 年的经济数据，将 2007 年包含 135 个部门的投入产出表更新为 2011 年的投入产出表；二是根据增值税、营业税税制，将 2011 年投入产出表中的免税部分赋值为 0；三是为方便计算逆矩阵，将包含 135 个部门的投入产出表按照适用税率和抵扣税率进行部门数据合并，得到应税流量矩阵 A，进而计算应税流量系数矩阵 CA。本章将 135 个部门合并为 18 个部门。

（2）重复征税税率矩阵 TR 的构建。这主要是考虑到我国不同行业增值税、营业税税率的差异，构建重复征税税率矩阵。由于本章研究营业税改征增值税政策实施后重复征税的减少情况，因此按照税制设计情况，首先构建了营改增政策实施前的重复征税税率矩阵 $TR1$，然后按照上海市试点方案构建了将交通运输业、现代服务业纳入改革范围后的矩阵 $TR2$，还研究了若将邮电通信业、建筑安装业纳入改革范围后的矩阵 $TR3$ 和 $TR4$。

需要说明以下四点：首先，本章利用 2007 年的投入产出表测算了 2011 年的产出经无穷多个生产环节后重复征税的规模，在更新投入产出表时，假设 2007—2011 年全国经济税源投入产出结构不变；其次，对于增值税小规模纳税人，虽然它与其他类型的纳税人之间也存在重复征税问题，但考虑到我国小规模纳税人占比较低，为了简便起见，本章没有进行特殊处理；再次，本章假设国内只存在唯一的征税主体，对于国际重复征税全部由税收协定消除；最后，本章依照投入产出表的编制方法，按照增值税税基中含税的价值量进行了调整。

5.5.3　投入产出表结果分析

经过上述计算过程，我们得到了如下结果：

（1）按照营改增试点之前的税制测算，2011 年全国增值税、营业税重复征税的总规模约为 2 853 亿元。[①] 占当年增值税、营业税总收入的 7.46％。近年来，我国税收增长的速度一直高于经济增长的速度，这与增值税、营业税的重复征税具有直接关系。

（2）根据 2011 年的经济税收规模测算，上海市营业税改征增值税试点方案推广到全国后，全国减少重复征税约 998 亿元。这表明营业税改征增值税改革除了有超过 1 000 亿元的直接减税外，由于产业部门间多个环节的投入产出循环，改革带来的减税效应远远大于预期。

（3）根据 2011 年的经济税收规模测算，邮电通信业纳入增值税征收范围后，全国减少重复征税约 69 亿元；建筑安装业纳入增值税征收范围后，全国减少重复征税约 678 亿元。

5.6　结论与建议

本章利用 2007 年的投入产出表定量计算了营改增对上下游各产业的关联效应，评估了营改增对国民经济产生的综合影响。我们的研究发现，营改增对其他行业的产业关联效应呈现出很大的差异，一些关联产业受营改增的影响较大。营业税改征增值税试点改革从制度上初步打通了第二产业、第三产业间的增值税抵扣链条，我们还计算了营改增对消除重复征税的影响。计算结果显示，在全国范围内将交通运输业、邮政业、部分现代服务业纳入营改增范围后，重复征税总规模的 35％被消除，试点行业的总体税负大幅下降。与生产活动密切相关的建筑安装、通信业纳入增值税征收范围后，重复征税的 26％将被进一步消除。因此，我国应在试点成功经验的基础上，尽快研究推进电信业、生活性服务业、建筑业、房地产业、金融业等行业的试点方案，实现在全行业范围延伸增值税抵扣链条，由此前的营业税环环征税改为增值税道道抵扣，从而消除重复征税。

---

① 由于自 2012 年开始，上海、北京等 12 个地区已经开始进行营改增试点，所以 2012 年的经济税收数据已包含了营改增的税收经济效应，因此本章仍采用 2011 年的数据进行测算。

第6章 营改增的企业成长效应 *

营改增从 2012 年起在上海开始试点，到 2013 年由部分省市扩大到全国，营改增首先对纳入改革范围的企业产生影响，那么营改增对企业的投资和盈利能力有什么样的影响？本章利用 2011—2014 年微观企业层面的调查数据，实证研究了营改增三年来的经济效应。在方法上，本章利用营改增分地区逐步推进的特征，借鉴计量经济学自然实验的思想，采用双重差分模型的方法进行实证分析。在内容上，本章着重评估营改增对企业成长能力的影响。研究结果表明，营改增使得企业新增固定资产提高了 4.85%，对交通运输业的拉动效果强于现代服务业；营改增提高了企业的盈利能力，使得净资产收益率平均提高了 3 个百分点。研究还发现，营改增拉动企业技术投入比率平均增长了 0.27 个百分点，从而提高了企业的创新能力。

6.1　问题的提出

营改增是我国自 1994 年分税制改革以来最重要、影响最深远的税制改革，其重要意义不仅在于涉及营业税和增值税两个重要的税种，而且这是一项牵一发而动全身的改革，它会在经济下行压力较大的形势下降低企业税负，激发经济活力，促进第三产业发展和经济结构调整，同时倒逼财税体制改革和税收征管体制改革。

从理论上分析，原征收增值税的工业、商业企业需要研发、物流、信息技术等服务，营改增前对服务行业征收的营业税不能作为进项税额进行抵扣，营改增后可以作为进项税额进行抵扣，从而降低了企业税负，同时促进了制造业的主辅分离。原征收营业税企业在营改增前环环征税、道道征税，而且随着经济的发展，其税负

＊　本章是由赵连伟在《营改增的企业成长效应》［参见《中央财经大学学报》，2015（7）］的基础上修改而成。

已远高于企业的增值税税负，因此营改增消除了重复征税，也降低了服务业企业的税收负担，增强了企业活力，推动了服务业发展，促进了产业结构调整，增加了社会就业。

"十二五"规划已进入最后一年，建筑业、房地产业、金融业和生活性服务业的营改增势在必行。营改增试点逐步扩大到全国后，是否取得了预期的效果，以及不同地区、不同行业的实施效果是否存在显著差异，社会各界都比较关注，有待经验证据给予解答。做好营改增政策效应的评估和分析工作，有利于准确掌握当前改革的实际效果，有利于制定和完善下一步全行业推进营改增的试点方案，也有利于完成十八届三中全会提出的财税体制改革的任务。

本章实证研究营改增对企业成长能力的影响。[①] 在数据上，本章利用了2011—2014年微观层面的全国税收资料调查统计数据，辅以税源监控数据；抽选样本很全面，具有代表性。在方法上，本章利用营改增分地区逐步推进的特征，借鉴计量经济学自然实验的思想，采用双重差分模型的方法进行实证分析。在内容上，本章着重评估营改增对企业的成长效应，研究能否真正起到激发企业活力、提高企业盈利能力，最终形成新的增长点。

6.2　文献综述

营改增是我国近年来最重要的税制改革，关于营改增的效应在改革前后已为众多专家、学者所关注。目前，专家、学者们对于营改增政策效应的研究主要集中在三个方面：一是营改增对行业、企业税负的影响。例如，姜明耀（2011）通过对营改增后行业税负的测算，指出营改增所导致的服务业税负波动幅度大于工业，服务业行业增值率较高、行业间差距明显是服务业税负波动较大的重要原因。潘文轩（2012）提出，根据税负平衡点谨慎选择服务业行业税改后适用的增值税税率，并认为上海市营改增试点方案制定的租赁业、交通运输业的试点税率水平偏高，有必要予以降低。二是营改增对财政税收收入的影响。胡怡建和李天祥（2011）认为，营改增对财政收入的影响程度主要取决于营业税和增值税税率、服务业增值率、产品和服务的中间投入结构等方面的因素。蒋云赟（2012）分析了营改增对财政体系可持续性的影响，认为营改增可以大幅缓解我国财政体系目前的代际不平衡状况。三是营改增对经济社会发展的影响。平新乔等（2009）认为，营业税对居民福利的

---

① 有关营改增的宏观经济效应和上下游产业关联效应，请参阅第4章和第5章。

伤害大于增值税，提倡彻底免征小规模企业的增值税，逐步推进从营业税到增值税的转变，让服务业的全体企业有权进行进项税额抵扣。田志伟（2013）等完善了测算增值税应纳税额的投入产出法，并使其与 CGE 模型相结合，建立了凯恩斯闭合的中国税收可计算一般均衡模型，准确测算了营改增对行业税负的动态影响。陈烨等（2010）考虑了中国的特殊国情、要素市场和宏观经济形势，设置了一个剩余劳动力状况下宏观闭合的 CGE 模型。研究发现，增值税转型对于实际 GDP 的刺激非常有限，却可能造成多至 444 万人的新增失业。程子建（2011）从改革的福利效应角度着手，发现将增值税扩大到生产性服务业将改善居民福利，但具有累退性；全面扩围的福利改善作用小于生产性扩围，但具有累进性。关于营改增效应的分析成果还有很多，此处不一一罗列。

　　总体说来，现阶段学术界对营改增的政策效应虽然有了很多的研究成果，但存在一些不足。第一，在研究方法上，现行营改增效应分析研究主要使用投入产出法、局部均衡分析方法或一般均衡分析方法，由于使用了过于理想化的假设，加之存在税收优惠众多、征管能力不足、数据体系不完整等方面原因，因而测算结果与实际差异甚大，效应分析不尽合理。第二，在研究路径上，现有的研究大多是假设营改增即将实行，对营改增的预期效应进行预测，而营改增实施一个阶段以后，改革的实际效应到底如何，实证方面的效应测算研究较少。第三，在研究视角上，现有的经济效应研究大多采用宏观经济数据，目标聚焦于宏观经济层面，而利用微观个体数据研究宏观经济政策如何作用于微观个体层面的效应研究较少。特别是营改增这项直接作用于企业的政策改变，是否影响了企业的成长能力，是否发挥了应有的效果还有待深入研究。本章研究营改增企业的成长效应，主要从三个角度出发：一是从"量"的角度，考察营改增对企业固定资产投资和营业收入的拉动；二是从"效益"的角度，考察营改增对企业盈利能力的提升作用；三是从"创新"的角度，考察营改增对企业技术投入的促进效应。

　　关于税制改革效应的实证评估，目前这个方面的成果还较少。在政策评估领域，一种较为成熟的方法是双重差分模型，这种方法在 OECD、IMF 以及美国政府部门都有广泛的应用。在我国，也有一些学者将其应用于税收政策的效应分析。周黎安等（2005）借鉴了利用双重差分模型的计量方法估计农村税费改革对农民收入增长所产生的政策影响，并对影响税费改革效果的因素进行了研究。汤颖梅等（2012）以上市公司为样本，运用双重差分模型与多元回归分析，研究了两税合并对企业资本结构的影响和金融市场发展不均衡对所得税税率影响资本结构呈现的不同特征。聂辉华等（2009）以全国所有的企业为样本数据，采用面板双重差分模型，研究了企业固定资产投资、雇佣和研发行为以及生产率在增值税转型前后发生的变化，同时还考察了企业行为对优化产业结构和就业形势的影响，最终发现增值税转型对促进企业固定资产投资产生了显著的影响，并且提高了企业的资本劳动比和生产率，但产生了一个问题，即显著地减少了就业，引发了就业问题。目前，尚未检索到利用双重差分模型分析营改增效应的文献。

6.3　理论分析与模型设定

6.3.1　双重差分模型的基本原理

近年来，双重差分模型在分析财政税收政策改革效应中的应用越来越广泛。一项财政税收改革政策的实施，将作用于每一个微观个体的运行环境，可被看作自然试验（natural experiment）。在自然实验中，不受政策变化影响的组称为对照组（control group），受政策变化影响的组称为实验组（treatment group）。自然实验不同于真实实验：在真实实验中，实验组和对照组是随机抽取的；而在自然实验中，实验组和对照组均来自某个具体的政策变化。为了控制对照组和实验组之间的系统性差异，需要在政策变化前和政策变化后不同时期的数据，于是样本就被划分为四组：政策变化前的实验组、政策变化后的实验组、政策变化前的对照组和政策变化后的对照组。

双重差分模型的基本思想是，一方面，营改增制造了同一个地区企业改革前后的差异；另一方面，营改增又制造了在同一时点上改革地区与非改革地区之间、改革行业与非改革行业之间的差异。基于这双重差异形成的估计有效控制了其他共时性政策的影响，以及改革地区与非改革地区、改革行业与非改革行业的差异，进而识别出政策改革所带来的经济效应。

如果把进行营改增试点的组称为实验组 T，未进行营改增试点的组称为对照组 C，通过研究组 T 和组 C 的差异来评估营改增所产生的效果。本章采用双重差分模型的基本设定为：

$$Y_{it} = \beta_0 + \sum_k \beta_k X_{kit} + \delta_1 vatgroup_{it} + \delta_2 vatyear_{it} + \delta_3 vatgroup_{it} \times vatyear_{it} + u_{it}$$

式中，Y_{it} 为我们所关注的效应变量；X_{kit} 为可观察的影响因变量的控制变量，控制不同质属性对效应变量的影响；$vatgroup_{it}$ 为改革分组哑变量，对照组赋值为 0，实验组赋值为 1；$vatyear_{it}$ 为改革时间哑变量，改革前赋值为 0，改革后赋值为 1。

$vatgroup_{it} \times vatyear_{it}$ 为改革时间和分组的交叉项，交叉项系数 δ_3 表示控制了时间效应和其他变量后改革对实验组的处理效应，反映营改增对 Y_{it} 的政策效果。

若 $\bar{Y}_{T,before}$、$\bar{Y}_{T,after}$ 分别为实验组改革前后结果变量的估计值，$\bar{Y}_{C,before}$、$\bar{Y}_{C,after}$ 分别为对照组改革前后结果变量的估计值，则交叉项系数 δ_3 的估计值为：

$$\hat{\delta}_3 = \Delta\bar{Y}_T - \Delta\bar{Y}_C = (\bar{Y}_{T,after} - \bar{Y}_{T,before}) - (\bar{Y}_{C,after} - \bar{Y}_{C,before})$$

6.3.2　检验营改增的企业成长效应假说及基本模型设定

企业成长能力是指企业的发展前景与速度，是实现企业价值最大化的基本保证，因此它一直是西方经济理论研究的重要内容。邬爱其和贾生华（2002）研究了国外企业成长理论研究框架，认为企业成长可以大致分为需求拉动、投资驱动和创新驱动，但由于影响企业成长的因素十分复杂，研究视角也在不断拓展，因此也形成了多样性的研究结论。常用的评价企业成长效应的指标主要是主营业务收入增长、固定资产增长、利润增长、净资产收益率增长等。随着知识经济时代的来临，知识、技术成为企业成长的主导要素，技术创新会对企业成长产生很大的影响。Karl L. and George E.（1999）研究了不同产业中企业技术改进与企业年龄、成长的关系。越来越多的研究证明，技术创新在企业取得竞争胜利方面起着关键作用，与技术投入和企业发展、维持和开拓动态核心竞争力的能力密切相关，因此本章选用了技术投入比率评价企业的成长能力。

1. 假说Ⅰ：营改增减少了企业投资现值，促进了企业加快设备更新

在营改增前，服务企业按营业额征收营业税，外购材料、设备等发生的进项税额不能抵扣。在营改增后，试点服务企业外购材料、设备发生的进项税额允许抵扣。在企业发展的不同阶段，对机器设备等固定资产的投资和更新规模不同，营改增对企业的影响效应也不尽相同。总体来看，营改增减少了投资额的现值，促进了企业固定资产设备更新的力度。

为检验假说Ⅰ，构建双重差分模型Ⅰ，其中：

因变量：为考察营改增对固定资产投资（FAI）的影响，本章选取当年新增的固定资产，包括本年新增加的生产经营用固定资产和其他固定资产，以及本年在建工程购入生产经营用设备之和［借鉴屈文洲等（2011）的研究］。

自变量：营改增哑变量 $vatgroup_{it}$、$vatyear_{it}$。

控制变量：①企业规模（Size），主要考虑企业的规模在一定程度上反映了企业增加投资到的能力，取期末总资产的自然对数 $\ln(Size_{it})$ 代表公司规模；②企业成立时间（Age），取公司成立年限；③现金净流量（NCF），考虑到现金流是投资资金的内部来源，本章选取经营活动产生的现金流量净额＋投资活动产生的现金流

量净额＋筹资活动产生的现金流量净额；④负债程度（Li），考虑到长期负债与固定资产投资的相关性，本章选取长期借款的年末数－年初数；⑤利润（$profit$），主要是考虑获利能力越强，扩大投资能力越强。

2. 假说Ⅱ：营改增企业税负降低，盈利能力提高

营改增使得企业税负降低，直接减少了企业的间接税支出，也减少了城建税及教育费附加，直接增加了企业的盈利水平。因此，营改增不仅直接减轻了企业的间接税负担，对企业的经营收益也有直接和有效的影响，从而有利于增强企业的市场竞争力，有利于帮助企业保持一种稳健的财务结构。

为检验假说Ⅱ，构建双重差分模型Ⅱ，其中：

因变量：衡量盈利能力的指标有很多，主要包括营业利润率、成本费用利润率、盈余现金保障倍数、总资产报酬、净资产收益率和资本收益率等［Ioannis Lazaridis（2006）］。本章考虑到所有者投资于企业的最终目的是为了获取利润，而净资产收益率直接关系到所有者权益的实现程度，故本章借鉴了 Marc Deloof（2003）和 Pedro Juan Garcia-Teruel（2007）的研究成果，选取净资产收益率和总资产收益率两个变量来衡量企业的盈利能力，相应的计算公式如下：

$$净资产收益率（ROE）= \frac{净利润}{\dfrac{期初所有者权益合计＋期末所有者权益合计}{2}} \times 100\%$$

$$总资产收益率（ROA）= \frac{净利润}{\dfrac{期初资产总额＋期末资产总额}{2}} \times 100\%$$

自变量：营改增哑变量 $vatgroup_{it}$、$vatyear_{it}$。

控制变量：①企业规模变量，考虑到公司规模对盈利能力的影响主要体现在规模经济上，本章选取期末总资产的自然对数 $\ln(Size_{it})$ 代表公司规模。②企业的资本结构变量。反映资本结构的指标很多，本章选取最具代表性的负债与所有者权益之比（$CRatio$）＝负债/［（期初所有者权益合计＋期末所有者权益合计）/2］×100%，表示企业的资本结构因素。③企业营运能力。总资产周转率（TOT）体现企业会计经营期间全部资产从投入到产出的周转速度，反映企业对全部资产的管理能力和使用。本章选用总资产周转率＝营业收入/总资产。④企业流动性。反映流动性的指标有流动比率、速动比率、超速动比率等，本章选择流动比率［（$Liquidity$）＝流动资产/流动负债］作为反映流动性的指标。

3. 假说Ⅲ：营改增使得技术服务所含进项税额纳入了抵扣范围，促进企业加大了技术投入，增强了企业的技术创新能力

　　营改增对技术创新释放出积极的改革效应，有利于企业加大技术创新的投入，进而促进企业创新能力的提升。第一，制造企业外购科技服务以及科技服务企业外购货物所含的增值税进项税额均可抵扣，因而有利于制造企业降低技术研发成本，扩大技术研发需求。第二，营改增有利于加快技术服务外包，推动制造企业内部科技研发服务面向市场，促进整体科技服务行业的发展、壮大。第三，科技服务行业增值税税率较低且辅以配套的税收优惠政策，有利于科技服务行业的快速发展。

　　为检验假说Ⅲ，构建双重差分模型Ⅲ，其中：

　　因变量：技术投入增长反映企业在科技进步方面的投入力度，在一定程度上可以体现企业的成长潜力和可持续发展能力。这是评价企业成长能力的重要方面，其衡量指标主要是技术投入比率（$RDRatio$）。本章定义 $RDRatio=$ R&D 经费支出/主营业务收入×100%，其中，R&D 经费支出取自企业所得税申报表中开发新技术、新产品、新工艺发生的研究开发费用。技术创新是企业在市场竞争中保持竞争优势、不断发展壮大的前提。技术投入比率集中体现了企业对技术创新的重视程度和投入情况。该指标越高，表明企业对新技术的投入越多、对市场的适应能力越强、未来竞争优势越明显、生存发展空间越大、发展前景越好。

　　自变量：营改增哑变量 $vatgroup_{it}$、$vatyear_{it}$。

　　控制变量：①企业规模变量。考虑到技术研发创新有规模经济问题，使得大企业比小企业更有从事 R&D 的优势。本章取期末总资产的自然对数 $\ln(Size_{it})$ 代表公司规模。②企业的资本结构变量。本章选取负债与所有者权益之比（$CRatio$）=负债/[（期初所有者权益合计＋期末所有者权益合计)/2]×100% 表示企业的资本结构因素。③企业盈利能力变量。本章选择净资产收益率（ROE）。考虑到研究开发活动具有规模经济性，需要更多的资金支持，因此企业盈利能力越强，技术创新投入越多。

6.4　数据描述性分析

6.4.1　数据来源及说明

　　营改增从 2012 年起在上海开始试点，到 2013 年由部分省市扩大到全国，本章以营改增企业作为实验组样本，以第三产业非营改增企业作为对照组样本。在对照组样本的选择方面：一是考虑到工商业企业受营改增政策的影响，可以增加抵扣营改增企业的发票，因而也受到营改增政策的影响，所以剔除了工商业企业；二是考虑到金融保险业和房地产业的会计核算较为特殊，所以也进行了剔除。本章使用 2011—2014

年的全国税收调查统计数据和税源监控数据，剔除了4年间没有连续调查的企业。经剔除异常值企业数据等统计筛选处理后，本章最终选取32 445户样本企业，作为实验组的营改增样本企业17 193户，占全部户数的比重为53%，其中交通运输企业5 779户，其他现代服务业11 414户；对照组样本企业15 252户，见表6—1。

表6—1　　　　　　　　　　　样本企业户数的行业分布情况

行业名称	非营改增纳税人	营改增纳税人	合计	占比（%）
铁路运输业	99	66	165	40.0
道路运输业	179	4 994	5 173	96.5
水上运输业	15	525	540	97.2
航空运输业	12	144	156	92.3
管道运输业	5	50	55	90.9
装卸搬运和运输代理业	46	1 197	1 243	96.3
仓储业	119	432	551	78.4
邮政业	162	276	438	63.0
住宿业	2 708	67	2 775	2.4
餐饮业	1 887	26	1 913	1.4
电信、广播电视和卫星传输服务	1 763	180	1 943	9.3
互联网和相关服务	57	91	148	61.5
软件和信息技术服务业	1 483	3 568	5 051	70.6
租赁业	135	166	301	55.1
商务服务业	2 032	1 866	3 898	47.9
研究与试验发展业	64	292	356	82.0
专业技术服务业	352	1 653	2 005	82.4
科技推广和应用服务业	38	67	105	63.8
水利、环境和公共设施管理业	147	33	180	18.3
居民服务、修理和其他服务业	2 666	809	3 475	23.3
教育、文化、体育和娱乐业	1 283	691	1 974	35.0
合计	15 252	17 193	32 445	53.0

6.4.2　主要变量的描述性统计分析

验证假说的双重差分模型中主要变量的描述性统计结果如表6—2所示。数据表明，因变量和自变量都存在较大的差异。

表6—2　　　　　　　　实验组和对照组主要变量的描述统计结果

变量	合计		实验组		对照组	
	均值	标准差	均值	标准差	均值	标准差
FAI	34 253	1 490 959	32 739	1 334 305	35 911	1 645 572
Size	556 746	6 951 603	495 986	6 441 933	623 317	7 469 690

续前表

变量	合计		实验组		对照组	
	均值	标准差	均值	标准差	均值	标准差
Age	118	6.5	11.8	6.7	11.7	6.4
NCF	41 898	1 694 159	38 304	1 133 932	45 836	2 146 184
Li	92 434	1 964 966	75 477	1 463 343	111 013	2 396 809
$profit$	21 632	659 916	20 963	480 189	22 366	812 639
ROE	2.20	21.05	2.56	23.87	1.85	19.52
ROA	1.95	16.70	2.34	18.52	1.88	15.01
$\ln(Size_{it})$	10.36	2.22	10.43	2.15	10.27	2.33
$CRatio$	2.01	3.06	2.02	3.02	2.00	3.14
TOT	1.88	3.95	2.00	4.08	1.70	3.76
$Liquidity$	2.26	3.61	2.32	3.62	2.17	3.60
$RDRatio$	0.08	0.30	0.07	0.22	0.10	0.49

6.5　实证分析和结果检验

6.5.1　营改增对固定资产投资影响的检验

在根据假说 I 构建的模型中，我们主要关注营改增对企业固定资产投资的影响。由于营改增对企业来说是外生的冲击，因此双重差分方程的交叉项是外生的。其他的控制变量有企业规模、企业成立年限、现金净流量、负债和利润等。需要说明的是，其他控制变量可能与被解释变量存在相互的因果关系，这种因果关系会导致模型参数是有偏的。模型在控制了这些影响因素之后，营改增的实际效果才能更准确地测算出来。模型采取固定效应方法估计，因为豪斯曼检验拒绝了随机效应方法与固定效应方法无系统性差异的原假设。

模型回归结果显示，在控制了企业规模、企业成立年限、现金净流量、负债和利润等变量后，交叉变量的系数为 1 589.62，$t=1.67$，$p=0.094$，表明从平均意义上说，营改增使得企业的固定资产增加了 1 589.62，并且在 10% 的条件下显著，营改增促使固定资产投资增加了 4.85%，因此营改增促进固定资产投资的假设是正确的，见表 6—3。

表 6—3　　　　　　　基于假说 I 构建的双重差分模型的估计结果

变量	因变量：新增固定资产投资（FAI）		
	全部	交通运输业	现代服务业
交叉变量 $vatgroup_{it} \times vatyear_{it}$	1 589.617 ** (1 313.578)	1 832.75 ** (1 632.443)	1 134.45 ** (901.609)

续前表

变量	因变量：新增固定资产投资（FAI）		
	全部	交通运输业	现代服务业
企业规模 Size	0.045 *** (0.000 718)	0.062 *** (0.000 23)	0.023 ** (0.000 15)
企业成立时间 Age	−537.86 (735.930)	−582.38 (383.239)	−293.65 (209.834)
现金净流量 NCF	−0.015 ** (0.002 51)	−0.008 ** (0.000 768)	−0.224 *** (0.009 38)
负债程度 Li	0.019 *** (0.000 796)	0.023 ** (0.001 03)	0.008 *** (0.000 486)
利润 profit	0.063 *** (0.007 04)	0.046 *** (0.005 39)	0.058 ** (0.007 27)

另外，从系数上看，企业规模 $Size$ 的系数为 0.045，表明企业规模与企业新增固定资产投资显著正相关；企业成立年限 Age 的系数为 −537.86，表明企业成立年限越长，新增固定资产越少，但不显著；现金净流量 NCF 的系数为 −0.015，表明新增固定资产投资与现金净流量显著负相关；负债程度 Li 的系数为 0.019，表明负债越高，新增固定资产越多；利润 $profit$ 的系数为 0.063，表明利润与新增固定资产投资显著正相关，利润越多的企业，增加投资的实力越大。

从营改增税目来看，我们把营改增行业分为交通运输业和现代服务业，分别进行了双重差分回归，并且回归变量的选择如上。交通运输业的交叉系数为 1 832.75，t 值为 2.52，p 值为 0.012，表明营改增显著提高了交通运输业新增固定资产，投资增加了 10.34%；现代服务业的交叉系数为 1 134.45，t 值为 1.72，p 值为 0.086，表明营改增显著促进了现代服务业新增固定资产，投资增加了 4.12%。两者相比，营改增对交通运输业固定资产投资的促进要高于现代服务业。

6.5.2　营改增对企业盈利能力的检验

在设计营改增方案时，总体上是以不增加企业税负为前提，进而计算营改增行业的适用税率。全国营改增企业监测数据显示，在营改增后，只有少数企业的税负上升，即不增加企业税负的改革预期基本实现。2013 年，全国营改增试点纳税人的总体减负面为 96.3%，其中一般纳税人的减负面为 80.9%，小规模纳税人则实现全面减负。其中，交通运输业的减负面为 94.4%，现代服务业的减负面为 96.7%。文化创意服务的减负面最高，达 97.4%。新纳入营改增范围的广播影视服务的减负面最低，仅为 89.3%。按试点地区来看，12 个先行试点地区的减负面高于推广地区。12 个先行试点地区的平均减负面为 96.6%。除上海的减负面为

92.2％外，其他 11 个地区的减负面均在 95％以上。从月度税负变动情况来看，12 个先行试点地区交通运输业的减负面逐月提高。从总体运行趋势来看，12 个先行试点地区交通运输业的减负面由年初的 92.76％上升到年底的 95.19％，基本呈现逐月上升趋势。

样本数据测算结果显示，先行试点的交通运输业和现代服务业营改增纳税人改革后的平均税负分别下降了 0.34 个百分点和 0.19 个百分点，邮电通信业改革后平均下降了 0.13 个百分点。从趋势来看，2011—2014 年营改增纳税人的平均税负分别为 2.23％、2.15％、2.01％和 1.95％，整体呈现逐年下降的明显态势。分行业中类看，改革后绝大部分营改增行业的税负均有不同程度的下降。其中，离岸服务外包业的税负下降幅度最多，下降了 0.64 个百分点；其次是知识产权服务业及商标和著作权转让服务业，分别下降了 0.41 个百分点和 0.32 个百分点；管道运输业的税负有所上升，提高了 1.11 个百分点。

我们根据假说 II 建立的双重差分模型（见表 6—4），关注营改增对企业盈利能力的影响。企业税负下降，使得企业的盈利能力有了更大的提升空间。模型回归结果表明，在控制了企业规模、企业资本结构、营运能力、流动性等因素后，交叉变量的系数为 0.030 80，并且在 10％的水平上显著，表明营改增能够将企业的净资产收益率数值向高盈利方向推动，说明营改增能够直接提升企业的盈利水平或提高企业的收益率。

表 6—4　　　　　　　基于假说 II 构建的双重差分模型的估计结果

变量	因变量：净资产收益率（ROE）	因变量：总资产收益率（ROA）
交叉变量 $vatgroup_{it} \times vatyear_{it}$	0.030 80 ** (0.036 84)	0.013 32 *** (0.010 21)
企业规模 $\ln(Size_{it})$	0.038 99 *** (0.012 02)	0.019 26 *** (0.004 523)
资本结构 CRatio	0.000 223 4 (0.003 920)	0.001 884 (0.001 474)
总资产周转率 TOT	0.025 51 *** (0.002 885)	0.019 49 *** (0.001 085)
流动比率 Liquidity	−0.007 921* (0.003 1)	−0.005 578* (0.001 168)

另外，从模型模拟结果来看，企业规模 $\ln(Size_{it})$ 的系数为 0.038 99，且在 1％的水平上显著相关，表明企业规模越大，企业盈利能力越强；代表资本结构的负债与所有者权益之比 CRatio 的系数为正，但不显著；代表企业营运能力的总资产周转率 TOT 的系数为 0.025 51，显著相关，表明企业营运能力越强，盈利能力

越高；而代表企业流动性的流动比率 *Liquidity* 却出现了显著负相关的情况。

我们尝试使用总资产收益率（*ROA*）作为因变量，但自变量不变，结果表明：交叉变量系数为 0.013 32，说明营改增显著提高了企业的总资产收益率 1.3 个百分点，其他变量的系数也比较一致。相关分析结果表明，净资产收益率（*ROE*）与总资产收益率（*ROA*）显著正相关，相关系数为 0.64。

我们按照相同的双重差分模型，分交通运输业和现代服务业进行测算，结果表明：交通运输业的交叉变量的回归系数为 0.039 47，*t* 值为 1.84，*p* 值为 0.065，表明营改增显著提高了交通运输业的盈利能力；现代服务业的交叉变量的回归系数为 0.013 32，*t* 值为 1.82，*p* 值为 0.055，表明营改增显著提高了现代服务业的盈利能力。两者相比，营改增对交通运输业盈利能力的促进要高于现代服务业。

6.5.3 营改增对企业研发投入增长的检验

根据假说Ⅲ，在控制了企业规模、资本结构和盈利能力因素后，我们建立了双重差分模型。模型结果表明，营改增拉动企业技术投入比率平均提高 0.27 个百分点，促进了企业技术研发投入，提升了企业创新能力。模型结果还表明，企业规模变量系数为正，表明企业规模与技术投入比率成正比，可能的解释是大企业占有更大市场，从技术创新中盈利的可能性更大。资本结构变量系数为负，可能的解释是企业越是采用低杠杆率的资本结构，越有利于进行技术创新投资，高负债的企业将会做出相对谨慎的创新投资决策。盈利能力变量的系数为正，证明了盈利能力越强的企业，技术研发创新投入有更多的资金支持，也有利于研发投入。

按营改增税目分别考察，我们发现：现代服务业在营改增后对企业技术投入比率的拉动更大，显著拉动了 0.38 个百分点，而交通运输业在营改增后对企业技术投入的拉动仅 0.17 个百分点，且仅在 10% 的水平上显著，见表 6—5。

表 6—5　　　　　　　　　　**基于假说Ⅲ构建的双重差分模型的估计结果**

变量	因变量：技术投入比率（*RDRatio*）		
	全部	交通运输业	现代服务业
交叉变量 *vatgroup*$_{it}$ × *vatyear*$_{it}$	0.002 734 ** (0.008 060)	0.001 675 * (0.026 06)	0.003 856*** (0.007 340)
企业规模 ln(*Size*$_{it}$)	0.001 707*** (0.001 263)	0.000 883 2*** (0.001 355)	0.001 712*** (0.001 268)
资本结构 *CRatio*	−1.69e−08** (6.24e−07)	−1.60e−08** (6.12e−07)	−1.70e−08*** (6.26e−07)
净资产收益率 *ROE*	0.000 150 9** (0.000 399 5)	0.001 905** (0.004 189)	0.000 146 8** (0.000 400 5)

我们还建立了双重差分模型，研究营改增对技术创新企业的影响，模型结果显示：营改增政策拉动技术转让服务业营业收入年均增长 12.19%，拉动研发服务业营业收入年均增长 11.36%，表明营改增后，制造企业外购科技服务以及科技服务企业外购货物所含增值税可以作为进项税额进行抵扣，加之科技服务行业本身适用较低的增值税税率且辅以配套的税收优惠政策，有利于促进科技服务行业的快速发展。这是对企业技术创新释放出的积极改革信号。

6.6　结论与建议

本章利用 2011—2014 年全国税收资料调查数据和税源监控数据，对营改增三年来的经济效应进行了实证分析，考察了营改增对企业成长能力的影响。主要有以下结论：一是营改增后，减少了营改增企业的投资现值，降低了企业税负，增强了企业的投资能力，企业的新增固定资产投资平均提高了约 4.85%。二是营改增使得营改增企业的税负降低，同时直接增加了企业的盈利水平，对企业的盈利能力也有一定的促进作用，净资产收益率平均提高 0.03。三是营改增将技术服务所含进项税额纳入抵扣范围后，促使企业技术投入比率提高了 0.27 个百分点。同时，我们还发现营改增对于不同行业的拉动效应不完全一致，营改增对交通运输业企业固定资产投资和盈利能力的促进都要大于现代服务业，在拉动企业技术投入方面，营改增对现代服务业的促进作用更加显著。

营改增对企业成长能力的拉动效应是通过减税进行的。营改增后，绝大多数企业的税负明显下降，加上原增值税企业可以抵扣营改增企业开出的发票，因此短期内会造成税收减收较多。这种减收与当前经济增长趋缓导致财政收入增长快速回落同步出现，因而财政压力较大。但是，我们应该看到，营改增对企业成长能力的促进作用非常明显，特别是在当前经济下行压力较大的形势下，这种促进作用不仅有利于在短期内稳定经济增长；从长期看，改革红利不断显现，也有利于调节结构性问题，增强长期经济的增长后劲。同时，营改增是此次财税体制改革的重头戏，它拉开了此次财税体制改革的大幕，我们必须在处理好税收征管问题的前提下加速推进。

通过研究，我们也看到：虽然营改增在总体上有积极的促进作用，但在不同行业、不同企业间也呈现出不同的效应，比如少数纳税人税负上升、利润下降的问题。对于这些问题，我们应该：一是要深入分析深层次原因。增值税是一种间接税，具有较强的转嫁能力，可以通过价格向下游企业进行转嫁。对于议价能力高的企业，它们可以通过提高价格将增加的税负转嫁出去。如果企业的盈利能力同时上升，那么税负上升只是一个表象。二是要分析这些问题是不是由营改增影响导致的，比如即使没有营改增的改革，也会有一些企业因为发展阶段、自身的竞争力等原因导致企业盈利能力下降。三是随着改革的进行，纳入营改增试点的行业越来越多，企业可抵扣的进项税额范围越来越广，因而企业税负将会进一步下降，也就是营改增对企业的促进作用会越来越强。四是改革本身就是对利益格局的重新调整，少数企业的税负上升是一种正常的现象，可以说符合改革的预期。对于改革初期各地政府利用财政资金对税负上升企业进行扶持的做法，需要在改革中逐步退出，要充分发挥市场的作用来解决企业税负上升的问题。当然，关于这次改革的总体经济效应和长期经济效应还有待进一步观察和研究。

第7章 重点行业增值税改革：金融业 *

在我国营改增改革逐步深入的背景下，金融业改征增值税也被提上日程。对金融业课税一直是困扰各国的世界性难题。金融服务是否应该征税、是否应该征增值税以及如何征税等问题一直存在争议。本章总结了对金融业课税的相关理论分析，然后在此基础上对一些国家的金融业课税情况进行了归纳，分析了各种方法的优缺点，总结了对我国金融业课税的借鉴意义。本章还结合我国金融业的发展现状，利用28家金融业上市公司的财务数据，重点研究了对金融业改征增值税后所用征收方法的问题。

7.1 问题的提出

1984年，我国开始对金融业征收营业税。营业税税种的确立是进一步界定政府和企业利益的必然要求。1985年我国实行"拨改贷"财政制度后①，国有商业银行贷款逐步代替财政资金，成为国有企业的主要资金来源，由此导致金融业在经济发展中的地位更为重要。政府有必要通过税收政策重新界定政府与金融业企业各自的利益分配机制，支持金融业的企业化改革与市场经济发展。近年来，金融业的营业税收入一直都在全国营业税收入中占据重要地位，金融业的发展为我国财政收入做出了巨大的贡献。而在我国结构性减税的政策背景下，同时伴随着金融业的国际交往日益频繁，对金融业征收营业税的弊端逐渐显现。首先，增值税与营业税并行破坏了增值税的抵扣链条。对于金融业来说，不仅自身无法抵扣，而且购买金融服务的下游产业也无法进行抵扣。其次，金融业内部各项业务的营业税计税方法不同，

＊ 本章作者为岳树民、费悠悠。
① 有关"拨改贷"的含义、产生的历史背景和意义、制度内容等，请参见汪昌云（2013）。

有的以全额计税，有的以差额计税，存在内部的不公平性。再次，对金融业征收营业税与国际上的一般做法不符，不利于我国金融企业参与国际竞争。

作为财税体制改革的重要组成部分，营改增的目的是完善税制、消除重复征税，从而促进经济结构的调整。金融业作为典型的现代服务业，是当前中国增长最为迅速的生产型服务业。将金融业纳入营改增范围是当前税制改革的大势所趋。然而，由于金融业的特殊性，政府是否应对金融服务征税，目前并无统一观点。

在理论层面，支持免税的观点认为：金融服务并没有增加个体消费，也没有改变消费偏好，它只是改变了消费者在不同时期面临的预算约束，因此只要针对个体在不同时期的消费征收增值税即可，无须对金融服务征税。Chia. N. C. and J. Whalley（1999）指出，从美国只对商品征税而不对金融服务征税的数值模拟中得出，这样的福利比同等收益下对商品和金融服务都以更低税率征税的福利更高。Grubert，H. and J. Mackie（2000）也认为，由于金融中介服务是投资成本的一部分，因此费用必须免税，从而避免消费者对当前和未来消费评估的扭曲。

在实践层面，对金融业免税出于对内部和外部因素的考虑［OECD（1998）］。Huizinga，H.（2002）认为，从内部来说，金融服务的问题在于主要的投入是金融资本，而这类资本的定价是很困难的。金融业务错综复杂，其增值额的核定也存在较大的技术障碍，面临过高的执行成本，在国际上也没有得到很好的解决［Rita，D. L. F. and B. Lockwood（2010）；蔡昌（2010）］。从外部来说，金融业的税基非常大，对微小的利差反应非常灵敏，对其征收很小比例的增值税都可能使其利润出现极大的减少，从而使资金流向不征增值税的地区，造成本国资金的流失，并使国际套汇和洗钱活动加剧［侯珏（2002）］。此外，对金融业免税能保证一定的税收收入［Bird，R. M. and P. P. Gendron（2005）］。相反，对金融服务进行全额征税不一定会增加增值税收入，甚至会减少。原因很简单——只有最终消费者才会对这些服务全额支付增值税。而在免税法下，增值税以营业投入为基础征收，只有在出口的情况下，由于出口采用零税率，因而使收入有所减少；而当应税商品和服务以更高的价格售出时，却会带来一定的收入增长。Huizinga，H.（2002）指出，即使是欧盟国家，也通过这种方法获得了大量的收入。

目前，虽然对金融业免税是大多数国家最常用的处理办法，但免税存在诸多问题。Poddar，S.（2003）认为，增值税免税有两个理由：一是免税使得增值税的累退性有所降低；二是免税的对象是有益品，比如医疗和教育。然而，他发现：对金融服务免税，使得增值税制的累退性不但没有减少，反而加剧了；而一些金融服务（比如货币交易）由于存在不必要的投机，因而可能并不是有益的交易。

　　此外，免税还给经济带来了相当大的扭曲。首先，与免税金融服务相应的进项税额不能获得抵免，这就中断了增值税的抵扣链条。当免税金融服务被缴纳增值税的企业购买并作为投入品时，就会导致重复课税 [Merrill, P. R. and H. Adrion (1995)]。金融机构的大部分购进无法抵扣还使其与不使用增值税的国家相比，处于劣势 [Huizinga, H. (2002)]。其次，对金融服务免税还会导致价格扭曲，并对家庭和企业产生不同的影响。对于家庭来说，消费免税的金融服务相对于消费其他应税的商品和劳务将面临过低的税负；而对于企业来说，由于重复课税现象的存在，消费免税的金融服务相对于其他应税的商品和劳务将面临过高的税负 [Merrill, P. R. and C. R. Edwards (1996)]。再次，虽然对金融服务免税减少了对金融服务估价引起的征管成本和遵行费用，但同时提供应税金融服务和免税金融服务的金融机构需要计算进项税额在应税服务和免税服务之间的分摊比例。由于当前的金融服务项目日趋多样，这种计算也是相当复杂的，进而加重了管理负担 [Zee, H. H. (2005)]。最后，各国不同的分摊方法为企业提供了创造最小化增值税负担的金融交易动机，引发了复杂的转让定价问题 [Merrill, P. R. and H. Adrion (1995)]。

　　Jack, W. (2000) 和 Grubert, H. and J. Mackie (2000) 指出，增值税的应用对两种不同类型的金融中介费用会产生不同的效率影响。对于固定费用，金融服务是否征收增值税是无所谓的，因为税收并不会影响利润的决定（只存在收入效应）。然而，杰克称为"准固定费用"的情况对增值税的应用在效率角度有足够的论据。准固定费用是对相关交易实际价值按比例收取的费用，比如每笔交易中按固定数额收取的费用（如 ATM 的费用和支票签发费用）。从保证效率角度说，应该对金融中介收费征收增值税。

　　Auerbach, A. J. and R. H. Gordon (2002) 扩展了杰克所称的增值税范围，包括了对财务利润中金融中介费用的征税。他们认为，金融交易的最初投入和中间投入都应当通过征收增值税来保证税制的中性，并且各种报酬形式（费用或是利差）之间的替代性会产生无效率。如果显性费用需要征收增值税，而隐性费用不需要，那么金融机构就会用隐性费用替代显性费用。

　　Boadway, R. and M. Keen (2003) 坚定地认为，因为没有产生效用而不对消费者购买的金融服务征税是一种谬论。金融服务属于特殊类型的商品，能间接引起消费福利的最大化，因此根据最优税收观点，应该对金融服务征税，并且他们建议对金融服务以较低税率（但不是零税率）征税。

　　综上所述，金融业的营改增势在必行，但因其行业特殊性而存在广泛的争议。在营改增背景下对于金融业课税问题的研究，无论是对下一步税制改革的进程，还是对金融业今后的发展来说，都有重要的理论和现实意义。

7.2 金融业征收增值税的国际经验

从各国情况来看，大多数国家对金融服务免税，而对此征税的国家在税基的确定、抵扣的方法等方面存在差别，各国的征税方法也不尽相同。

7.2.1 对金融业征税的基本思路

在金融中介费用应当放入增值税税基的假设下，Poddar，S.（2003）提出了四项原则：第一，除了金融中介费用以外的其他项目不应该出现税基中。许多发展中国家对保险业保费总额征税的方式就不符合这一原则，因为金融中介费用是保费扣除保险赔偿金的部分。第二，在免税基础上的修正应当减少对企业购进的征税。在免税的情况下，企业购进的金融服务无法进行抵扣，从而形成了重复征税。因此，减少对企业购进的征税可以在一定程度上降低企业税负。第三，在免税基础上的修正应当扩大金融服务的范围，因为免税的无效率在很大程度上是由于税基太窄带来的。第四，在免税基础上的修正应当比现行方法造成的管理和遵从成本以及经济扭曲要小。

在具体的实践中，各国对金融业适用增值税的计算方法各有不同。欧盟对不同性质的金融服务采取了不同的征收办法：核心金融服务、人寿保险服务、经济代理业务等免征增值税，出口金融服务实行零税率增值税，其他业务则征收增值税。以色列采用加法（工资与利润总和）计算征税，阿根廷对毛利息计算征税[①]，而新西兰等国采用零税率法等计算征税［杜莉（2002）］。各种方法的选择均在考虑本国情况的基础上试图减少免税带来的扭曲。除了实践中已采用的方法外，学者还提出了一些新的方法，比如欧盟提出的现金流量法、Poddar，S. and M. English（1997）具体阐述的税收计算账户法（TCA）以及 Zee，H. H.（2005）提出的修正的逆向收费法等。

无论各国持有的观点是金融服务应当完全征收增值税，还是应当采用零税率，或是一些折中的观点，对于金融交易免税的做法可能并不是最优的政策。在一般的观点看来，金融服务应当征税，但在管理上很难这样做，免税可能代表了一种权衡

---

① 阿根廷从 1992 年起采取对贷款的毛利息课征增值税的制度，从事信贷业务的金融机构不能将支付给储蓄者的利息成本从应税贷款利息收入中扣除。这种做法的目的是抑制消费需求、降低通货膨胀率［杜莉（2002）］。

（在全额征税和零税率之间）［Poddar, S.（2003）］。杜莉（2002）指出，在各国的税收实践中，由于金融服务的收费往往与其他收费捆绑在一起，很难逐笔确定金融服务的价值，因而不得不采取一些折中方案。很多学者也试图探讨我国金融业改征增值税的模式选择问题。杨默如（2010）提出，根据国家的宏观调控政策，对不同项目的税基可以分别制定免税、零税率的优惠政策；金融业购进货物和劳务可以抵扣一部分进项税额；金融保险业在出口环节还可享受零税率政策。侯珏（2002）和任小燕（2010）认为，改革一定要按照经济的发展情况和承受能力进行，可以考虑对贷款、融资租赁等与增值税链条联系比较紧密的服务征收增值税，对保险及银行中间业务先予免税，对出口金融服务实行零税率。薛纲和庄佳强（2013）认为，我国可以借鉴欧盟的做法，对显性收费征税，对隐性收费免税，但由于银行业、保险业和证券业各自特点不同，对不同行业的影响需要进一步研究。在计税方法的选择上，建议使用 6% 的税率。魏陆（2011）提出了三种征税模式：一是将金融业纳入征税范围，但暂时实行简易征收办法；二是对金融核心业务实行免税，对附属业务按标准税率征收；三是将全部金融业务都纳入征税范围，新设一档增值税税率。鉴于我国目前的税收征管水平以及金融业国际竞争的需要，这三种方案可以依次推进。

7.2.2 欧盟对金融业增值税的征收方法

1. 基本的免税法

20 世纪 70 年代的下半叶，第六号指令（Sixth VAT Directive, 77/388/EC）设立了成员国国内法律支持的一般标准。自 1977 年第六号指令施行以来，欧盟的金融业就不再征收增值税了，这意味着对金融服务的提供不征收增值税，同时服务的提供者也无法对金融服务提供中使用的购进部分计算抵扣增值税。这种免税在该指令第 13. B 条款中也有规定。

有关金融服务的这方面规定在 2007 年 1 月 1 日开始施行的指令 2006/112/EC 中仍然存在。在这一指令的第 135 款中（Council Directive 2006/112/EC）规定了对以下金融服务免税：

（1）贷款合同和信贷安排。

（2）承包、任何形式的信用保证交易以及其他有价证券和信用保证安排。

（3）与存款和货币账户、支付、分配、债务、支票以及其他可转让工具有关的中介交易，但不包括收藏。

（4）与作为法定支付工具的货币、银行券和硬币有关的中介交易，收藏交易也免税。

尽管第六号指令规定要对金融服务免税，事实上却给了成员国在征税和免税之间的自由选择权。具体说来，对于保管箱服务，所有国家都征税；对于债务收取、融资租赁、咨询服务等，绝大多数国家征税；对于股息红利、保险理赔等，大多数国家征税，少数国家免税；对于进出口信用保险、金融担保、股权交易、证券交易、期货、期权和互换等收入项目，多数国家免税，少数国家不征税；对于金融保险出口业务，所有国家都是零税率。

2. 欧盟金融业增值税抵扣方法

根据 2006 年的指令 (Council Directive 2006/112/EC)，纳税人必须满足一定的条件，才能从获得的发票中计算抵扣增值税：

(1) 纳税人获得根据指令要求开具的所提供商品或服务的发票。

(2) 不存在不能抵扣的费用，比如奢侈品和娱乐等。

(3) 获得的商品和服务用于应税目的。

总部在欧盟的金融机构对于欧盟内部的金融服务提供不能抵扣，但对外部的可以抵扣。根据纳税人应税和非应税项目的关系，需要计算获得的发票中应收款项的增值税税额。不需要计算增值税税额的项目包括：①企业纳税人使用的资本商品；②不动产的偶然提供；③第 135 款中金融交易的偶然发生。

实际中，对发票的分析是非常艰巨的工作，在这一过程中的关键环节是发票的认证和分类。通常说来，很难确定发票最终应该归属于哪一类。纳税人对于发票处理的办法存在不可靠性，因此也可能被税务机关调整。金融业的监管需要庞大的系统和数据，法律上的不可靠性带来了较高的管理成本，也导致了对现行增值税制中金融业地位的质疑。

在所有的国家，增值税分摊都是以比例法为基础的。总的来说，按比例抵扣具体分为两种方法：投入法（又称成本分摊法）和产出法（又称公式法）。投入法规定，直接归属于每个单独的应税或不征税交易的投入，可对增值税进行分摊。对于不直接归属于单独活动的投入，适用不能抵扣的增值税，可能会用到其他抵扣的方法。与此对比，产出法是将银行全部活动分解为不免税的产出和免税的产出，目的是计算抵扣系数。

从理论上说，可以运用将两者结合的方法。例如，可以首先对能够直接分配的投入用投入法分摊增值税；对于无法直接分配的投入，再根据产出法计算抵扣系数。这种结合起来的办法不会扭曲金融机构的活动，但金融机构会试图计算出尽可能多的购进成本，以使税收的抵扣最大化，因此透明性较差，从而增加了监督和管理成本。

在欧盟，对于不是直接可分摊的投入来说，以产出法为惯例。第 19 款给出了按比例抵扣法分摊的总规定，比例系数是允许抵扣增值税的总交易额和允许抵扣增值税的总交易额（与分子相同）与不允许抵扣增值税的总交易额之和的比率。两个数额都是不含增值税的，并且都是年度数据。尽管欧盟对于比例法的实施进行了细节上的规定，比如在计算系数时必须暂时考虑以前年度的营业额，并且规定事后调整（根据第 20 款的规定），但第 17 款规定："在指令的实施中，成员国可根据国内法律保持所有的例外情况。"这实际上为各国法律留出了自由度。

此外，对增值税的抵扣还有一些其他方法，并且在实行中，同样的方法在不同的国家也会存在区别。在大多数国家，比例法是以前一纳税年度的经济变量为基础（以前年度法），只有 5 个成员国（包括英国和爱尔兰）允许在计算系数的时候考虑到当年情况。另外，选择的变量不同，公式也就不同。简单说来，可以将公式分为以下三类：

（1）以产出的估算为基础的标准公式。抵扣系数用应税销售额除以总销售额，但对应税产出和总产出的定义，各国都不相同。意大利允许投资品增值税分配到每个折旧期间进行抵扣，并引入零税率法，用以鼓励向欧盟外提供的服务。在 2004 年后，丹麦税务机关允许金融机构将利息收入视为利润。这一规定减少了总营业额，提高了分配系数，因而受到金融机构的欢迎。2005 年，德国也采用了同样的方法，考虑收入和费用的差额利润，而不是营业额。

（2）以交易数量为基础的公式。交易数量法对那些免税产出价值很高的交易商来说是合适的。这一方法主要被英国和爱尔兰采用。爱尔兰的法律规定了选择何种方法的自由。

（3）以雇员数量或提供给应税和不征税交易的物理空间为基础的公式。瑞典、爱尔兰、德国和英国允许运用雇员数量法或其他相关的指标（比如以平方米计算的生产空间）作为应税和免税活动之间的进项税额分摊基础，只要在这些投入和产出间有直接及持续的联系即可。

3. 金融业增值税免税的经济效应

金融业免税的主要经济效应可以总结为以下方面：

（1）免税金融服务的价格包括由不能抵扣的进项税额导致的隐藏成本。

（2）金融服务的价格与正常的增值税制或是零税率下的情况不同。对于提供给最终消费者的金融服务（B2C），价格比正常情况低，因为在生产过程的最后阶段不征收增值税，但比零税率的金融产品高。另外，对于提供给非金融企业的金融服务（B2B），价格很可能比一般情况要高，因为可以设想来自隐藏的增值税成本至少部分是由金融中介转嫁的。

（3）非金融企业更高的成本，可能导致"级联税"①的机制，从而非金融产品的价格比对金融服务征税或零税率下的水平要高。

（4）这些机制的一个主要影响是促使金融企业重新调整生产过程，鼓励纵向一体化，从而使税收负担最小化。

（5）与增值税制有关的价格扭曲对金融业的国际竞争有重要影响（由免税导致的更高成本或更低利润）。显然，竞争受到不同的税率和成员国之间关于抵扣规定的不同解释的影响。这些影响因欧洲金融市场一体化进程以及越来越多的跨境金融服务而更为突出。

4. 理论上的一些新方法

直到 1977 年第六号指令对金融业规定免税之前，免税都被认为是过渡性措施，毕竟免税会影响增值税的中性。为了消除免税带来的扭曲，最有可能的方法就是现金流量法 ［Merrill，P. R. and C. R. Edwards（1996）］。

按照现金流量法，金融交易中流入的全部现金被视为应税的销售，必须支付税款，而金融机构全部的现金流出被视为应税的购买，能够抵扣增值税进项税额。然而，这种方法也有一些缺陷。该方法包括在不同阶段计算和支付的大额税款，这对财务水平较低的小型金融机构来说是沉重的负担。尽管这种方法能够解决与利差有关的金融服务的税基确定问题，成员国还是强烈地反对这一方法可能带来的制度上的巨大变化。

为了消除现金流量法的缺陷，Poddar，S. and M. English（1997）提出了税收计算账户法（TCA 法）。TCA 法的本质是资本金从银行到使用者的转移以及资本的返还都是不征税的。应税的部分是计算出的代表服务隐形费用的利率。税务机关通过确定净利率的水平来直接决定银行费用中的哪一部分应当征税。任何过高的利率都会导致存款税收的加重，这对于经济主体的金融活动有扭曲效应。TCA 法被证明可运用于全部金融服务，包括最复杂的部分（比如衍生品），并且不会导致级联税效应。但是，这种方法在管理上的复杂性似乎是应用中的重要障碍。

Zee，H. H.（2005）提出的一个替代方法称为"修正的逆向收费法"。该方法是为了达到与税收计算账户一样的效果，但减少其管理的复杂性。然而，由于在这一

---

① 级联税在供应链中的每一个阶段均适用，并且不会扣减所有在前面的阶段已征收的税款。在一般情况下，税负完全是由消费者承担的。在免税情况下，非金融企业不能抵扣从银行的购进。非金融企业的成本包括了银行隐藏的增值税负担。这个过程被称为级联税。

体系中借款的消费者会被多征税，因而仍需要一个复杂的体系来保证借款人抵扣的增值税款是基于逆向收费的存款。与此有关的另一个建议是只用部分利息作为税基，通过调整税率来使其仅覆盖交易中代表服务收费的部分，即采用"单独税率法"。为了达到这一目的，必须估算服务费用，而发展现金流量法的一个原因恰恰就是解决融资中服务费用的确定问题。

7.2.3　其他国家金融业增值税的典型征收方法

1. 银行业增值税征税方法

（1）以色列——加法。[①] 加法是以账户为基础的方法。在这种方法下，增值额是工资和利润的加总。目前，以色列对金融服务业征税，其中对非寿险行业运用这一方法征税。然而，由于税收的管理在增值税体系外，因此不能申请增值税抵扣。

这种征税方法会带来如下问题：

第一，不采取发票扣税法，下一环节的纳税人无法抵扣，导致重复征税。

第二，出口金融服务成为增值税的一个部分。首先，计算抵扣非常复杂。其次，产生漏洞，导致税款或资金本身流失。如果不抵扣，将影响金融业的海外发展，本国金融服务业在国际竞争中处于不利地位，从而影响税收增长和经济发展。

第三，该方法与国内其他行业的计算方法不同，也与国际通行的计算方法不同，造成税制不统一和税收征管上的矛盾。以现金发生制为基础，对准予抵扣的投入采取全部列支的方法，而不是分期折旧。这种生产型增值税的征收方法大大减少了财政收入，给国家财政造成了巨大压力。

（2）墨西哥、日本——以净经营所得为基础。[②] 墨西哥仅以净经营所得为基础计算增值税应纳税额。对于一家金融机构来说，净经营所得是指净利息加上从该机构其他活动中获得的保证金和费用。

日本采用类似的方法。增值税的计算以账面值为基础，每项业务的收入减去允许抵扣的购进就是增值额。这种减法很简单，但与所得税一样，需要用复杂的规定来区分金融业务和非金融业务。

（3）阿根廷——毛利息征税法。[③] 阿根廷采用另一种方法，可以称为毛利息征税法。这种方法适用于大多数贷款的利息。政府允许特定机构的贷款利息以标准税率的一半征税。采用这种方法是为了控制借款以减少通货膨胀。

---

① 参见侯珏（2002）。
②③ 参见 Bird, R. M. and P. P. Gendron（2005）。

对毛利息课税在很大程度上简化了税制，然而这种简化也带来了一个重大的缺陷：由于贷款的毛利息中包括资金成本，它大大超过了贷款银行提供金融中介服务所创造的增加值。因此，这种方法意味着向消费者和获取免税销售额的企业提供的金融中介服务承担了过重的税收负担。

（4）魁北克、新西兰——零税率。[1] 加拿大的魁北克省对金融服务实行零税率，但通过对金融机构征收资本税、工薪税和保险税来弥补税收损失。

从 2005 年开始，新西兰对登记企业之间提供的服务以及登记金融中介向登记企业提供的服务实行零税率。但是，金融中介之间提供的服务不适用零税率，因为这类服务大多是免税服务。

零税率法明显减少了扭曲并且极大地降低了税收复杂性。然而，它有两个弊端：一是最终消费者被排除在增值税范围之外；二是免税法下税务机关尚可从不能抵扣的进项税额中获得一定的税收收入，但在零税率法下，政府连这部分收入也放弃了。

（5）澳大利亚、新加坡——固定比例抵扣法。[2] 尽管澳大利亚商品及劳务税（GST）在本质上对金融服务免税，但为了减少自我供应，在特定清单中用于免税提供的商品和服务税款，可以按照 75％ 的比例抵扣。

在新加坡，如果金融服务的提供是以经济费用、佣金或是类似项目作为报酬，则需要征税，否则将予以免税。进项税额的抵扣有两种方法：第一种方法是把需要征税的销售部分单独分离出来，相当于对提供给登记企业的服务实行零税率。第二种方法是根据金融机构的不同类型确定不同的抵扣率。

固定比例抵扣法减轻了重复征税、方便了税收征管，但人为设定的抵扣比例并不能完全消除重复征税，并且纳税人面临将进项税额在不同业务间分摊的问题。

（6）南非——范围缩小的免税法。[3] 南非对几乎所有显性费用[4]和非寿险征税。但是，它要求纳税人对进项税额在免税服务费用和应税服务费用之间进行分摊。南非的方法缩小了对金融服务免税的范围，因此与欧盟的方法相比，价格扭曲和重复课税的程度降低了。范围缩小的免税法可能促使金融机构将更多的显性收费的金融服务与免税的隐性收费的服务捆绑提供，同时，可能会产生提供相似服务的不同金融机构之间的扭曲，比如有些传统的金融机构更倾向于显性收费，因而将面临较高

---

[1] 参见魏陆（2011）。

[2] 参见任小燕（2010）。

[3] 参见 Bird，R. M. and P. P. Gendron（2005）。

[4] 显性费用是包括手续费、佣金收入等中间业务在内的直接体现金融服务增加值的费用；隐性费用是包括利息、金融商品买卖收入等金融企业的核心业务收入在内的不直接反映金融服务附加值的费用。

的税负。

2. 保险业增值税征税方法①

（1）人寿保险。实行增值税的国家对寿险一般都是免税的。这种免税不会导致重复课税，因为寿险的买方一般都是最终消费者。当然，寿险保险费的主体部分完全不应课税，而且由于进项税额不能获得抵扣，对这种业务免税仍会在保险费里遗留一些增值税因素，但寿险保费中也包括保险公司提供中介服务带来的增加值，免税的做法反映了一种折中，同时也可给政府带来一定的税收收入。

（2）财产保险。在大多数课征增值税的国家，财产保险和其他非保险金融服务的税收待遇相同。如果对财产保险按常规方法课征增值税（即保险公司取得保险费时缴纳增值税，而各项购买所负担的增值税可以获得抵扣），那么保险服务就承担了过重的税收负担。因为保险费的一部分是用来弥补可能发生的损失，并不代表保险公司创造的增加值。为了解决这一问题，新西兰采取了一种特殊的对保险赔偿金给予税收抵免的方法：保险公司取得的保险费须缴纳增值税，如果被保险人是获取应税销售额的企业，则向保险费课征的增值税可以由他们作为进项税额而获得抵扣；如果被保险人是最终消费者或获取免税销售额的企业，这部分增值税就不能作为进项税额获得抵扣。澳大利亚、新加坡、南非基本参照了新西兰这种对财产保险征收增值税的方法。

7.2.4　国外金融业增值税征收方法对我国的启示

按照我国营改增的进程安排，为了保证增值税链条的完整性，金融业将被纳入增值税征税范围。在不对金融业免税的情况下，一些国家的征税方法值得我国思考和借鉴。例如，墨西哥以净经营所得为基础计算增值税有利于减少免税带来的扭曲，使政府的财政收入不会受到过大的冲击，并且在管理上不会增加额外的负担。对于税务机关征管能力有限的国家来说，澳大利亚和新加坡等国采用的按照固定比例抵扣的方法，也具有操作上的简便性。

当然，每种方法在征管中各有弊端。以色列的加法征税是以工资和利润总额作为税基，这在计算上并不困难。但是，由于我国其他行业的增值税征税方法只有凭增值税发票抵扣税款的方法和简易征收方法两种，如果对金融业采取一种全新的计税模式，将带来较大的法律成本和管理成本。而澳大利亚等国采用固定比例抵扣法的抵扣率必须进行非常严密的测算，并且固定的抵扣率在征税实践中可能缺乏灵活

---

① 参见杜莉（2002）。

性，也容易造成购进状况不同的企业之间税负的不平衡。

对于情况较为特殊的保险业来说，国外对寿险一般免税，我国对寿险也有较明确的免税规定，因此寿险免税可以继续推行。对于财产险来说，如前所述，常规方法在税基的认定上并不科学，在实践中应考虑其他方法。

7.3　金融业改征增值税的计征方法

从世界各国的金融业征税实践看，我国金融业改征增值税主要有三种可供选择的方法：第一种方法是将金融业全部收入纳入征税范围，采用一般纳税人增值税计征方法，即用销项税额减去进项税额的方法计算应缴纳的增值税；第二种方法是简易征收；第三种方法是区别显性收费服务和隐性收费服务，对显性收费服务按照标准税率征收增值税（可参考南非的做法），对隐形收费服务免税，或在此基础上允许提供给一般纳税人消费者的隐性收费服务给予部分抵扣（参考新加坡或澳大利亚的做法）。我们选取了 12 家上市银行、10 家上市证券公司、4 家上市保险公司和 2 家上市信托公司的财务报表数据，探讨这三种方法的可行性。

7.3.1　一般征税方法的适用性

对于金融业来说，如果采用销项税额减进项税额的征税方法，销项税额可以根据财务数据比较方便地获得，关键是如何计算可抵扣的进项税额。一方面，如果可抵扣的税额较少，在将营业税改征增值税后，税负就会加重，不利于达到降低税负的政策目标；另一方面，按照目前增值税的征管规定，进项税额的抵扣必须凭借专用发票，如果由于实际操作中的原因难以获得增值税发票，那么运用这种征税方法也会存在问题。

1. 不可抵扣的人员费用

在金融业上市公司利润表中，业务与管理费是营业支出的主要组成部分。业务与管理费具体包括员工费用、业务费用等。其中，与业务有关的购进费用等可以抵扣，而与员工有关的费用要进行具体分析。根据上市公司财务报表附注中披露的信息，与员工有关的费用可分为如下几类：①工资、奖金、津贴、补贴；②社会保险；③补充养老保险；④住房公积金；⑤职工福利；⑥退休福利和内部退养福利；⑦工会经费和教育经费；⑧因解除劳动关系给予的补偿；⑨其他。其中，工会经费和教育经费可能涉及购进货物或应税劳务，按照税法规定是可以抵扣的。虽然职工福利费用也可能涉及物资的采购，但根据税法规定，用于集体福利目的的购进货物或应税劳务是不准许抵扣的。而其他几项员工费用或者是支付给员工的薪酬和福利，或者是支付给有关部门的社会保险费和住房公积金等，这些都是不能抵扣的。按照以上分析，对业务与管理费根据是否可以抵扣进行划分，相关数据见表 7—1。

表 7—1　　　　　　　　　部分金融业上市公司不可抵扣费用测算

公司	业务及管理费（万元）	可抵扣费用（万元）	不可抵扣费用（万元）	不可抵扣费用占业务及管理费比重（％）
平安银行	939 894.30	398 637.00	541 257.30	57.59
宁波银行	289 790.70	133 071.40	156 719.30	54.08
浦发银行	1 939 940.90	776 317.70	1 163 623.20	59.98
招商银行	3 335 500.00	1 374 600.00	1 960 900.00	58.79
兴业银行	1 878 400.00	823 200.00	1 055 200.00	56.18
北京银行	542 031.30	310 280.50	231 750.80	42.76
农业银行	13 504 300.00	5 330 000.00	8 174 300.00	60.53
交通银行	3 651 800.00	1 856 700.00	1 795 100.00	49.16
工商银行	13 959 800.00	5 171 700.00	8 788 100.00	62.95
建设银行	11 504 400.00	4 739 400.00	6 765 000.00	58.80
中国银行	9 456 100.00	4 643 800.00	4 812 300.00	50.89
中信银行	2 150 200.00	1 074 200.00	1 076 000.00	50.04
宏源证券	134 531.56	59 357.60	75 173.96	55.88
国元证券	98 693.79	48 169.78	50 524.02	51.19
广发证券	315 035.85	120 924.81	194 111.05	61.62
长江证券	128 996.27	57 727.61	71 268.65	55.25
山西证券	78 946.14	36 224.14	42 722.00	54.12
中信证券	801 324.02	278 968.53	522 355.50	65.19
海通证券	422 844.41	178 324.86	244 519.55	57.83
太平洋证券	42 420.41	18 355.61	24 064.80	56.73
华泰证券	348 213.04	174 912.37	173 300.67	49.77
光大证券	214 787.55	108 643.99	106 143.56	49.42
中国平安	4 138 400.00	2 057 900.00	2 080 500.00	50.27
新华保险	927 200.00	372 900.00	554 300.00	59.78
中国太保	2 005 600.00	1 009 900.00	995 700.00	49.65
中国人寿	2 220 300.00	1 082 500.00	1 137 800.00	51.25
陕国投	7 583.16	2 678.06	4 905.10	64.68
			平均占比	**55.35**

说明：有些公司未详细披露"业务及管理费"项目明细内容，其数据未包含在本表中。

资料来源：上市公司 2011 年财务报表附注。

无论是银行、证券还是保险业，不可抵扣的费用占业务及管理费的比重都比较大，平均为55.35%，这意味着有超过一半的业务与管理费用于员工相关支出。与其他行业相比，金融业最为明显的特点就是其主要业务是资金的融通，除了必要的设备和用具，其他实物的购进均有限，因此与人员有关的费用便成为业务与管理费的主要部分。在可抵扣费用有限的情况下，如果采用标准的征税方式，容易造成金融业税负偏重的结果，不利于保持增值税的税收中性，也不利于平衡金融业和其他产业的发展。

2. 难以进行凭票抵扣的支出分析

对于实体企业，进项税额很容易界定，其主要项目就是原材料的购买。而对于金融企业，提供的服务大多都是无形的，这就为进项税额抵扣造成了困难。

(1) 银行业。银行主要的收入来源包括利息收入和手续费佣金收入两部分，这两部分收入扣减支出后的净收入计入利润表的"营业收入"项目中。若将利息、手续费和佣金收入视为销项税额，将其支出视为进项税额，则对于手续费和佣金支出来说，包含支付结算、代理业务、受托业务、银行卡业务、担保承诺、顾问咨询、理财产品等。手续费和佣金支出一般来说较为明确，而且由于这些支出大多提供给其他机构，能够得到这些机构开具的发票，因此银行比较容易进行抵扣。

利息支出项目一般包括向央行借款、同业存放、吸收存款、拆入资金、发放债券和卖出回购金融资产等业务的利息支出。目前，金融机构往来借款利息收入（金融机构之间相互占用、拆借资金取得的利息收入）不征营业税，中国人民银行对金融机构的贷款业务也不征营业税。如果保持以上政策不变，则可暂不考虑向央行借款、同业存放和拆入资金的利息支出。对于吸收存款来说，银行的储户多而零散，存款利息大多是按期计入存款人账户，无法获得增值税发票。发放债券的利息支出也存在类似的问题。而卖出回购金融资产业务有限，额度较大，交易对方是机构而非个人，利息支出容易确定，因此存在开具发票的可能。表7—2为银行业不易抵扣的利息支出测算。

表7—2　　　　　　　　　　银行业不易抵扣的利息支出测算

公司	利息支出总额（万元）	利息支出中不易抵扣部分（万元）	不易抵扣部分占利息支出总额比重（%）	利息收入（不含存放中央银行、同业存放等）总额（万元）	不易抵扣部分占利息收入总额比重（%）
平安银行	2 297 394.80	1 510 555.10	65.75	3 604 694.60	41.91
宁波银行	772 161.40	326 255.30	42.25	1 328 589.90	24.56
浦发银行	5 898 902.70	3 452 314.40	58.52	10 712 417.40	32.23
招商银行	4 242 700.00	3 273 300.00	77.15	10 777 700.00	30.37

续前表

公司	利息支出总额 （万元）	利息支出中不易 抵扣部分（万元）	不易抵扣部分 占利息支出 总额比重（%）	利息收入（不含存 放中央银行、同业 存放等）总额（万元）	不易抵扣部分 占利息收入 总额比重（%）
兴业银行	5 697 200.00	2 672 900.00	46.92	9 605 900.00	27.83
北京银行	1 899 051.30	1 201 735.10	63.28	3 184 940.70	37.73
农业银行	16 550 700.00	14 385 900.00	86.92	27 951 700.00	51.47
交通银行	8 669 500.00	5 673 800.00	65.45	17 840 500.00	31.80
工商银行	21 994 300.00	19 019 900.00	86.48	52 366 700.00	36.32
建设银行	17 578 200.00	15 517 500.00	88.28	43 996 300.00	35.27
中国银行	17 738 400.00	13 971 900.00	78.77	34 358 800.00	40.66
中信银行	4 012 200.00	3 234 000.00	80.60	9 208 500.00	35.12
		平均	**70.03**	平均	**35.44**

资料来源：上市银行 2011 年财务报表附注。

由表 7—2 可知，在 12 家银行的利息支出中，平均 70.03% 的部分是难以抵扣的。其中，几大国有银行对传统存贷款业务更为依赖，难以抵扣的利息支出所占比重达到 80% 以上。这部分难以抵扣的支出占利息收入（不含存放中央银行、存放同业、同业拆借等）的比例约为 35.44%，这意味着如果用销项税额扣减进项税额的办法来计算增值额，那么利息收入这部分就有超过 1/3 的收入难以抵扣。

（2）证券业。证券业的营业收入主要是由利息净收入和手续费及佣金收入两部分组成。与银行业不同的是，证券业的手续费及佣金收入是最主要的收入来源，对应的手续费与佣金支出主要涉及证券承销业务、证券经纪业务、受托资产管理业务和财务顾问等业务，见图 7—1 和图 7—2。这些业务的手续费及佣金支出大多适合开具专用发票，比如券商从事证券经纪业务，需要支付给交易所一定数量的手续费，如果将这部分手续费看作进项税额，通过交易所可以开具增值税专用发票。证券公司也有一定数量的利息支出，但其影响不如银行业的影响大。

（3）保险业。首先，寿险的投保人主要为个人，因而与寿险有关的赔付支出很难获得增值税发票。在上市的四家保险公司中，中国人寿和新华人寿都以寿险为主要业务，其他两家的寿险业务所占比重也不小。即使是财产保险，个人业务仍然占多数。根据 2011 年财务报告披露，中国人寿 2011 年度的赔付支出共计 72 864 亿元。其中，个人业务 64 621 亿元，团体业务 2.14 亿元，短期险业务 80.29 亿元，个人业务的赔付支出占了 88.69%。在太平洋保险的寿险部分，个险赔付支出 124.41 亿元，团险赔付支出 9.89 亿元，个险赔付支出是团险的 12.58 倍。

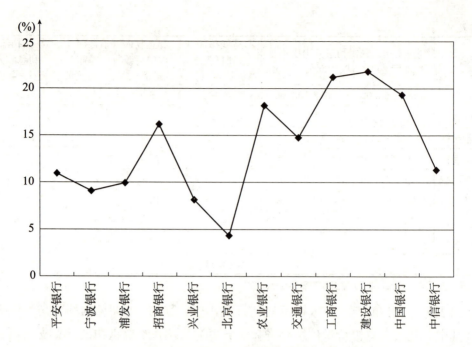

图7—1　银行业手续费及佣金净收入占营业收入的比重

资料来源：上市银行 2011 年财务报告。

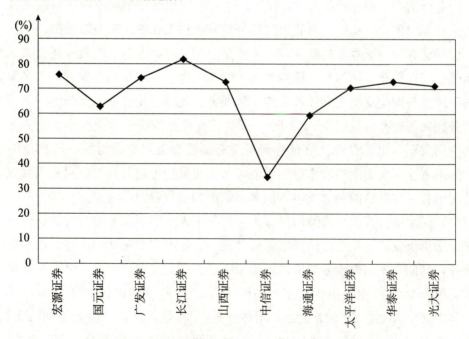

图7—2　证券业手续费及佣金净收入占营业收入的比重

资料来源：上市证券公司 2011 年财务报告。

其次，近年来，保险公司在资金利用上更为灵活，出现了万能险、投资连结险等新的险种。几家上市保险公司的规模较大，在大规模赔付发生时仍能保持较好的经营业绩。而一些小型的保险公司很可能在出现集中大额赔付时就会入不敷出，这部分差额大多是靠投资业务来弥补的。对于小型保险公司来说，如果以保费收入扣减赔付支出作为增值额，很可能出现进项税额大于销项税额的情况。

再次，根据《中华人民共和国营业税暂行条例》的规定，我国对保险公司开展的一年期以上返还性人身保险业务的保费收入免征营业税。表7—3列举了三家保险公司年报中披露的一些在免税名单中的险种。这些险种的保费收入占各自保费总收入的比重都很大，而在没有披露的险种中，还有很多是免税的。如果改征增值税后，不考虑这些免税情况，势必对保险业的整体税负水平造成较大影响。

表 7—3　　　　　　保险公司年报披露的一年期以上返还性人身保险保费收入

公司	险种	保费收入（万元）	发文字号	名单批次	免税保费（万元）	占保费收入比重（%）
中国人寿	国寿鸿盈两全保险（分红型）	56 000.00	财税[2010]71号	第二十三批	124 532.00	39.13
	康宁终身保险	27 696.00	财税[2000]59号	—		
	国寿美满一生年金保险（分红型）	23 932.00	财税[2008]88号	第二十批		
	国寿福禄双喜两全保险（分红型）	16 904.00	财税[2010]71号	第二十三批		
中国平安	富贵人生两全保险（分红型）	18 177.00	财税[2007]158号	第十九批	45 180.00	24.20
	金裕人生两全保险（分红型）	10 152.00	财税[2010]71号	第二十三批		
	鸿利两全保险（分红型）	5 370.00	财税[2005]76号	—		
	鑫利两全保险（分红型）	5 089.00	财税[2010]71号	第二十三批		
新华保险	红双喜新C款两全保险（分红型）	24 468.00	财税[2002]156号	—	42 887.00	45.00
	尊享人生年金保险（分红型）	7 374.00	财税[2010]71号	第二十三批		
	红双喜金钱柜年金保险（分红型）	5 763.00	财税[2009]135号	第二十二批		
	红双喜两全保险（分红型）（A款）	5 282.00	财税[2002]156号	—		

资料来源：保险公司2011年财务报告，引自财政部、国家税务总局网站。

最后，如果进一步推敲，无论是寿险还是产险，无论是个险还是团险，保险在本质上是一种经济补偿制度。在保险合同约定的事件发生后，被保险人获得的是纯粹的经济补偿，所以即使获得赔付支出的是企业，也不应该作为销项税额处理。以生产企业为例，根据现行的会计准则，由于自然灾害等非常原因造成的存货、固定资产等的毁损，应扣除处置收入、可收回的保险赔偿和过失人赔偿，将净损失计入"营业外支出"，而在企业增加值核算中，按照收入法，营业盈余并不涉及营业外收支。那么，即使是企业获得了保险赔付，这部分赔付金额能否开具增值税专用发票也是值得商榷的。

（4）信托业。近年来，我国信托业蓬勃发展，从总的资产规模上看仅次于银行业和保险业，信托公司手续费佣金净收入是营业收入的主要组成部分；相对来说，这部分是比较容易抵扣的。然而，由于我国信托业发展尚不健全，从过去几年信托业的发展状况来看，融资类的信托项目依然居多。从安信信托 2011 年信托资产的构成来看，无论是主动管理型还是被动管理型的信托项目，融资类信托资产都占了主要部分，见表 7—4 和图 7—3。从信托公司的资产运用来看，大部分的资产仍运用于贷款和应收款项。这也体现了近几年来信托公司的发展困境。信托的本质特征是"受人之托，代人理财"，而我国信托业在快速且不规范的发展历程中，在很大程度上成为银行贷款的一种替代。当一些项目难以获得银行贷款支持的情况下，转而向信托寻求资金，从而产生了大量的融资类信托。该类信托的利息费用部分存在与银行贷款类似的抵扣难题。

表 7—4　　　　　　　　　　　安信信托 2011 年信托资产组成　　　　　　　　　　单位：万元

	主动管理型	被动管理型
证券投资类	—	
股权投资类	280 128.15	—
其他投资类	63 886.94	7 202.27
融资类	1 478 572.99	423 223.36
事务管理类	8 001.33	—

资料来源：安信信托 2011 年财务报告中的《2011 年信托业务年度报告》。

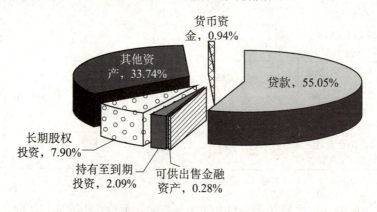

图 7—3　安信信托 2011 年信托资产运用情况

资料来源：安信信托 2011 年财务报表附注。

通过以上分析，我们可以发现：对于整个金融行业来说，由于实物购进较少，业务与管理费用的主要部分是不能抵扣的员工费用，因此不适合以一般的抵扣方式征税。对银行、证券、保险和信托分别来看，以利息净收入为主要收入来源的银行业由于难以获得发票的利息支出过多，因而存在较大的抵扣难度；以保费收入和赔付支出为主要收支项目的保险业，无论是从提供服务的主要对象上看，还是从赔付支出的经济意义上看，也不适合一般的抵扣方法；以手续费和佣金净收入为主的证券业和信托业似乎可抵扣的部分较大，但考虑到证券业和信托业仍存在一些不易抵扣的支出以及金融业整体税基的统一性，对于金融业来说并不适用。

7.3.2　简易征收方法的适用性

《财政部、国家税务总局关于印发〈营业税改征增值税试点方案〉的通知》（财税〔2011〕110 号）指出，金融保险业和生活性服务业原则上适用增值税简易计税方法。简易征收，即以金融企业的营业额作为税基，经价税分离后直接乘以简易征收率来计征增值税。

为衡量营改增前后金融业的税负变化，以流转税额与所得税额之和作为分子，以营业收入作为分母，以总税额占收入的比例衡量企业的税负。

$$改革前税负 = \frac{改革前的营业税金及附加 + 改革前的所得税额}{改革前的营业收入} \tag{7—1}$$

$$改革后税负 = \frac{改革后的流转税额 + 改革后的所得税额}{改革后的营业收入} \tag{7—2}$$

营改增之前，企业税负可直接根据财务报表数据计算。

营改增之后，增值税的计算以营业收入为基础，乘以适用的征收率。假定征收率为 6%。

$$改革后增值税额 = \frac{改革前营业收入}{1 + 6\%} \times 6\% \tag{7—3}$$

营改增之前，金融企业缴纳的流转税主要是营业税金及附加，包括营业税、城市维护建设税、教育费附加，个别公司涉及一些其他的税费。其中，营业税是以营业额为基础，乘以 5% 的税率；城建税是以营业税为基础，根据经营地所处地区的不同，税率为 1%、3%、7% 不等；教育费附加是以营业税为基础，乘以 3%。通过分析财务报表附注可以发现，本章中作为样本的金融企业，其营业税金及附加的数额大约为营业税额的 110%。营改增之后，城建税和教育费附加将以缴纳的增值税为计算基础，因此可以假设改革后流转税额与增值税额之间的比例为 110%。

改革后的流转税额＝改革后的增值税额×110%   (7—4)

增值税不体现在利润表中，但相应的城建税和教育费附加等可在税前扣除。

改革后可扣除税金及附加＝改革后的流转税额－改革后的增值税额 (7—5)

$$\frac{可扣除税金及}{附加差额} = \frac{改革后的可扣除}{税金及附加} - \frac{改革前的营业}{税金及附加}$$ (7—6)

在其他条件不变的前提下，所得税前利润总额的变化全部来自可扣除税金及附加的差异。

改革后的利润总额＝改革前的利润总额－可扣除税金及附加差额   (7—7)

税前利润最终影响所得税。要计算改革后的所得税额，这里用改革前的所得税与改革前的利润总额的比作为所得税税率。

$$所得税税率 = \frac{改革前的所得税额}{改革前的利润总额} \times 100\%$$ (7—8)

改革后的所得税额＝改革后的利润总额×所得税税率   (7—9)

将公式（7—4）和公式（7—9）计算的结果代入公式（7—2），即可算得营改增后金融企业的税负。比较改革前后金融业的税负情况（见表7—5），可以发现：如果改征增值税后采用简易征收的办法，税基依然是营业额，但由于金融企业不能获得抵扣，故增值税的税基也无法体现是对增加值的征税，原来的重复征税问题可能依然存在，因此绝大多数金融企业的税负都加重了。

表7—5   营改增前后税负比较（%）

公司	改革前税负	改革后税负	税负变化
平安银行	18.69	18.05	－0.65
宁波银行	16.74	17.27	0.53
浦发银行	19.73	20.30	0.57
招商银行	17.98	19.08	1.10
兴业银行	20.65	21.30	0.65
北京银行	18.98	19.49	0.51
农业银行	15.20	16.97	1.77
交通银行	18.67	19.24	0.57
工商银行	19.64	21.01	1.37
建设银行	18.80	20.14	1.34
中国银行	18.03	19.26	1.23
中信银行	21.41	22.12	0.71
银行平均	**18.33**	**19.58**	**1.25**
宏源证券	15.65	17.62	1.97

续前表

公司	改革前税负	改革后税负	税负变化
国元证券	11.68	14.59	2.91
广发证券	13.24	15.36	2.12
长江证券	12.93	14.93	2.00
山西证券	13.07	16.10	3.03
中信证券	12.58	17.46	4.88
海通证券	15.85	18.69	2.84
太平洋证券	13.26	14.82	1.56
华泰证券	22.39	25.15	2.76
光大证券	16.16	18.92	2.76
证券平均	**14.61**	**17.96**	**3.35**
中国平安	0.05	6.23	6.18
新华保险	0.54	6.58	6.04
中国太保	7.90	13.23	5.33
中国人寿	0.72	6.69	5.97
保险平均	**0.73**	**6.72**	**5.99**
陕国投	19.65	22.18	2.53
安信信托	23.26	24.94	1.68
信托平均	**21.71**	**23.75**	**2.04**

资料来源：上市公司 2011 年财务报表及附注。

7.3.3 区分不同类型业务进行不同税务处理的适用性

如果借鉴欧盟基本免税模式的做法，即对显性收费的金融业务收入征税，对隐性收费的金融业务收入免税，那么在这种情况下，银行业的收入以利息为主，但对于证券业和信托业来说，它们的主要收入来源于手续费和佣金，是不能免税的，因此实行增值税后，证券业和信托业的税负可能加重。

为考察对于不同业务进行不同税务处理的方法对金融业实际税负的影响，我们利用银行业、证券业和信托业上市公司的财务数据，以"手续费和佣金净收入"表示的显性服务净收入作为税基。如前所述，金融业可以抵扣的进项税额有限；如果按 17% 的标准税率征税，可能会提高其税收负担。目前纳入营改增范围的行业，除适用 17% 的税率外，另有 11% 和 6% 两档税率，为避免多税率问题，假定金融业改征增值税后适用 6% 的税率。

$$改革后的增值税额 = \frac{改革前的显性收入}{1+6\%} \times 6\% \qquad (7—10)$$

按照公式（7—10）计算改革后的流转税额，并依照前文的方法计算税负。对于保险业来说，如前所述，由于对保险公司收取的保费并不能代表其增加值，而且各保险公司财务报告中业务分类的披露标准不一，很难对行业情况进行整体考量，因此暂不计算该方法下的保险业税负。

表7—6显示了对显性收费征收增值税后银行、证券和信托公司的税负变化情况，银行业税负有较大幅度的下降，而证券业和信托业的税负均有所上升。

表7—6 　　　　　　　　　　　　　 **对显性收费征税对于税负的影响**

公司	显性收入（万元）	改革前税负（%）	改革后税负（%）	税负变化（%）
平安银行	273 089.70	18.69	12.61	−6.08
宁波银行	71 913.10	16.74	11.71	−5.03
浦发银行	669 430.20	19.73	14.81	−4.92
招商银行	1 491 500.00	17.98	13.97	−4.01
兴业银行	827 400.00	20.65	16.07	−4.58
北京银行	160 832.20	18.98	13.86	−5.12
农业银行	6 862 700.00	15.20	11.99	−3.21
交通银行	1 829 000.00	18.67	14.04	−4.63
工商银行	9 859 800.00	19.64	16.21	−3.43
建设银行	8 536 900.00	18.80	15.37	−3.43
中国银行	5 603 500.00	18.03	14.34	−3.69
中信银行	834 300.00	21.41	16.73	−4.68
银行平均	**37 020 365.20**	**18.33**	**14.62**	**−3.71**
宏源证券	170 703.51	15.65	16.16	0.51
国元证券	107 008.69	11.68	12.15	0.47
广发证券	413 072.59	13.24	13.83	0.59
长江证券	127 596.09	12.93	13.66	0.73
山西证券	57 023.27	13.07	14.31	1.24
中信证券	369 414.32	12.58	12.87	0.29
海通证券	388 710.25	15.85	15.82	−0.03
太平洋证券	47 014.76	13.26	13.03	−0.23
华泰证券	273 664.77	22.39	23.40	1.01
光大证券	262 377.77	16.16	16.71	0.55
证券平均	**2 216 586.00**	**14.61**	**15.02**	**0.41**
陕国投	18 408.55	19.65	19.79	0.14
安信信托	42 834.32	23.26	25.36	2.10
信托平均	**61 242.87**	**21.71**	**22.96**	**1.25**

资料来源：上市公司2011年财务报表及附注。

事实上，金融业的业务流程相当复杂，考虑到我国税务机关的征管能力以及金融业本身的财务水平，区分不同业务以确定税基无疑会带来较大的征管成本和测算成本；如果再考虑对隐性收费部分给予一定的进项税额抵扣，将进一步加大征管难度。此外，对业务类型的划分也可能给金融业调整内部业务甚至是非正当避税留下空间，这既增加了操作的复杂性，也容易扭曲金融业的发展。

7.4　结论与建议

通过回顾金融业课税的理论探讨，总结国外金融业征税实践，以及利用 28 家上市公司财务数据的测算，我们认为：由于金融服务的特殊性，造成开具增值税发票的困难，从而难以计算抵扣增值税。目前，考虑到征管的简便性和对金融业整体税负的影响，采取简易征收办法依然是最为可行的选择。虽然简易征收与营业税征税模式相比似乎没有太大区别，在该方法下金融业的税负也有所提高，但将金融业纳入增值税范围对其下游企业来说是有利的。以交通运输业为例，目前交通运输业已经纳入营改增范围，而从保险业获得的购进都不能抵扣，一旦金融业改征增值税，下游企业就能够获得增值税发票，并抵扣进项税额。从整个经济运行角度来看，是有利于改善重复征税情况的。

在采用简易征收办法的同时，为提高金融业的国际竞争力，可对出口金融服务实行零税率。对于保险业，由于寿险业务具有较大的经济补偿性质，并且主要是提供给居民个人的，国外大多对其免税，因此在改征增值税后，依然应当保持免税，仅对非寿险业务进行简易征收。

为了方便分析，本章的数据测算中不可避免地进行了一些假设和简化。金融服务增值的判断是相当困难的，必须对上下游环节进行精确测算，才能得出比较合理的结果。我们的研究仅为金融业营改增提供了一些思路上的参考和建议。

此外，对于流转税贡献非常巨大的金融行业，改征增值税后还会涉及一些其他问题，比如中央政府与地方政府之间税收体制的重新调整。正因为如此，金融业营改增才需要更多的理论探讨、实证测量和实践模拟。

第 8 章　重点行业的增值税改革：
建筑业和房地产业 *

随着营业税改征增值税试点范围的不断扩大，建筑业和房地产业①的改革也日益迫切。本章从当前两大行业营业税存在的问题入手，结合行业特征和征管现状提出相应的改革方案，以期为今后的改革实践提供有益的探讨。

8.1　问题的提出

1994 年税制改革时，对企业的生产经营活动分别课征增值税和营业税，增值税设置了一个"货物"的概念，即有形动产——明确区别于征收营业税的不动产和无形资产。增值税是围绕"货物"进行的，生产销售、加工、修理修配以及进口"货物"均应缴纳增值税。除此之外的项目缴纳营业税，包括围绕不动产（含土地使用权）开展生产经营活动的建筑业和房地产业。

同时，分税制财政体制规定，增值税为中央、地方共享税；除了特定行业部门外的营业税为地方税。建筑业和房地产业的营业税是地方政府的主要税收来源。2012 年，营业税收入占地方税总收入的 32.8%，成为地方税的主体税种。其中，建筑业营业税的贡献为 3 693.79 亿元，房地产业的营业税贡献为 3 901.16 亿元，分别占当年营业税总收入的 23.45% 和 24.77%，也是第二产业、第三产业中营业税贡献最大的行业部门。

---

　* 本章是由禹奎在《我国建筑业"营改增"的税率选择与征管》[参见《税务研究》，2014（12）] 的基础上修改而成。

　① 根据国家统计局的国民经济行业分类标准，建筑业包括房屋建筑业、土木工程建筑业、建筑安装业、建筑装饰和其他建筑业，均属于营业税建筑税目（具体包括建筑、安装、修缮、装饰、其他工程作业）的应税范围。而房地产业包括房地产开发经营、物业管理、房地产中介服务、自有房地产经营活动和其他房地产业，其中除了房地产中介服务中涉及的房地产价格评估作为鉴证咨询类服务改征增值税，以及自有房地产经营活动中属于非营利性的服务活动以外，其他均属于营业税销售不动产、转让无形资产、服务业中的租赁（有形动产租赁已改征增值税）、其他服务业等税目的征税范围。本章所称的建筑业和房地产业，主要针对这些内容进行分析。

建筑业和房地产业的营业税为各级地方政府促进经济社会发展提供了财力支持，但这种制度安排中断了增值税抵扣链条，导致了重复课税和税负不公，同时引发了地方政府对房地产市场的干预错位。如前所述，改征增值税有着更积极的宏观经济效应、企业投资效应和产业发展效应，但这两个行业的特性显著、与国民经济和居民生活关系密切，改征增值税的具体设计不仅会对企业的生产经营产生巨大影响，而且会影响不同市场主体之间、不同级次政府之间利益的重新划分。因此，这两个行业改征增值税的制度设计，从税率选择到一系列由行业特殊性派生的具体问题，不仅是当前税制改革的重点问题，也是难点问题。

本章在前文营改增效应分析的基础上，从建筑业、房地产业当前营业税制度存在的问题入手，提出改征增值税应遵循的原则，并对税率、纳税人等核心税制要素和新旧税制衔接、具体项目的税额抵扣等实际问题进行了分析，提出了建议。

8.2　现有制度与政策问题

8.2.1　抵扣链条不畅通，重复课税严重

两税分征的制度安排导致的最严重问题是重复课税。虽然营业税制度中列举了一些经营活动按照差额计税以减轻重复课税，但营业税整体是按照营业额全额课征、道道征收，其购进项目中包含的税款不可以抵扣，必然存在重复课税现象；与此同时，增值税的纳税人从营业税纳税人那里获得劳务、服务等项目，不可以抵扣进项税额。这就造成了在税收参与的初次分配过程中，税制不统一、抵扣链条不畅通、重复课税严重。

1. 建筑业的重复课税

建筑业按照营业额的 3% 课征营业税。按照当前的制度规定，建筑业劳务（不含装饰劳务）的营业额为纳税人提供建筑业劳务收取的全部价款和价外费用，应当包括工程所用原材料、设备及其他物资和动力价款在内，仅将建设方提供的设备价款排除在外。也就是说，建筑工程所用原材料、设备及其他物资和动力价款在已经缴纳增值税之后仍须课征营业税。

为了在一定程度上消除重复课税，营业税也设计了一些差额计税项目。《营业税暂行条例》规定，纳税人将建筑工程分包给其他单位的，以其取得的全部价款和价外费用扣除其支付给其他单位分包款后的余额为营业额。不过，这种情况并没有解决建筑业劳务中物料消耗的增值税重复课税问题。

　　《营业税暂行条例实施细则》还规定，单位和个人自己"新建"（以下简称"自建"）建筑物后销售，其自建行为应视同发生了建筑业的应税行为并计缴营业税。这个政策可以保持税负公平——每一项不动产都被课征过建筑劳务营业税，同时也可以防止企业规避建筑劳务税收负担的行为。当然，这个政策也是重复课税的典型体现。

　　2012 年，我国建筑业总产值为 137 217.86 亿元，建筑业增加值为 35 491.34 亿元，属于中间投入的比重比较大，外购项目多。而这些来自其他行业部门的中间投入，大部分负担了增值税。根据 2010 年的投入产出表，以建筑业中间投入的金额来看，超过千亿元的 15 个部门提供给建筑业的中间投入合计 70 172.15 亿元，占对建筑业中间投入总计金额 75 682.32 亿元的 92.7%；其中有 10 个部门是课征增值税的，一般纳税人的适用税率为 17%，这 10 个部门的中间投入占 15 个部门（超千亿元的）的比重为 79.6%。这些宏观数据可以说明建筑业蕴含的重复课税程度，如表 8—1 所示。

表 8—1　　　　　　2010 年为建筑业提供中间使用部门情况表（千亿元以上）

序号	部门	提供给建筑业的中间使用（亿元）	已负担货物与劳务税种与税率
1	非金属矿及其他矿采选业	1 032.80	增值税，17%
2	木材加工及家具制造业	1 789.85	增值税，17%
3	石油加工、炼焦及核燃料加工业	1 317.93	增值税，17%
4	化学工业	3 123.81	增值税，17%
5	非金属矿物制品业	23 165.81	增值税，17%
6	金属冶炼及压延加工业	12 745.08	增值税，17%
7	金属制品业	3 294.23	增值税，17%
8	通用、专用设备制造业	3 026.37	增值税，17%
9	电气机械及器材制造业	3 867.17	增值税，17%
10	建筑业	1 084.41	营业税，3%
11	交通运输及仓储业	9 524.40	营业税，3%
12	信息传输、计算机服务和软件业	1 480.21	营业税，3%和5%
13	批发和零售业	2 515.30	增值税，17%
14	住宿和餐饮业	1 022.31	营业税，3%
15	综合技术服务业	1 182.47	营业税，3%和5%
	小计	70 172.15	—

　　2. 房地产业的重复课税

　　房地产企业销售开发的不动产按营业额的 5% 全额课征营业税，其开发成本

（具体包括土地征用及拆迁补偿费、前期工程费、建筑安装工程费、基础设施费、公共配套设施费、开发间接费用）和期间费用（管理费用、销售费用和财务费用）均不可以扣除已经负担的税金。其中，开发成本中建筑安装成本对应的建筑企业营业额，已由建筑企业缴纳过一次营业税；而其中的建筑材料、设备、动力等，此前还缴纳过一次增值税。

不动产的租赁业务需要按照收取的租金按 5% 全额课征营业税。不动产的开发或者采购成本均无法扣除已经负担的税额。

由于两税分征的原因，增值税一般纳税人购进的货物、应税劳务和应税服务，如果用于销售不动产、转让无形资产和不动产在建工程（包括纳税人新建、改建、扩建、修缮、装饰不动产），均不可以抵扣进项税额。《财政部、国家税务总局关于固定资产进项税额抵扣问题的通知》（财税〔2009〕113 号）进一步规定，以建筑物或者构筑物为载体的附属设备和配套设施，无论在会计处理上是否单独记账与核算，均应作为建筑物或者构筑物的组成部分，其进项税额不得在销项税额中抵扣。附属设备和配套设施是指给排水、采暖、卫生、通风、照明、通信、煤气、消防、中央空调、电梯、电气、智能化楼宇设备和配套设施。

2013 年，我国全社会固定资产投资完成额为 436 527.70 亿元，其中属于建筑安装工程的部分为 291 023.88 亿元（其余为设备工器具购置和其他费用），占比为 66.7%。[①] 2011 年、2012 年的该比重分别为 64.27% 和 65.02%。也就是说，近年固定资产投资中围绕不动产的投资比重在六成以上并且呈上升趋势。但是，无论是自建还是购入不动产，无论是扩建还是修缮、装饰，均不可以抵扣进项税额。其中，建筑材料等货物历经的流转环节越多，重复课税越重。

从整体来看，对建筑业和房地产业课征营业税导致的重复课税，增加了纳税人和消费者的负担，挤占了企业的利润空间，不利于产业经济的发展。

8.2.2　计税方法不统一，税收负担不公平

在两个行业内部存在着计税方法不统一导致的税收负担不公平，主要体现在以下几个方面：

1. 装饰业劳务与其他建筑业劳务

如前所述，建筑业劳务是就营业额全额课征营业税，但此计税方法不包括装饰

---

① 参见国家统计局网站，http://data.stats.gov.cn/normalpg? src=/lastestpub/quickSearch/m/mgd01.html&h=800。

劳务，也就是提供装饰业劳务的营业额可以不包括工程所用原材料、设备及其他物资和动力价款。也就是说，在建筑业内部，建筑、安装、修缮和其他工程作业与装饰劳务的计税方法不同。

2. 建筑业劳务使用自产货物与外购货物

一般情况下，建筑企业提供劳务使用的物料以外购为主，外购物料一般课征营业税。而现行制度规定，提供建筑业劳务的同时销售自产货物，货物销售部分课征增值税，建筑业劳务课征营业税。

3. 自建、开发不动产与外购、抵债不动产

单位和个人销售或转让其购置的不动产或受让的土地使用权，以全部收入减去不动产或土地使用权的购置或受让原价后的余额为营业额；单位和个人销售或转让抵债所得的不动产、土地使用权的，以全部收入减去抵债时该项不动产或土地使用权作价后的余额为营业额。① 这两项差额计税的规定仅适用于购进或抵债的不动产，如果是自建的或者是房地产企业开发的，仍是全额计税。

4. 个人出租住房与企业出租住房

企业出租房产按 5% 全额课征营业税。而对个人出租住房，不区分用途，在 3% 税率的基础上减半征收营业税。② 相同用途的不同房源，税负差异较大。

税收负担不公平违背了税收基本原则，也会导致纳税人行为扭曲。

8.2.3 收入归属不科学，政府干预错位

如前所述，建筑业和房地产业的营业税成为地方政府的主要税收来源，这种分税体制导致了地方政府对房地产市场的干预错位。吕冰洋（2013）指出，当前房地产市场发展中政府责任错位的根源在于，分税制框架下地方政府的利益目标与整体经济目标存在激励不相容现象，地方政府理想的商品房投资规模总是高于中央政府的要求，而理想的保障房投资规模总是低于中央政府的要求，因此地方政府积极干预商品房市场，而在保障房建设方面动力不足。换句话说，商品房市场繁荣为地方政府带来的相关税收收入以及土地出让金等项目对本地财政收入的贡献，使得地方政府有比较强烈的推动房地产经济发展的动机。

综上所述，如果将营改增试点扩围至建筑业和房地产业，不仅可以消除重复课

---

① 参见《财政部、国家税务总局关于营业税若干政策问题的通知》，财税〔2003〕16 号。

② 参见《财政部、国家税务总局关于廉租住房经济适用住房和住房租赁有关税收政策的通知》，财税〔2008〕24 号。

税，也可以消除营业税制度中全额与差额计税方法差异导致的税负不公。营改增势必带来中央政府、地方政府收入的重新划分，若以此为契机完善地方税体系，也有助于解决地方政府干预错位的问题。

8.3　税率的选择

建筑业和房地产业改征增值税，最核心的税制要素是税率。我们在探讨之前，首先提出改革应遵循的原则。

8.3.1　改革应遵循的原则

结合前文的分析以及建筑业和房地产业的特殊性，这两个行业改征增值税应遵循如下原则：

首先，合理设计税负。建筑业和房地产业的税负应遵循《财政部、国家税务总局关于印发〈营业税改征增值税试点方案〉的通知》（以下简称《试点方案》，财税[2011] 110 号）中提出的"改革试点行业总体税负不增加或略有下降，基本消除重复征税"的基本原则。另外，行业内应尽量避免差别税率，减少效率损失，减少纳税人的决策扭曲，降低征管和遵从成本。

其次，规范计税方法。建筑业和房地产业均应适用一般计税方法，以确保抵扣链条的畅通，更好地发挥增值税中性的特点；对税收优惠要科学设计、规范管理。

最后，协调同步扩围。建筑业和房地产业有较强的行业关联性，为减少行业间税制差异的负面影响，改革应同步实施。

8.3.2　建筑业的税率选择

按照《试点方案》中确定的 11％税率，在建筑行业内的普遍认识是税负将会增加，而当前一些学者认为 11％的税率是偏低的。王金霞和彭泽（2014）认为，试点期间建筑业应选择 13％税率；潘文轩（2012）计算的建筑业税负平衡点（文中含义为保持与营业税税负平衡时的增值税税率）为 14.94％；尧云珍、周伟和洪林凤（2012）认为，若使建筑业改征增值税前后的行业税负不变，适用税率近似为 15％。姜明耀（2011）认为，如果适用 10％的税率，建筑业税负将下降 2.29％。

这些认识分歧产生于计算方法的差异。上述学者的测算多以投入产出表的宏观数据作为依据，计算增值税税负时按照增值额（即总产出减去中间投入）和税率计算应纳税额。这个方法蕴含了两个假设：一是中间投入部分可全额抵扣税款；二是进项税额、销项税额适用相同的税率。虽然测算中也加入了对购进部分低税率项目和免税项目的考虑及修正，但与现实中销项税额减进项税额的计算方法差异较大。

作为建筑行业的主管部门，2012 年住房和城乡建设部曾做过一个"建筑业及相关企业营业税改征增值税问题的调研"，其核心是税负测算。通过对 66 户建筑企业的数据测算，结果显示税负降低的有 8 家，而税负增加的有 58 家，而且整体增幅巨大。测算的方法是，以 66 户建筑企业 2011 年的营业收入按 11% 税率换算为改征增值税的销售额计算销项税额，然后将各企业发生的所有购进项目进行划分，统计其中应能取得进项税额的采购金额（称为"进项业务发生额"），并以此作为计算理论上可以抵扣的进项税额的基础；同时，将这些进项业务发生额根据供应方的情况进行分析（是否为增值税一般纳税人），算出实际上可以抵扣的进项税额。结果显示，理论上应纳的增值税税额为 101 185.64 万元，比 2011 年缴纳的营业税 580 151.45 万元减少 478 965.81 万元；而实际应纳增值税税额为 1 122 429.99 万元，相比营业税增加 542 278.54 万元，增幅为 93.5%。形成巨大差异的根本原因在于当前现实的采购业务中无法取得增值税专用发票的项目比较多。

下面仍从微观角度出发，按照《试点方案》中确定的 11% 税率，分析税负不变的条件和可能性。

假定某建筑企业的营业收入为 a，进项业务发生额（可以取得进项税额发票的采购项目金额，含增值税）占营业收入的比重为 b，假设采购项目均适用 17% 税率，若该企业改征增值税后税负不增加，则有以下不等式成立：

$$a \times 3\% \geqslant (a \div 1.11) \times 11\% - (ab \div 1.17) \times 17\% \tag{8—1}$$

解得：

$$b \geqslant 0.475$$

也就是说，在适用 11% 税率时，假如某建筑企业的进项业务发生额占到原营业收入 47.5% 以上时，应纳增值税税额将低于应纳营业税税额。这个比例对多数建筑企业来说，应该不难达到，也就是 11% 的税率应该是可行的。其原因包括：

第一，根据前文对建筑企业所做的调研测算，58 户企业计算的"实际应交增值税"比营业税大幅增加，这个"实际"是每个企业根据自己采购过程供货方的身份判定加总的，不排除存在低估的可能性。

第二，即使是按实估计，随着未来营改增的扩围，对专用发票的需求会迫使一部分小规模纳税人争取认定为一般纳税人，而且建筑企业会重新考虑选择采购对象，这个影响因素将是重大的。

第三，在上述测算中，66 户建筑企业进项业务发生额（负担增值税、理论上应能抵扣进项税额的采购项目金额，含增值税）占营业收入的比重（即 b）为 71%。考虑到未来必须从小规模纳税人处购进的项目以及适用 13%、11%、6% 甚至享受减免税待遇的购进项目，对于多数建筑企业来讲，47.5% 的比重估计是可以达到的。

当然，面对 11% 的税率，微观企业的税负变化各不相同，必定会有一些企业的税负增加。但是，评价税制改革要从宏观、长远着眼，如果大部分企业税负不增加，而且能有效消除重复课税，那么这个设计就是值得肯定的。

8.3.3　房地产业的税率选择

本章主要讨论销售不动产、转让无形资产（即土地使用权）和不动产租赁的税率选择。[①] 其中，销售不动产和不动产租赁均包含不动产对应的土地使用权。

1. 不动产租赁的税率

营改增之前，不动产租赁与有形动产租赁均适用 5% 的法定税率（个人出租住房有优惠政策，即在 3% 税率的基础上减半征收营业税）；虽然租赁标的不同，但经营性质相同。从这个角度讲，不动产租赁改征增值税，亦应适用 17% 的法定税率。

2. 销售不动产和转让土地使用权

销售不动产的价款中包含土地使用权的价格，在营业税处理上是一体计税的。[②] 改征增值税后，销售不动产连同不动产所占土地的使用权一并转让的行为亦应一体计税。因此，单独转让土地使用权的行为，亦应与销售不动产适用同一税率。

房地产开发企业销售开发产品（房产或土地），与制造业和批发零售业销售货物的经营性质相同，差异仅在于产品形态。从这个角度讲，与货物同样适用 17% 的法定税率，有利于保持税制的统一和行业间税负的均衡。

下面从微观角度出发，按照 17% 的税率分析税负不变的条件和可能性。沿用上述建筑业的分析思路，假定某房地产开发企业的营业收入为 a，进项业务发生额（可以取得进项税额发票的采购项目金额，含增值税）占营业收入的比重为 b，假设采购项目均适用 17% 的税率，若该企业改征增值税后税负不增加，则有以下不等式成立：

---

① 除了上述项目，房地产业还包括物业管理、中介服务（其中的房地产价格评估作为鉴证咨询类服务已改征增值税）等项目，对应营业税税目的其他服务业。

② 《营业税税目注释（试行稿）》（国税发〔1993〕149 号）规定，在销售不动产时，连同不动产所占土地的使用权一并转让的行为，比照销售不动产征税。

$$a \times 5\% \geqslant (a \div 1.17) \times 17\% - (ab \div 1.17) \times 17\% \qquad (8-2)$$

解得：

$$b \geqslant 0.656$$

也就是说，在适用 17% 税率时，假如某房地产企业的进项业务发生额占到原营业收入 65.6% 以上时，应纳增值税税额将低于应纳营业税税额。这个比例对房地产开发企业来讲，是否可以达到呢？

根据国家统计局房地产开发企业经营情况统计指标[①]，2012 年度房地产开发企业主营业务收入（包括土地转让收入、商品房销售收入、房屋出租收入及其他收入）共计 51 028.41 亿元，主营业务税金及附加 4 610.87 亿元，营业利润为 6 001.33 亿元。我们可以计算出，除了主营业务税金及附加以外的项目，包括与上述收入对应的营业成本、销售费用、管理费用、财务费用以及资产减值损失、公允价值变动损益和投资收益的合计数为 40 416.21 亿元，占主营业务收入的比重为 79.2%。假设这个合计数中资产减值损失、公允价值变动损益和投资收益三项合计为 0，则房地产开发企业的营业成本和三项期间费用占收入的比重为 79.2%。如果资产减值损失、公允价值变动损益和投资收益三项合计大于 0，则房地产开发企业的营业成本和三项期间费用占收入的比重高于 79.2%。上述 $b \geqslant 0.656$ 的结果意味着营业成本和三项期间费用中应有不低于 82.8% 的支出项目可以取得 17% 税率的进项税额发票，这个比例显然太高了，难以达到。[②]

上述分析仅考虑了营业税和增值税的税负平衡，对于销售不动产业务，还应把土地增值税的因素考虑进来。当前我国销售不动产业务在缴纳营业税的同时还应缴纳土地增值税，而改征增值税之后，考虑到计税依据的基本重叠，应该取消土地增值税。按照这个逻辑，销售不动产改征增值税后，应纳的增值税应不高于原销售收入规模下缴纳的营业税和土地增值税。2012 年房地产业实际缴纳的营业税为 3 901.2 亿元，土地增值税为 2 286.4 亿元[③]，两项相加为 6 187.6 亿元，占房地产企业当年主营业务收入的 12.1%。若将此比例修正为 10%[④]，可将上述不等式改

[①] 参见国家统计局网站，http://data.stats.gov.cn/workspace/index? m=hgnd。

[②] 根据笔者了解到的两个房地产开发企业的两个已完工开发项目的财务数据，在其营业成本和三项期间费用中，假定采购支出中对应的应缴纳增值税的货物、应税劳务和应税服务全部能取得进项税额发票，并将土地成本和建筑安装成本亦作为改征增值税项目对待，则可以取得进项税额发票的采购支出占营业成本和三项期间费用的比重分别为 83.5% 和 86.2%，而其中适用 17% 税率的项目（包括土地成本）金额仅占 47.3% 和 40.28%。

[③] 参见《中国税务年鉴 2013》。

[④] 在 12.1% 的比例中，分子是房地产业（而非房地产企业）实际缴纳的营业税和土地增值税，其中包括部分非房地产企业在销售房产时缴纳的营业税和土地增值税，故做此修正。

写为：

$$a \times 100\% \geqslant (a \div 1.17) \times 17\% - (ab \div 1.17) \div 17\% \qquad (8-3)$$

解得：

$$b \geqslant 0.312$$

再考虑上述房地产开发企业的营业成本和三项期间费用占收入比重为 79.2% 的结果，表明营业成本和三项期间费用中应该有不低于 39.4% 的支出项目可以取得 17% 税率的进项税额发票，这个比例应该是可以达到的。根据全国工商联房地产商会 2009 年 2 月发布的《关于我国房地产企业开发费用的调研报告》，依据对若干开发项目的统计，在房地产开发企业总成本[①]构成中，仅土地成本占总成本的比重就达到 41.2%，建安工程成本的比重达到 29.12%。如果改征增值税，土地使用权转让适用 17% 税率，建筑安装适用 11% 税率，上述两项可抵扣税额应可确保上述不等式成立。

8.4　建筑业改征增值税的几个具体问题

8.4.1　新旧税制的衔接

新旧税制衔接的主要问题是实施营改增前购进的未投入使用或者在用的固定资产和原材料、动力等项目的进项税额抵扣问题。建筑行业固定资产投入大、生产周期长、物料投入多，原则上可以按照当前营改增试点的普遍做法，即"老项目老办法、新项目新办法"的思路。营改增之后的项目购进的货物、劳务和应税服务可以抵扣进项税额，营改增之前的项目仍按原规定执行到项目结束。但是，对有些在营改增之前购进的大型设备、固定资产和物料，在营改增后继续用于新的项目中，若一律不得抵扣进项税额，将存在抵扣不足的问题。

这个问题有两个方案可供选择：

方案一是统计企业库存设备、材料以及在用固定资产的价值，计算可以抵扣的进项税额，在未来期间分期抵扣。这个方案的优点是可以有效减轻建筑企业改征增值税的税负，缺点是新老项目未来混用的购进项目可抵扣金额划分困难。此外，与

---

①　该总成本包括直接成本和运营成本。直接成本包括前期工程成本、土地成本（缴纳给政府的土地出让金）、建安工程成本、市政工程成本、公共配套设施和不可预见费 6 个子项；运营成本包括销售费用、财务费用和开发间接费用 3 个子项。

其他已经改征增值税的行业相比，此举会导致不公平。

方案二是采取超税负返还的办法。这个方案的优点也是减轻税负，而且部分地区和行业做过同样的处理，缺点是提高了征纳成本和政府财政负担。此外，超税负返还的政策不利于企业对购进项目的控制，此举会影响增值税实施的效果，不宜长期采用。

如果不考虑行业间区别对待产生的不公平，本书倾向于采用方案一。

8.4.2 纳税人的界定

纳税人界定包括地区间管辖权协调与不同纳税主体进项税额与销项税额配比的问题。根据当前营业税的规定，纳税人提供建筑业劳务应当向应税劳务发生地的主管税务机关申报纳税。纳税人按照营业额就地缴纳营业税，不面临进项税额与销项税额在不同纳税主体之间配比的问题。但是，如果改征增值税，如果分公司或项目部作为独立纳税人就地纳税，将会存在使用总公司统一购置的设备、物料的进项税额难以抵扣的问题，而总公司也存在销项税额、进项税额无法配比的问题。如果以总公司为纳税人在总公司机构所在地统一缴纳增值税，则与货物劳务税就地纳税的原则不相符合。

这个问题也有两种方案可以选择：

方案一是以分公司和项目部作为独立纳税人就地纳税。其与总公司之间的业务往来均按照独立纳税人之间的业务往来进行处理，使用总公司购进的设备、物料等项目均由总公司按规定开具租赁或销售发票。这个方案的优点是纳税义务明确，进项税额与销项税额匹配、链条畅通；其缺点是会提高遵从成本，包括接受不同地区的一般纳税人管理，同时其会计核算、费用划拨与票据使用的工作量加大。税务机关在管理上也会增加工作量，包括对内部业务费用标准的审核。

方案二是参照当前航空、电信企业的汇总纳税方法，总机构统一计算销项税额并抵扣进项税额，分支机构就地预缴。这个方案的优点是可以有效降低遵从成本，缺点是建筑企业不具备航空、电信行业的集中程度，纳税人数量众多、业务管理水平不一，征收管理难度较大。本书倾向于采用方案一。

8.4.3 "甲供材"的税额抵扣

"甲供材"是指建筑承包合同中约定由甲方（即建设单位）提供某些大型设备、建筑材料等项目，供货方直接与甲方交易，甲方最终以这些项目的金额冲减应结算的工程款项。也就是说，建筑企业的建筑合同价款中常包含这部分项目的金额，应据以计算销项税额，但无法取得来自供货方开具的进项税额发票。

上述问题实际上是由营业税全额计税造成的，是基于当前营业税模式下的一种考虑。甲供材是一种供货和结算方式，如果全面推行增值税，建筑企业取得的甲供材，可视为正常购进业务从甲方索取增值税专用发票即可，其实不会额外增加双方的税收负担。

8.4.4 纳税义务发生时间的界定

如果建筑业改征增值税，其增值税纳税义务发生时间的规定，应依据《营业税改征增值税试点实施办法》（财税［2013］106 号附件一）的规定：一方面，纳税人提供应税服务并收讫销售款项或者取得索取销售款项凭据的当天；先开具发票的，为开具发票的当天。另一方面，如果收到预收款，应在收到预收款的当天，营业税对建筑业劳务的纳税义务发生时间也是这个规定。

上述"取得索取销售款项凭据的当天"是指书面合同确定的付款日期；未签订书面合同或者书面合同未确定付款日期的，为应税服务完成的当天。也就是说，建筑企业必须在收到预收款，或者是合同约定的付款日期，或者是劳务完成的时间计缴销项税额。

现实中，由于行业生产经营和财务管理的特殊性，建筑企业面临较大的资金压力。一方面，建筑企业由于供求关系的原因，在施工过程中常面临甲方拖欠工程款项的情况，出现这种情况时，建筑企业仍须及时确认销项税额。而为了确保工程进度，建筑企业常须垫付大量建设资金，同时须缴纳数量众多的保证金和费用，如投标保证金、履约保证金、质量保证金、安全保证金、民工工资保障金、强制缴纳的保险和基金等。大量的资金占用和甲方拖欠，导致建筑企业资金紧张，使其经常不能及时足额支付采购支出，由此导致其无法及时取得供货方发票。如果改征增值税，无法及时取得供货方发票意味着无法及时抵扣进项税额。在没有收到工程款项时确认销项税额，而进项税额可能滞后，在生产当期的应纳税额与企业的实际支付能力不匹配，则企业在税款资金的时间价值上会受到损失。

应该看到，建筑企业改征增值税后，可能面临无法及时取得进项税额发票的问题，其根本原因是资金紧张，并非税制设计扭曲导致，因此并不需要对其专门设计特殊规定。改征增值税后，如果建筑企业确实面临资金紧张、纳税困难的情况，可以按照《中华人民共和国税收征管法》（以下简称《税收征管法》）的统一规定申请延期纳税。

8.4.5 工程造价与费用定额

按照当前建筑企业行业管理规定，国家住建部编制有《建设工程工程量清单计价规范》，住建部、财政部还印发了《建筑安装工程费用项目组成》，各省依据这些规范制定各自的建设工程费用定额之类的规范。这些规范中涉及的计价和各类费用，均是以营改增前的税制模式为前提设计的。首先，建筑企业缴纳的营业税、城建税、教育费附加和地方教育附加是按照既定的税率标准计算并计入工程费用的。其次，工程费用中的材料费均应是包含增值税的价格。这些规范也是当前招投标过程中的规范。建筑企业改征增值税会导致这些规范无法适用。

改征增值税后，只需要梳理各类规范中与增值税相冲突的项目、方法和条款，由各级主管部门予以修订即可，最终并不影响建筑企业的经营成果。工程造价的费用定额，也同样不影响和阻碍建筑企业改征增值税。

8.5 房地产业改征增值税的几个具体问题

8.5.1 新旧税制的衔接

与建筑业改征增值税相同，销售不动产、转让土地使用权和房产出租行为改征增值税，亦存在新、旧税制的衔接问题。在遵循"老项目老办法、新项目新办法"的原则下，对于改征增值税之前的土地和房产，在改征增值税之后销售、转让或者出租的，如果一律不得抵扣进项税额，将会存在抵扣不足的问题。我们建议采取与建筑业类似的思路，设计一定期限内计算扣除的范围和标准，以利于税制平稳过渡。

8.5.2 房产混合使用的税额抵扣

纳税人将购买、承租的房产（或场地）既用于应税项目（如生产经营），又用于非应税项目（如自己生活居住）时，常规的思路应按照不同用途的面积比例划分扣除进项税额，但是划分无疑存在技术上的难度。我们建议比照增值税对固定资产混合使用的做法，允许全额扣除。

但是，房产与机器设备类的固定资产性质不同，必须严格界定房产混合使用的概念，防止纳税人滥用该政策规避纳税义务的情况发生。一方面，要对"用于应税项目"进行严格界定，应该是直接用于实质性的生产经营活动，比如一套房产或一片场地中仅占用一小部分面积存放生产经营用的货物，就不宜视为混合使用的范畴。另一方面，混合使用的房产应该是不可分割的一个计税单位。一栋楼中仅一间房用于生产经营，虽然这栋楼在纳税人的财务上是作为一项固定资产管理的，亦不可视为混合使用的范畴。

另外，要设计相应的后续管理和监督制约机制，对于抵扣进项税额后发现纳税人并未将其真正用于生产经营时，应追究相关法律责任。

8.5.3　房产改变用途的相关税务处理

房产改变用途包括两种情况：一是将用于应税项目的房产全部或部分用于非应税项目；二是将用于非应税项目的房产全部或部分用于应税项目。涉及的税务处理主要是进项税额抵扣问题。

对于第一种情况，应该是抵扣进项税额后将其改变用途，如果部分用于非应税项目，仍应遵循上述混合使用的处理原则，不再做进项税额转出，但应向税务机关备案；如果全部用于非应税项目，应做进项税额转出，转出金额应按照当前增值税对固定资产发生类似情况的处理方法，即按照房产的账面净值乘以税率计算不可以扣除的进项税额予以转出。[①]

对于第二种情况，应该是改变用途时计算可以抵扣的进项税额。在原则上，亦应按照账面净值计算可以抵扣的进项税额予以抵扣，但要对票据管理做出相应规定。因为在第二种情况下，纳税人可能没有取得增值税专用发票。

8.5.4　从一级市场取得土地使用权的税额抵扣问题

房地产开发企业从一级市场取得土地，出让方是政府的，无须纳税，房地产开发企业亦无进项税额可以抵扣。土地进入二级市场后的再流转过程，转让方纳税、受让方可抵扣税额。相比之下，一级市场取得土地抵扣不足、税负增加，会影响纳税人的生产经营决策，导致税收不中性。

我们建议对从一级市场取得土地使用权支付的对价，仿照纳税人取得免税农产品计算扣除的方法来抵扣进项税额，即按照支付的对价乘以一定比例计算扣除进项税额。当然，最公允的做法是将支付的对价视为含税购进，按 17％ 的税率做价税分离来抵扣。不过，政府出让土地收取的土地出让金毕竟不属于生产经营行为，计算进项税额予以抵扣的做法在理论上依据不足。同时，地方政府收取土地出让金、课税时抵扣增值税额（未来增值税应该全额归属中央），实质上已影响到中央政府、

---

① 《财政部、国家税务总局关于全国实施增值税转型改革若干问题的通知》，财税〔2008〕170 号。

地方政府的财政利益关系。但是，从增值税视角看，计算抵扣是一种切实可行的权宜之计。

8.5.5 税收优惠的设计

目前，营业税对住房租赁设计了相关税收优惠，包括对廉租住房经营管理单位按照政府规定价格、向规定保障对象出租廉租住房的租金收入免征营业税，对经营公租房所取得的租金收入免征营业税。对于个人出租住房，不区分用途，在3%税率的基础上减半征收营业税。

改征增值税后，可延续上述公租房、廉租房的税收优惠政策，以体现对特殊对象的照顾。对于个人出租住房，应该按照增值税的统一规定，根据纳税人的身份来界定纳税义务，即小规模纳税人采用简易计税方法、适用3%征收率计税的规定应统一适用。另外，起征点的规定和当前对小微企业的税收优惠①统一适用，不再额外设计税收优惠。

对于从小规模纳税人处购买或承租的房产，亦应遵循增值税统一规定，对取得税务机关代开发票的，按照发票注明税额申请抵扣税款。

8.6 结论与建议

通过分析，本章认为建筑业、房地产业应同步改征增值税，除小规模纳税人外，分别适用11%和17%的法定税率，采用一般计税方法；应设计新、旧税制衔接过程中相关资产和项目的税额抵扣办法，确保企业能够充分抵扣；建筑业应以分公司和项目部作为独立纳税人就地纳税；房地产企业从一级市场取得土地，可计算抵扣进项税额等。对这两个行业改征增值税以及取消土地增值税对整体税收收入的影响以及改征增值税可能面临的其他问题，需要在今后的研究中加以关注。

---

① 根据财税〔2013〕52号文件规定，自2013年8月1日起，对增值税小规模纳税人中月销售额不超过2万元的企业或非企业性单位，暂免征收增值税。

第 9 章　增值税改革与地方税系建设：机制设计 *

现行的增值税地方政府分成部分按生产地原则确定收入归属地，地方政府凭借其对资源的强大控制力给予生产厂商各种形式的补贴和返还，对生产要素配置产生了扭曲效应；同时，营改增后地方政府主体税种的缺失，也会造成一系列的负面后果。在其他税种不适合成为或者不能胜任地方税主体税种的情况下，中国地方税的主体税种应着眼于流转税，征税环节应从生产环节转向消费环节。本章提出了开征零售税并将其作为地方主体税种的改革方案，核心内容是降低增值税税率，增值税收入全额划归中央；在终端零售环节开征零售税，收入全额归属地方，确立零售税为地方主体税种。此外，考虑到税制改革的复杂性，本章提出了两个替代方案。

9.1　问题的提出

我国增值税按 75∶25 的比例实行中央政府与地方政府分享，地方政府的 25% 分成部分可以视为地方增值税，其收入归属实行的是生产地原则。[①] 也就是说，地方政府分享增值税的依据是当地生产所形成的增值税。按生产地原则确定增值税归属易产生生产要素配置的扭曲效应。如果不同生产地的地方增值税税率存在差异，或者虽然名义税率相同但考虑到税收返还后实际税率出现差异，就会影响生产厂商对投资地点的选择，由此对经济产生了扭曲效应，使资源得不到合理配置，并带来诸多不良后果。[②]

---

　* 本章是由吕冰洋在《实现消费地原则的增值税改革：政府间财政关系的破解之策》[参见《中央财经大学学报》，2015（6）]的基础上修改而成。

　① 但是通过清算机制，地方的增值税收入归属可以由生产地调整至消费地。也就是说，在地方增值税的收入归属方面，政策设计者是可以在生产地原则和消费地原则之间进行选择的。

　② 从收入归属的角度看，在世界重要经济体中，只有中国和巴西主要按生产地原则向地方分配增值税收入。巴西有独立的州增值税，它们占本州对其他州出口增值税的大部分，但巴西跨州交易实行低于州内交易的州增值税税率，出口州向进口州部分地让渡基于生产地原则的本州增值税收入。

第一，在政绩考核机制下，地方政府为招商引资，往往采取财政返还政策、低价提供土地或放松环境监管政策，这就改变了生产厂商面临的实际税率和实际成本，造成了财经纪律和土地市场秩序的混乱，并对环境保护产生了不良影响。

第二，由于增值税主要在工业制造环节实现，按生产地原则分享促使地方政府更重视工业发展，易推动地方政府对工业的过度投资和重复建设，强化了产能过剩问题。

第三，生产地原则还扩大了地区间收入差距。生产企业的增值税是在出厂环节征收，作为纳税人的生产企业经营地固定，生产环节商品增值率也高，而增值税税负提高部分会转嫁给下一环节（如商品批发环节），对当地经济的影响很小。由于各地的资源禀赋、经济发展水平不均衡，在此情形下，按照生产地原则分配增值税收入，只会使"富者愈富，贫者愈贫"。

第四，不利于地方政府转变职能。地方政府过度重视税收收入，自然会引导地方政府更多地为企业和企业主服务，而不是更多地为本地居民和消费者服务，在财政资金投入上更多地偏向生产性支出，民生建设得不到足够的重视。

第五，生产地原则也造成了出口退税的实际负担地区常常与之前环节的征税地区不一致的问题。尽管有财政调整机制，但也无法做到准确匹配，这是明显的税负转移问题。

诚然，中央政府和地方政府按分成共享增值税收入有利于促进激烈的横向经济竞争，进而推动经济增长［张五常（2009）］。但是，在目前中国经济总量已跃居世界第二位、国内供求矛盾由供给不足转为国内有效需求不足的背景下，我们的税制目标应该"由以增加财政收入和促进经济发展为主转向以缓解经济和社会各种矛盾为主，如国民分配关系调整、转变经济增长方式、改善环境质量等"［吕冰洋（2013）］。在此背景下，增值税不宜再维持原有的分享方法，需要进行审慎而步幅较大的改革。

吕冰洋（2013）认为，以增值税分成维持地方政府财力不可持续。营改增是当下重要的税制改革，由于营业税是地方政府第一大主体税种，营改增后马上面临地方政府财力短缺问题，目前采取的办法是将适用营改增行业的税收收入仍归地方政府所有。随着营改增的范围不断扩大甚至最终取消营业税，这种解决办法逐渐演化为按行业分配增值税收入，如交通运输业、服务业、邮电通信业等的增值税为地方税，工业的增值税为中央税。可以预想，在中国地方政府具有强大支配辖区行政和经济资源的背景下，这种办法极易引发恶性纵向税收竞争。例如，某新办的工业企业在登记注册时，地方政府会"引导"该企业增加部分服务业（或其他属于地方税的行业）经营项目，从而在名义上转变企业的经营性质，造成对中央税税基的侵蚀。因此，营改增后以增值税维持地方政府财力的办法，只能是体制过渡时期的一种暂时性安排。

在增值税逐渐覆盖生产性服务业的趋势下，为了抑制地方政府过度依赖土地财政和房地产市场相关税收，平抑房价，促进实体经济发展，建筑业和房地产业无论营改增与否，均应归为中央税，这会进一步加剧地方财力窘境。

在支出压力下，地方政府过度依赖土地出让收入和房地产行业相关税收，把房地产行业作为支柱产业来发展。因此，高地价和高税收推高了房价，造成了民生问题。同时，社会资金过多地投向房地产行业，影响了实体经济的正常发展。地方政府筹集资金的另一个方式是通过平台公司大量举债，但过度举债是不可持续的，容易导致金融风险。

9.2　地方税建设的困境

由于地方税的缺陷和地方政府财力短缺，国内学者提出了多种地方主体税种或主要财力来源方案，见表 9—1。这些方案各有利弊，下面进行详细分析。

表 9—1　　　　　　　地方主体税种（或主要财力来源）的各种方案比较

方案	措施	改革收益	改革成本
1. 消费税	消费税改在零售环节课征，仍是选择性消费税。	1. 可部分弥补营改增造成的地方政府财力缺口。 2. 在零售环节课征避免负向经济激励，并体现部分受益税的性质。	1. 零售环节与增值税叠加易刺激逃税。 2. 加大征管成本。 3. 税收仅为营业税一半左右。 4. 烟酒如果不专营，仍须归为中央税。
2. 房地产税	针对不动产开征房地产保有税。	1. 房地产税有受益税性质。 2. 未来税收增长潜力强。 3. 有利于促进地方政府职能转变。	1. 征管成本很高。 2. 产权问题须明晰。 3. 免税部分存在很大争议。
3. 转移支付	地方政府财力缺口通过转移支付解决。	1. 增加中央政府控制力。 2. 可调节地区财力差距。	1. 不利于发挥中央与地方两个积极性。 2. 在官员任命制和信息不对称的情况下，转移支付会产生资源错配。
4. 资源税和车辆购置税	资源税和车辆购置税作为地方税。	1. 可部分弥补营改增造成的地方政府财力缺口。 2 有利于缩小东西部财力差距。	1. 税收有限。 2. 税基分布不均衡。 3. 税收不够稳定
5. 企业所得税	企业所得税由"四六"分成改为全额归地方。	1. 税收充沛。 2. 激励地方政府发展经济。	1. 易产生横向经济竞争。 2. 不利于统一市场的形成。
6. 营业税	营改增在"7+1"方案改革后，停止下一步改革。	地方政府财力不会受较大影响。	原有分税体制的问题仍未消除。

由于上述各种方案的缺陷，分税制改革就产生了困境：为稳定政府间财政关系和缓解现行分税制所产生的问题，中国迫切需要寻找主体税种来建设地方税系，但现实中却难以找到合适的税种来满足这种要求。如何走出这个困境？目前有 6 种典型的改革方案，下面一一剖析其中的利弊。

方案 1　消费税作为地方税

目前，消费税约占全部税收收入的 8%，因此有学者提议可将它作为地方税。该方案的优点是可以部分弥补营改增造成的地方政府财力缺口。同时，在零售环节课征可避免负向经济激励，并体现部分受益税的性质。但是，将消费税作为地方税也有较大的弊端：第一，消费税归为地方税后，它与地方政府的财政收入密切相关，将激励地方政府采取措施刺激当地的奢侈品消费，这与开征消费税来调节消费行为的政策意图相反。第二，消费税的适用税率很高，将之作为地方税易导致横向税收竞争。例如，如果不同地区商品的实际执行税率有差异，将刺激消费者在低税率地区购物，而在高税率地区消费。地方政府不会不明白其中利害，它们极有可能通过实际执行低税率来吸引税源，引发横向恶性税收竞争。[①] 第三，消费税的适用税率高，导致商品出厂价与零售价差异很大，因而逃税产生的收益很大，改在零售环节课征将刺激厂家采用直销模式，在电子商务发展较快的背景下，此模式将会刺激更多逃税行为的产生。第四，消费税的征税范围集中在有限的商品上，在生产环节征税的成本很低，将之作为中央税不会产生对地方政府的负向激励，但如果改为零售环节课征，无疑将大大增加征管成本。第五，我国消费税与增值税并行征收，因此在出厂环节征消费税问题不大，但如果改在零售环节课征，大量未纳入增值税发票管理的小规模纳税人仍然难以纳入消费税的管理范围，这将刺激小商户通过不缴消费税并低价销售消费品来赚取利润。此外，即使将消费税归为地方税，仍不足以起到替代营业税的作用。2012 年，我国营业税占税收总收入的比重为 15.6%，而国内消费税占税收总收入的比重为 7.8%，仅占营业税的一半左右。

方案 2　开征房地产税并作为地方税

房地产税具有明显的受益税性质，未来税收增长潜力强，有利于促进地方政府的职能转型，从理论到实践均是地方税的较优选择。但是，从中国现实的情况看，如果开征房地产税，其设计特点一般是税率低、免征范围大，缓不济急，在相当长的一段时间内充当不了主体税种。此外，从国际比较看，整个 OECD 的房产税占全

---

① 20 世纪 80 年代中后期的恶性横向税收竞争就是一个教训，当时的产品税是地方政府财政收入的重要来源，酒类产品价高税多，各个县域地方政府倾向于办自己的酒厂，并实行地方保护主义，阻碍外地酒类产品进入本地市场，造成了严重的市场分割。

部税收收入的平均比重仅为 3.287％，见图 9—1。中国若开征房地产税，短期内其比重绝对不会高于 3％。而房地产税征管机制的建设、纳税人意识的提高需要较长时间，不能期待房地产税充当地方主体税种。

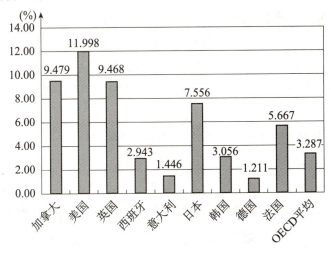

图 9—1　2010 年各国房地产税占税收收入的比重

资料来源：http：//stats.oecd.org。

方案 3　通过大规模转移支付来弥补地方财力短缺

有一种观点认为，地方政府的财力缺口可通过大规模转移支付解决，不一定要确立地方主体税种。其优点是可以增加中央政府的控制力，并能有效调节地区财力差距。但是，转移支付制度能够发挥效率的前提有两个：一是上级政府能够对下级政府的资金使用实行有效监督；二是转移支付资金的使用能够真实反映辖区居民的偏好（而非官员的偏好）。显然，在超大型经济体和官员任命制下，这两点很难同时满足，转移支付容易产生效率损失，更不利于发挥中央政府与地方政府的积极性。

方案 4　资源税和车辆购置税作为地方税

有人认为，资源税和车辆购置税可作为地方税。考虑到资源税集中于中西部地区，将之作为地方税有利于缩小东、西部地区的财力差距。两者作为地方税的缺陷是：一是两者的税收收入规模有限，资源税占全部税收收入的比重不足 1％；车辆购置税的占比也仅为 2％左右，远不足以充当地方主体税种。二是税基分布不够均衡。显然，这种分配方式对资源多的地区有利。三是税收不够稳定，资源价格波动较大；车辆增长状况更与历史发展阶段相关。

方案 5　企业所得税全额归属地方

企业所得税源充沛，税收收入占全部税收收入的比重约为 20％，将之归为地方税既有利于增加地方政府的财力，也有利于激发地方政府发展经济的积极性。但是，财政分权理论认为，企业所得税是对资本征税，而资本属于流动性生产要素，将之归为地方税容易导致地方政府间横向恶性经济竞争，不利于统一市场的形成。

方案6　个人所得税全额归属地方

个人所得税有受益税的性质，有利于发挥地方政府的积极性，但它的税收规模有限，目前仅为全部税收收入的6％左右。从长远来看，个人所得税将沿着综合的与分类相结合的方向改革，如果个人跨区域流动或跨区域取得收入，那么它更适合作为中央税。

方案7　营改增扩围到此为止，停止下一步改革

这样一来，地方政府的财力不会受到较大影响，但原有分税体制的问题仍未消除。目前，营业税是地方政府第一大主体税种，营业税中的"建筑业"和"销售不动产业"是两个重要税目，两者间存在较强的重复征税，两税目营业税收入占营业税总收入的比重达50％。只要房地产投资高涨以及房产价格保持在高位，地方政府就可从中获得财政收益。因此，刺激房地产业发展就成为追求税收收入最大化的地方政府的选择，中央政府针对房地产业的宏观调控政策易受到地方政府抵制。从促进房地产市场良性发展的角度看，不论"建筑业"和"销售不动产业"改不改征增值税，均不宜再作为地方税。因此，即使营改增扩围停止，仍须寻找满足地方政府财力需要的一个妥善办法。

从各方案比较来看，其改革成本超过改革收益，均非确立地方主体税种（或主要财力来源）的上策。

9.3　增值税协调的国际经验

我们认为，在未来相当长的一段时间内，由于税收征管能力及其他因素制约，以个人所得税、房地产税为代表的直接税收入比重不会有明显提高，中国税制体系仍以间接税为主，地方税建设仍须在以增值税为代表的商品税上寻找突破口。本节以欧盟为例，分析区域组织内各成员国之间的增值税协调机制，然后以加拿大和欧盟为例，分析中央（联邦）增值税及各省（州）增值税之间的协调机制，从中得到以增值税协调中央政府与地方政府关系的思路。

9.3.1　欧盟增值税协调

欧盟出现的最原始也是最主要的动机是推动欧盟内部经济一体化，而缩小各国税制的差别是实现该目标的重要措施，因此欧盟委员会规定，实施增值税制度是加入欧盟的必要条件。但是，由于各国增值税制度存在差异，欧盟委员会需要通过欧盟指令来协调成员国之间的增值税政策，特别是跨境贸易政策，主要规定是：①成员国之间的出口实行增值税零税率，出口环节不缴纳增值税，而且出口之前环节所承担的增值税进项税额可以给予退税；②进口方在进口环节按本国税率向本国缴纳增值税。如果进口者是个人消费者，则其最终承担该进口环节增值税税负；如果进口者是注册商户，则其进口环节增值税可以采取递延付税办法，即在进口环节暂缓缴纳进口增值税，而在转售或加工后的再销售环节再缴纳增值税。

为促进建立和巩固内部统一市场、实现经济发展一体化、强化欧盟整体竞争力，欧盟各国简化了边境管控，成员国之间的货物过境不再需要经过严格的查验程序，手续非常简单，这与我国海关的进出口申报、查验、清关手续是不同的。边境税收管控措施取消后，成员国之间出口零税率的做法弱化了增值税抵扣链条的监控作用。其直接后果是，一些不法分子假冒出口之名而规避增值税甚至骗取出口退税的税收欺诈行为更容易得逞。增值税欺诈机会的增加造成了税收流失，也使欧盟各成员国增值税的征管难度大为增加。

因此，欧盟增值税改革被提到议事日程上来，专家们提出了不同的政策建议，为缺乏中央税收机构的欧盟而专门设计的方案——整合型增值税（VIVAT）——就比较有代表性。

整合型增值税方案由 Keen and Smith（1996）提出，其核心内容是：① 在税率设定方面，在全欧盟范围内对注册商户之间的交易执行统一的税率，但允许各国在终端零售环节保持税率自主权；②在管理链条方面，欧盟成员国之间取消现行过渡政策中的出口零税率政策，出口国在出口环节征收出口环节增值税，但此环节的增值税会由进口国在进口方的再销售环节给予全额抵扣；③在收入划分方面，成员国之间需要根据消费地原则进行清算以重新划分收入，即出口国要将其征收的出口增值税支付给进口国；④鉴于管理和清算的困难，个人跨境的现场购物仍按生产地原则确定增值税收入的归属。

这样的机制设计实质上是在征管环节采用生产地原则，再通过成员国之间的增值税清算机制，把出口国税务当局对出口所征收的增值税转移给进口国税务当局，在收入归属方面，最终实现了消费地原则，即增值税收入归属于消费者所在国。

整合型增值税方案解决了边境财税管控措施取消所带来的增值税监控链条中断的问题，减少了假冒出口等税收欺诈行为的发生，同时保证了各成员国在本国境内的最终消费环节对最终商品征收增值税的税率自主设定权。中间环节税率的统一，堵塞了进口方将从低税率国家的进口谎报成从高税率国家的进口，从而虚增抵免进口增值税的漏洞［Keen and Smith（1996）］。

9.3.2　加拿大增值税协调

加拿大联邦政府在全国开征名为货物服务税（goods and services tax，GST）的联邦增值税，其各省级政府的流转税制则具有多样化的特点，见表9—2。第一，石油资源丰富的阿尔伯塔省和落后的三个高纬度地区选择特定项目征收特种销售税或特种消费税；第二，部分省份征收一般零售税；第三，一些相对落后的省份，由于征管能力落后，它们与联邦政府联合开征名为协调销售税（harmonized sales tax，HST）的联合增值税，由联邦税务机构统一征收；第四，作为自治权利更高的法语省份，魁北克省征收名为魁北克销售税（Quebec sales tax，QST）的地方增值税，自主设定税率，独立征管。①

表9—2 　　　　　　　　　　加拿大地方流转税实施情况

地方流转税类型	与联邦增值税的关系	实施省区
省级增值税	独立	魁北克省
省级增值税（HST地方分成部分）	与联邦增值税统一为协调增值税	新不伦瑞克省、纽芬兰与拉布拉多省、新斯科舍省、爱德华王子岛省、安大略省
一般零售税	独立	不列颠哥伦比亚省、马尼托巴省、萨斯喀彻温省
无一般零售税*		阿尔伯塔省、育空地区、西北地区、努纳武特地区

＊它们对少数特定商品征收特种销售税或特种零售税。

加拿大魁北克省现行增值税政策的主要内容是：除了联邦增值税外，魁北克省政府开征名为魁北克销售税（QST）的省级增值税，征税范围是本州境内的交易，税率由魁北克省自行确定；联邦增值税和魁北克增值税由魁北克省税务机构统一征收。魁北克省按照消费地原则确定魁北克增值税的收入归属，在对加拿大其他省份或其他国家出口时，魁北克省实行增值税出口零税率政策；对于来自加拿大其他省份或其他国家的进口，需要缴纳进口环节的魁北克省增值税。但是，对注册商户的进口增值税的处理，采用递延付税的办法，即不在进口环节立即征收地方增值税，而是在进口商的销售环节全额征收地方增值税。

在缺乏税收边界管控措施和不同地区应用不同税率的背景下，同时征收中央增值税和地方增值税的做法，先前被认为是非常困难的。但是，联邦增值税和地方增

---

① Blair Dwyer，*Canada-Corporate Taxation*，IBFD，2014.（截至2014年1月1日的最新资料。）

值税的并行征收做法，在魁北克省却得到了很好的实施。原因在于，加拿大联邦税务机构在审计联邦增值税纳税情况的同时，也为包括魁北克省在内的各省税务机构实施地方流转税审计。此外，加拿大税务征管和审计水平较高，联邦税务机构和各省税务机构彼此信赖对方的管理能力和公正执法程度。

Bird and Gendron（1998）把魁北克省同时开征联邦增值税和省增值税纵向两个层级增值税的机制称为双重增值税（dual VAT）。他们尝试用双重增值税方案来协调欧盟成员国之间的增值税问题。他们认为，如果把财税自主权放在优先地位，那么类似加拿大魁北克省的双重增值税制度在征管可行性、有效处理跨境贸易和保持财税自主权三个方面，都可以作为解决欧盟增值税问题的借鉴。具体到欧盟的情况，在保持欧盟现有的过渡性增值税体制的前提下，通过加强各成员国之间的协调、合作，提升彼此信任，可以缓解由于缺少欧盟层面的"欧盟增值税"所导致的自上而下的交叉稽核缺位的征管困难。这种合作可以通过新设立一个欧盟层面的税收机构并授予其跨成员国税收协调职能来实现；不过，税收收入仍和以前一样归属于各成员国，只是新设机构的运行成本由各国根据适当比例来分担。

9.3.3 　巴西增值税协调

巴西是一个联邦制国家，同时开征联邦增值税[①]和州增值税[②]。联邦增值税的征税范围是进口和加工环节，州增值税主要是货物流转环节和应税劳务提供环节（主要是电信和跨州、跨市交通运输）。联邦增值税没有统一税率和基本税率，不同商品适用不同税率；各州自行设定本州增值税税率，但基本税率保持在 17％左右。除少数商品（电力、原油以及由原油加工而成的润滑剂和燃料）外，巴西主要按照生产地原则确定地方增值税的收入归属。跨州交易没有边境税收调整，也没有税收清算机制。各州政府对跨州交易设定低于基本税率的州增值税税率（7％～12％），把生产地的地方增值税收入部分地让渡给消费地。[③]

为了实现巴西增值税由生产地原则向消费地原则的转变，Varsano（1995）提出了后来经 MacLure（2000）修改并命名为补偿性增值税（compensating VAT，CVAT）的增值税征收机制。补偿性增值税被认为更适合征管能力较弱的发展中国家和转型国家。

---

　①　包括 IPI、PIS 和 COFINS 三个税种，前者是工业产品税，后两者是社会保障税，但三者都属于联邦增值税。

　②　只包括 ICMS 一个税种，征税对象为货物流通和交通、电信服务，属于地方增值税。

　③　João Dácio Rolim，*Brazil-Value Added Tax*，IBFD，2014.（截至 2014 年 2 月 27 日的最新资料。）

MacLure（2000）提炼出了修改后的 CVAT 要点：①设立联邦增值税、州增值税和补偿性增值税。②联邦增值税在全国范围内征收，税率全国统一。③州增值税适用于本州的州内交易，税率由各州独立设定；对跨州交易的出口方，实行出口州的州增值税零税率政策；如果跨州进口方是注册商户，该进口环节的本州增值税可以递延到本州州内再销售环节缴纳。④联邦增值税和州增值税税基统一。⑤补偿性增值税在本国跨州交易出口环节对出口方征收，它由联邦税务机构负责征收管理，跨州进口方（限注册商户）所承担的补偿性增值税的进项税额可以得到抵扣。⑥补偿性增值税税率全国统一。

从上述①～④点来看，补偿性增值税政策与加拿大魁北克省的双重增值税政策基本相似。就第⑤部分新引入的全国统一税率的补偿性增值税来说，它实质是在双重增值税基础上额外增加的一种增值税监控机制。

9.3.4　VIVAT、CVAT、DVAT 三种机制的综合比较

Bird and Gendron（2000）较为全面地总结了 DVAT、CVAT 和 VIVAT 三种机制，并得出了结论，见表9—3。

表 9—3　　　　　　　　　　**DVAT、CVAT 和 VIVAT 体制的优点和缺点**

	DVAT	CVAT	VIVAT
税率自治	是	部分	部分
中央税率设定	否	部分	部分
征税激励	部分	未知	未知
管理成本	低	较高	最高
区别购买者类型	否	是	是
抵扣溯源	否	否	是
所需征管水平	高	低	高
需要中央征管机构	是	是	否

资料来源：节选自 Richard M. Bird, Pierre Pascal Gendron, "CVAT, VIVAT, and Dual VAT: Vertical 'Sharing' and Interstate Trade," *International Tax and Public Finance*, 2000, Vol. 7, No. 6, pp. 753—761.

9.3.5　增值税协调的经验

从前面的国内分析及国外分析中可以看到，增值税不适宜根据生产地原则在中央政府和各地方政府之间分成。改进的增值税协调办法包括：

（1）增值税收入全额归属中央政府，但税率要降低，开设新的税种作为地方主体税种。

（2）增值税收入全额归属中央政府，然后按照其他因素（如消费、人口等）再向地方政府转移支付。

（3）增值税收入按照消费地原则，在中央政府和地方政府之间进行分配。在各省之间不存在税收边境的情况下，需要额外的清算机制来实现。

借鉴上述三种方法，我们提出改革增值税以稳定地方税系的三种思路。

9.4　增值税与零售税联动改革的机制设计

9.4.1　地方税主体税种应具有的特征

郭庆旺和赵志耘（2006）根据财政联邦制理论和地方财政理论［Oates（1972），Bird（2000）］，总结出中央政府与地方政府间税权划分的三点原则：

第一，公平原则，主要包括两个方面：①再分配性税种应当安排给中央政府，因为出于再分配目的而对流动要素课征的税种，很可能导致无效率的辖区间生产要素配置，而统一的再分配性税种使地方性经济活动的扭曲程度最小；②税基分布不公平的税种应当设为中央税，因为如果税基在各地方政府间的分布不均衡，某一地方辖区的居民将被迫承担另一辖区所课征税种的经济负担，如资源税。

第二，效率原则，主要包括三个方面：①对劳动力、资本、技术等流动性较强的生产要素课征的税收应当归为中央税，否则容易扭曲资源在地区间的最优配置；②税基不流动的税种应当安排给地方政府，因为只有税基不流动的税种，地方政府才能改变税率而不会使税基消失，同时也充分利用地方政府的信息优势，如土地税、房产税等；③地方政府应尽可能用使用费和受益性税种为其公共服务提供融资，因为资源的有效配置要求地方政府从受益于其服务的受益人那里得到费用补偿。

第三，稳定原则，主要包括两个方面：①周期性特征明显、作为稳定经济手段的税收应划归中央政府，因为稳定宏观经济运行是中央政府不可推卸的责任；②收入比较稳定、能比较准确预测的税种应当安排给地方政府，因为中央政府可以通过借债来弥补不稳定收入来源造成的临时收入不足。

总之，理想的地方税应满足以下标准：税基是非流动的、税基分布相对均匀、税收收益相对稳定。比较符合这三个标准的典型税种是房地产税，但在现实中由于税基过小，受益性的财产税尚不能为地方公共支出提供足够的财政收入，不具备成为地方主体税种的资格。

基于此，从理想化的标准回到现实标准，选择地方主体税种时，应该考虑其是否有利于稳定政府间财政关系、是否有利于促进地方政府职能转变、是否有利于统一市场的形成。

实践中，在世界主要经济体中，除了财产税外，地方政府也把对商品的课税作为地方财政收入的重要来源。上述加拿大和巴西的例子就说明了流转税可以成为地方税的重要甚至主体税种。

9.4.2 增值税与零售税联动改革的设计

新的税制目标是在不产生扭曲效应的基础上保证地方政府拥有稳定充足、可持续的地方收入。基于前面的分析，近期地方税系的建设应该而且只能着眼于间接税范围内。

我们建议的税制设计基本内容为：保持现行增值税基本政策不变，但收入100％归属中央政府，地方政府不再参与分成。新开征零售税，作为地方税的主体税种，收入按100％归属地方政府；但零售税税率由中央确定，各省税率保持一致。

为维持全国间接税总体税负水平稳定，零售税税率和增值税税率要联动设置。零售税税率设定后，再确定增值税税率，并且增值税税率要合理降低。通过合理测算全国和各省的社会零售品销售额，并排除我国税务机构现行的征管能力所无法触及的部分，确定可触及的零售税税基，然后政府基于合理的收入目标，可以设定合理的零售税税率。零售税收入目标确定后，根据中央政府收入目标和对地方政府的转移支付水平合理确定增值税税率。

这里要补充说明的是，增值税的征收环节要一直延伸到终端零售环节。也就是说，在终端零售环节同时征收增值税和零售税。如果在终端零售环节只征收零售税，增值税链条将终止于终端零售环节的前一环节。这会导致两个问题：一是关联纳税人会利用批发价格和零售价格之间的转让定价策略降低增值税税负；二是兼营零售和批发业务的商家在购买环节取得的增值税进项税额中，用于零售的不可以抵扣，用于批发的可以抵扣，两者难以有效区分。

9.4.3 零售税的征管问题

零售商需要进行零售税登记，只有完成零售税登记的纳税人才允许从事零售经营。我国的零售环节存在大量的小规模纳税人，所以税控系统的建设就显得极其重要。不论商家大小，在销售商品和提供应税服务时，都要通过税控系统完成收款，并在票据上注明税额。目前，我国的税控系统技术比较成熟，零售商家安装税控系统后，零售信息可以直接或间接上传到税务系统的数据库中。为了降低征管难度，零售税的免税范围要控制在尽可能小的范围，比如基本食品、医疗服务、养老服务方面；此外，要尽量避免按购买者主体身份给予税收减免[1]，以防止购买者利用身

---

[1] 可以利用相应的财政转移支付方式代替免税方式来实现对特定主体的照顾。

份差别规避零售税，这一点在注重人情和变通的中国尤为重要。对某些难以区分用于消费还是用于生产投入的特殊零售商品，如加油站的汽油销售，应该统一认定为零售税征税对象。

伴随着电子商务的迅速发展，电子商务征税问题开始备受关注。无论开征零售税与否，该问题总是要解决的。解决该问题的主要措施是明确电子商务环境下常设机构认定标准、明确数字化商品在线交易的性质、建立电子发票制度和第三方信息报告制度等，这些措施在增值税和零售税制度下均需要采取。在此基础上，我们可以针对商家对商家的电子商务（B2B）模式征收增值税，针对商家对消费者的电子商务（B2C）模式征收零售税；至于消费者对消费者的电子商务（C2C）模式，可以给予免税待遇。

从我国的历史经验看，一个新税种的开征会面临许多的管理细节问题。例如，1994 年增值税改按发票进行管理后的很长一段时间内，出现了大量的虚开增值税发票案件。但总体上讲，增值税在我国的运行是成功的。本章重点研究总体的税收机制设计，不可能详尽阐述全面的管理细节，这些管理细节有待税收实务界就此进行更深入、更细致的探讨。但是，加拿大的联邦增值税和地方增值税以及地方零售税的协调运行，说明了增值税和零售税的同时开征是可行的。我们不能因为一些未预料到的零售税征管问题，就否定开征零售税的改革方向。

9.5 改革的替代方案

从世界各国的经验看，大规模开征新税种受到的制约因素较多，也易引发社会各界的强烈抵制。为此，本章提出改革力度较小的替代方案，就是重新调整增值税分成比例及分享方式。

在确定地方增值税收入归属时，相对于生产地原则而言，消费地原则在生产要素配置方面更具税收中性。在增值税税收收入按照消费地确定归属的情况下，增值税的征税水平由消费地的增值税税率决定。销售往同一地区的生产厂商，不论来自哪一个生产地，都会面临相同的增值税税率。生产地政府给予生产厂商的优惠税率或税收返还等措施，不会直接增加本地消费，因而不会直接增加生产地的增值税收入，从而地方政府丧失了给予生产厂商优惠税率或税收返还的激励动机。沿着这个思路，我们设计了两种增值税分享方案。

9.5.1 替代方案一：按消费来分成

该方案的核心做法是改变增值税的分享办法：增值税收入全额归属中央政府，

地方政府不再直接参与增值税分成。中央政府按照各地区社会消费品总额占全国社会消费品总额的比例,把 40% 左右的增值税收入向地方政府进行转移支付。

将原先中央政府与地方政府 75:25 的增值税分享比例改为 60:40。配套措施有:第一,进一步扩大增值税征税范围,营业税中建筑业和销售不动产业全部纳入增值税管理,并全额作为中央税,这样会降低地方政府财政收入对房地产投资的依赖;第二,增值税汇总到中央政府后,中央政府统一调配,总计要拿出 40% 划归地方政府;第三,将个人所得税作为地方税,企业所得税作为中央税。该方案的主要意图是改变对地方政府的激励机制,这样可以促使地方政府完善消费设施,降低对工业投资和房地产投资的强依赖。

替代方案的优点是:以商品和资本为代表的流动性税基全为中央税税基,抑制了地方政府追求辖区企业规模扩张的冲动,原有分税体制对经济增长方式的不良影响降低;可兼顾全国财政收入、中央政府财政收入和地方政府财政收入的规模大致不变,各方利益得到保护,改革阻力降低;促进地方政府完善辖区消费设施和保护消费者利益,有利于推动消费需求增长;缩小地区财力差距。替代方案的不足之处是:一是地方政府仍缺乏主体税种,从长远看,地方税系仍不完整;二是需要准确核算各地社会消费品销售总额,地方政府有可能干预相关统计。

本章不建议按照人口比例实施增值税二次分成,原因在于:中国人口流动性强,官方很难及时取得各地区实时的、精确的人口分布数据。根据 2012 年原国家人口计生委统计报表数据,2012 年 10 月 1 日零时,全国流动人口约为 2.34 亿人,跨省流动人口约 9 075 万人。[①] 城乡收入差距的客观存在,导致了农村大量剩余劳动力进入城市以谋求生存和发展的机会。中西部地区和东部发达地区之间的收入差距又是跨省人口流动的主要原因。而中国城市化进程正在加快,形成了流动人口的承接空间。特别是随着未来户籍改革政策的实施,家庭型迁移成为新生代流动人口的主要流动模式,人口流动性会进一步加强。

9.5.2 替代方案二:按销售对象调整

上述方案存在的问题是要详细统计当地社会商品零售额数据,地方政府有可能干预数据统计。对此,我们还可借鉴补偿性 CVAT 的思路,CVAT 设计的方案是对下级政府辖区内购买者(包括登记注册的商户、家庭和非登记注册的商户)的销

---

① 参见国家卫生和计划生育委员会流动人口司:《中国流动人口发展报告(2013)》,北京,中国人口出版社,2013。

售可征收地方增值税，但对辖区外购买者的销售征税将归中央政府所有。考虑到中国的国情，我们可以反其道而行之，根据增值税发票信息来确定中央政府与地方政府的分税比例，将商品销售分为辖区内销售和辖区外销售两部分，再根据两者比值分割增值税，前者为中央税，后者为地方税。该方案的优点是地方税收来自辖区外经营活动，地方政府难以干预经济运行，不会产生税收扭曲。

该方案能够成立的前提是增值税税控系统能够区分省外和省内销售。随着信息技术的进步，高存储能力的设备、高速率的网络已经出现，我国现有的高度集中的"金税工程"系统能够保留跨省交易记录，并且能迅速确定各省税收清算比例，因此管理成本不会增加。[①]

不论是哪种方案，其焦点均放在增值税改革上，三种方案的比较见表 9—4。不过，我们认为，该方案只是过渡期方案，从长远看仍须坚持分税方向，有必要开征零售税。

表 9—4　　　　　　　　　　　　　　　　**增值税改革方案比较**

方案	步骤		
方案一：开征零售税	1. 原营业税中建筑业和销售不动产业改征增值税，属中央税；企业所得税属中央税；个人所得税属省级地方税；开征房地产税并作为县级地方税	2. 开征零售税并作为县级地方税，税率为 5%	3. 增值税税率降为 13%
方案二：根据消费额确定增值税分成比例	1. 同上	2. 中央政府将总增值税收入的 40% 用于分享	3. 依据当地社会消费品总额占比实行增值税分享
方案三：根据销售对象确定增值税的分成比例	1. 同上	2. 增值税按辖区内外销售分割中央税和地方税	

9.6　结论与建议

我国增值税由生产型增值税转为消费型增值税的改革，以及扩大增值税征收范围的营改增举措，取得了一定的积极效果。然而，现行的增值税地方政府分成部分按生产地原则确定收入归属地，地方政府凭借其对资源的强大控制力给予生产厂商各种形式的补贴和返还，对生产要素配置产生了扭曲效应；同时，营改增后地方主

---

① 如果要进一步在市、县之间分配增值税，可以由各省决定分配依据。若市、县之间的分配也是根据消费地原则，则在税收征管软件中和纸质发票上都要进一步包含购买方所在市、县信息。

体税种缺失，也会造成一系列的负面后果。在其他税种不适合成为或者不能胜任地方主体税种的情况下，中国地方税的主体税种建设应着眼于流转税，相应的征税环节应从生产环节转向消费环节。为此，本章在借鉴国际上提出的 VIVAT、CVAT和 DVAT 三种增值税改革方法的基础上，提出了中国增值税改革的三种方案：一是开征零售税并将其作为地方主体税种，同时降低增值税税率，并且增值税收入全额划归中央；二是增值税实行 60：40 共享，地方政府分享增值税的依据是当地消费占全国消费的比例；三是根据增值税发票信息将商品销售分为辖区内销售和辖区外销售两部分，根据两者比值分割增值税，前者为中央税，后者为地方税。

　　本章认为，上述三种方案的优点是促使归属地方部分的流转税收入的分配原则由生产地原则向消费地原则转变，由此会最大限度地使增值税保持中性，可产生有利于稳定地方政府财力、促进地方政府转变职能、促进经济增长方式转型、缩小地方财力差距等良好效果。

第 10 章 增值税改革与地方税系建设：效果模拟 *

营改增后地方主体税种缺失，地方税系面临重建。针对这一问题，前面提出了开征零售税并将其作为地方主体税种的改革方案，建议降低增值税税率，增值税收入全额划归中央；在终端零售环节开征零售税，收入全额归属地方，确立零售税为地方主体税种。根据这一设想，本章构建了可计算一般均衡模型，测算了以开征零售税为主要内容的地方税改革方案对宏观经济、产业经济及就业和需求的影响与效应，并具体分析了其财力、经济增长、经济结构以及就业等方面的效应。此外，本章基于我国劳动力要素和资本要素的出清状况，设计了在不同的宏观闭合下的三种方案，测算比较了不同要素出清状况下改革方案的效应，特别是要素不出清时的政策效应。这与大部分的 CGE 模型分析仅考虑标准闭合相比，更符合我国的实际情况。

10.1 问题的提出

地方税问题是当前我国税收体系面临的一大突出问题。1994 年确立的分税制改革通过促进地区间的激烈经济竞争，使得政府财政汲取能力大幅提高，但随着经济社会的不断变迁，也造成了地方政府二元财政[①]、地区间财力差距扩大以及粗放型经济增长方式等问题。特别是在当前营改增全面铺开的背景下，地方税面临主力税种缺失的问题，亟须探索改革路径。本章通过构建 CGE 模型，对以开征零售税为核心的地方税改革方案进行了效应测算，分析了该方案对我国财力、经济增长、产业结构、需求及就业的影响。

---

  * 本章作者为陈宇。

  ① 这里所谓的"地方政府二元财政"是指在我国的财政分权体制下，地方财政收入分为两部分：一部分是预算内收入，另一部分是预算外收入和土地出让收入，而且地方政府对后一部分收入的偏好和依赖更加明显。

在已有的文献中，郝硕博（2009）以地方政府税收收入体系运行状况为分析基础，提出要推出物业税、社会保障税，同时调整其他地方税种。刘佐（2013）对我国地方税制改革顶层设计提出了三个需要重点解决的问题，分别为：改革后宏观税负水平问题；优化税制结构问题，即直接税与间接税的比重和发展趋势；地方税体系主体税种的完善问题。他提出从以下方面进行改革：通过扩大税基和降低非税收入比例来控制宏观税负比重；在税制结构方面，从税种结构、分税制、税制模式等角度入手，完善税收整体结构；不断深入各税种改革，从每个税种内部完善税制。倪红日（2012）总结了地方税收入存在的问题，包括税制不完善、制度改革滞后、收入数额偏少、税制结构不合理等问题。在政策建议方面，他指出地方税的完善需要拓宽税基、明确主体税种、调整税制结构等。宋兴义（2009）分析了我国地方税存在的问题，指出地方税改革应该结合整体税制改革来进行。在借鉴澳、加、德、美等国经验的基础上，提出应该将财产税和消费税作为地方税的主要来源或主体税种。

上述文献对我国的地方税现状做了详尽分析，同时对相关改革方案进行了有益探讨，但遗憾的是没能做出统筹全局的整体性地方税改革方案设计。针对这种状况，吕冰洋和郭庆旺（2013）在对理论基础和现实背景做出全面分析的基础上，开创性地提出开征零售税作为地方税系主体税种的思路。这一方案能够起到满足地方财力需求、缩小地区差距以及转变经济增长方式的作用。改革方案的具体设想是：商品进入零售环节之后，按商品价格的5%征收零售税，并将零售税全部作为地方税；同时，为减轻纳税人负担，商品的增值税调降为13%，并全额作为中央税。与此同时，推进个人所得税的地方征管和房地产税的开征，从而保证地方政府的短期和长期财源。

这一方案能够很好地解决地方税的财力保障以及经济发展方式等问题，但也有一些观点认为，零售税在销售环节征收将对价格、需求以及经济增长造成负面效应，不利于经济发展。税收政策的效应分析是一个较为复杂的问题，涉及诸多主体和变量的变化，因此局部均衡和一般计量方法难以胜任。而一般均衡模型同时考虑了多个部门和市场的行为模式及均衡情况，能够更加全面地刻画经济运行的全貌，涉及的市场包括要素市场、国际市场、产品市场、政府预算、资本市场等，涵盖消费者、生产者、政府等多个部门。模型中各部门之间的相关性可以保证政策变量的变动能够对经济整体的变动情况保持准确的、全面的了解。

因此，一般均衡模型非常适于分析税收政策的效应，能够得到较为全面的结果。本章将采用一般均衡模型对这一地方税建设方案进行测算，具体分析其财力、经济增长、经济结构以及就业等方面的效应，为进一步的研究给出一定的数据支撑。

10.2　研究方法与模型设定

10.2.1　基本框架

CGE 模型的特征就在于同时考虑了多个部门和市场的行为模式及均衡情况，涉及要素、资本及产品等多个市场，涵盖消费者、生产者、政府等多个部门，因此对于模型设定、数据处理和参数校准有较高的要求。特别是当涉及多个部门时，问题更为复杂。在这一方面，美国普渡大学在开发的 GTAP（global trade analysis project）模型上做了大量的工作，通过近 20 年专注于 CGE 模型的设计、数据的收集处理以及参数的研究校准等方面的工作，GTAP 模型已成为相当主流的 CGE 模型。它考虑了外部冲击对生产、贸易、投资和福利水平等各个经济变量的影响，能够进行政策分析和模拟并提供具体的政策建议 [Hertel（1997）]。很适合分析税收政策变化对整体经济的影响，因此本章以 GTAP 模型为基础进行政策模拟和分析。

GTAP 模型是比较静态模型，它首先构建了单一国家多部门一般均衡子模型，再通过国际贸易关系将各个子模型连接成多国多部门一般均衡模型。该模型假定市场完全竞争，生产规模报酬不变，消费者效用最大化，生产者成本最小化，所有产品和投入要素出清，劳动力在国内自由流动，土地在部门间不完全流动；进口产品与国内产品不同质，服从 Armington 方法[①]。

模型中的区域部门行为表明区域产出在私人部门支出、政府部门支出及储蓄之间的分配，采用的是柯布-道格拉斯效用函数，即这三类当期消费的比例固定。其中，私人部门支出首先用 CES 函数将国产品与进口品组成综合商品，然后采用 CDE 效用函数决定产品组合，即家庭对个别产品的消费量既受所有产品价格相对变化的影响，也受私人支出总金额变化的影响，其影响幅度取决于该产品与其他产品的各自价格弹性、交叉价格弹性及收入弹性。厂商的产出采用里昂惕夫函数，在此假设下，厂商的综合要素投入与中间投入呈固定比例关系。合成要素投入由原始要素经 CES 函数组合而成；中间投入由不同来源的进口品和国产品经 CES 函数两层嵌套综合而成，如图 10—1 所示。

---

① 该处理方法由国际货币基金组织（IMF）研究员 Armington, Paul S. 于 1969 年在一篇研究不同产地的同质产品间相互替代问题的报告中首次提出，因此我们一般将这种处理方法称为 Armington 方法。

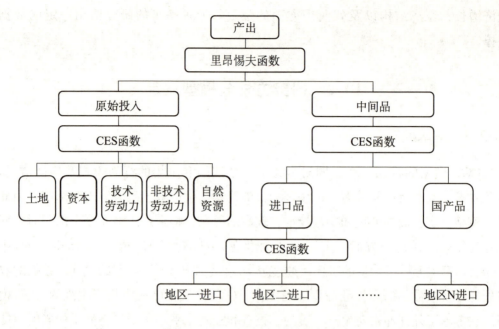

图 10—1　GTAP 生产技术结构

10.2.2　私人部门行为

私人部门支出首先用 CES 函数将国产品与进口品组成综合商品，然后采用 CDE 效用函数决定产品组合，即家庭对个别产品的消费量既受所有产品价格相对变化的影响，也受私人支出总金额变化的影响，其影响幅度取决于该产品与其他产品的自价格弹性、交叉价格弹性及收入弹性。CDE 预算函数受下式约束：

$$\sum B(i,r) \times UP(r)^{\beta(i,r)\gamma(i,r)} \left(PP(i,r)/E(PP(r)) \right)^{\beta(i,r)} \equiv 1 \qquad (10—1)$$

式中，i 为某部门；r 为某地区；$UP(r)$ 为 r 地区的私人部门效用函数；$PP(i,r)$ 为 i 部门 r 地区私人部门的价格向量；$E(\cdot)$ 为一定效用水平对应的最小预算；$B(i,r)$ 为 i 部门 r 地区预算份额的比例因子；β 为需求的自价格弹性；γ 为需求的收入弹性。为了简化起见，假设总收入恒等于1。

10.2.3　政府部门行为

政府部门的产品需求也由 CES 函数将本国产品与进口品组成综合商品，再用柯布-道格拉斯效用函数决定其消费组合，政府部门效用函数如公式（10—2）所示。

$$UG(r) = \prod_{i=1}^{n} \left[Q(i,r) \right]^{\tau^i} \qquad (10—2)$$

式中，$UG(r)$ 为 r 地区的政府部门效用函数；$Q(i,r)$ 为 r 地区第 i 种最终商品的消费量；τ^i 为第 i 种商品的柯布-道格拉斯函数支出份额。

在收入方面，政府通过各种税收获得财政收入，模型中将税收分为要素税、零售环节商品税、生产环节商品税和进出口关税，收入等于各种税收之和。

$$
\begin{aligned}
YG(r) = & \sum_i [WL \times QLD(i,r) + WK \times QKD(i,r)] \times to \\
& + \sum_i YH_h(i,r) \times tp + \sum_i YENT(i,r) \times tf \\
& + \sum_i QX(i,r) \times tx + \sum_i QM(i,r) \times tm
\end{aligned}
\tag{10—3}
$$

在支出方面，包括政府购买和对居民、企业及国外的转移支付及政府储蓄，方程为：

$$
YG = \sum_i PA_i \times QG_i + TRG + GSAV
\tag{10—4}
$$

10.2.4　厂商行为

如图 10—1 所示，厂商生产函数为树状结构。假定生产函数为固定规模报酬且具有可分性（separability）。厂商运用原始投入与中间商品生产最终产品，其中的原始投入包括土地、劳动力、自然资源与资本；中间商品为可贸易商品，因此国内厂商可以选择国内中间投入品或进口中间投入品。

第一层嵌套的生产函数假设为里昂惕夫形式，其优点在于模型中需要估计的参数较少，即

$$
QO(i,r) = \min\left[\frac{1}{a_{(i,r)}} \times QVA(i,r), \frac{1}{b_{(i,r)}} \times QF(i,r)\right]
\tag{10—5}
$$

式中，QO 为 r 地区第 i 个产业的产出总量；$QVA(i, r)$ 为综合原始要素投入；$QF(i, r)$ 为综合中间投入；a_i、b_i 为相应的固定系数。

该层的 CES 生产函数在最优条件下的价格和数量表达式为：

$$
qva(j,r) + ava(j,r) = qo(j,r) - ao(j,r)
\tag{10—6}
$$

$$
qf(i,j,r) + af(i,j,r) = qo(j,r) - ao(j,r)
\tag{10—7}
$$

树状结构的第二层左边部分描述了各种要素投入与生产间的关系，假定其生产函数为 CES 函数，则有

$$
QVA(i,r) = a^{VA}_{(i,r)}\left[\delta^{VA}_{(i,r)} QLD(i,r)^{\rho_{(i,r)}} + (1 - \delta^{VA}_{(i,r)}) QKD(i,r)^{\rho_{(i,r)}}\right]^{1/\rho^{VA}_{(i,r)}}
\tag{10—8}
$$

该层的 CES 生产函数在最优条件下的价格和数量表达式为：

$$pav(j,r) = \sum_{k \in ENDW} SVA(k,j,r) \times [pfe(k,j,r) - afe(k,j,r)] \qquad (10\text{—}9)$$

$$qfe(i,j,r) + afe(i,j,r) = qva(j,r) - \sigma_{VA}(j) \times [pfe(i,j,r)$$
$$- afe(i,j,r) - pva(j,r)] \qquad (10\text{—}10)$$

中间投入部分也包括两层：第一层为国产品与综合进口品的替代关系，两者通过 CES 函数组合成一个综合中间产品；第二层为不同来源国的进口中间产品组合成一个综合进口品，假定也是采用 CES 函数，与上式类似。

最终商品的市场出清方程为：

$$Q(i,r) = QDS(i,r) + QST(i,r) + \sum_{s \in REG} QXS(i,r,s) \qquad (10\text{—}11)$$

10.2.5 宏观闭合

宏观闭合对模型测算结果的影响较大。GTAP 模型的标准闭合法采用新古典宏观闭合，假定劳动力和资本全部出清，因而在此框架下，税制改革只会影响要素和产出在各个经济主体间的再分配，而不会对总量产生影响。

但在实际情况中，我国较为普遍地存在知识失业[①]（educated unemployment）的问题，并且我国乡村劳动力的总量过剩现象仍将长期存在。[②] 因此，将我国的劳动要素描述为过剩或非出清似乎更为妥当。

对于资本来说，由于我国政府决策对投资的影响巨大，因此资本要素利用率波动很大，时松时紧，常徘徊于均衡和过剩之间。例如，受国际金融危机影响，中国经济出现了一定程度的萧条，导致资本大量闲置，2008 年资本形成总额贡献率相对较低（为 46.98%），而 2009 年中央出台四万亿元投资计划，当年资本形成总额贡献率迅速拉升至 87.58% 的高位，随后又迅速回落到近年的不足 50%。图 10—2 报告了我国资本形成总额贡献率，从图 10—2 可知，我国资本形成总额贡献率的波动非常剧烈，而且转换相当迅速。因此，对于我国的资本要素来说，很难说是处于萧条还是出清状况，更多的时候是在过剩和均衡之间迅速转换。

---

① 在国外文献中，与知识失业对应的还有 graduate unemployment，而且这个词出现的频率比 educated unemployment 还要高。实际上，这两个词组所指的含义基本相同，因为 educated unemployment 所研究的主要内容就是大学毕业生的就业问题。在我国，通常把 educated unemployment 译为知识失业［谭崇台（2001）］。

② 在最近的研究中，张同升博士用多种计量方法，对中国农村剩余劳动力的数量与结构进行了比较分析，测算出我国 2009 年农村剩余劳动力数量在 1 亿人左右，指出我国乡村劳动力总量过剩与结构短缺的矛盾更加严重［参见《中国市场》，2011（50）］。

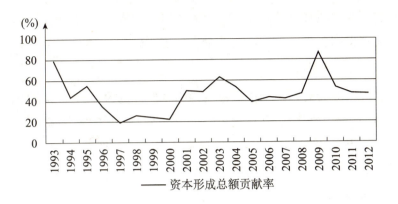

图 10—2　资本形成总额贡献率

综上所述，我国的劳动要素和资本要素都存在未出清的现象，而在标准 CGE 模型新古典主义闭合的框架下，劳动力和资本都是供需平衡的。在这种设定下，税制改革仅仅影响了要素在各经济主体内部（居民、企业和政府）的分配，因此不足以刻画税制改革对要素流动、资源配置和行业产出等各个方面的影响，并且模拟结果对经济总产出和就业的影响也较小甚至没有。有鉴于此，我们设计了三种宏观闭合情景来对税制改革方案进行模拟，评估在不同情景中税制改革对各项宏观经济及就业、价格等经济变量的影响。

闭合一：采用标准 CGE 模型中的新古典宏观闭合。假设劳动力和资本全部出清。

闭合二：采用劳动力要素非出清的宏观闭合。根据我国大学生就业难、二元经济仍将长期存在，依然存在较多剩余劳动力的现实情况，假设劳动力非出清。

闭合三：采用劳动力和资本要素都未出清的凯恩斯主义宏观闭合。根据我国储蓄率长期高于投资率，并且投资的波动很大、资本要素长期处于过剩和均衡之间变动的现实情况，假设劳动力和资本都未出清。

10.3　改革方案的效应分析

根据上面所提出的方案及模型，下面对该零售税开征方案在三种宏观闭合下对财力、经济增长、产业结构以及就业的影响，分别做出具体的模拟和分析评估。

10.3.1　对财力的影响

税收的根本职能是收入筹集，因此考察税制改革是否可行首先要关注它的收入筹集能力，并落实到能够收到多少税、中央政府和地方政府分别能得到多少以及各个地区分别能够得到多少。下面从这三个方面进行分析。

1. 对总体收入的影响

世界税制改革经验表明，即使是以减税为主旋律的税制改革也必须保证国家财政收入基本稳定。本方案对商品在销售环节统一征收 5% 的零售税，同时增值税税率调整为 13%，势必对我国的税收收入规模造成影响，那么具体是增加还是减少？如果增加了，能增收多少？如果减少了，能减少多少？税收收入降低后能满足我国的财政支出需求吗？

税制改革对税收收入的影响是一个很复杂的问题，涉及各个行业、投入品及各中间产品的税率及税收变化情况。CGE 模型能很好地解决这个问题，它能通过一般均衡的方法计算税制改革方案对整个经济中各行业、各环节的税收影响，从而得出具体的税收收入变化情况。我们利用 CGE 模型计算出，在闭合一（即所有要素出清）的假设下，税收收入下降了 1 268 亿元；在闭合二（即假设劳动力非出清）时，税收收入下降了 1 251 亿元；在闭合三（即假设劳动力和资本都非出清）时，税收收入下降了 1 169 亿元，见表 10—1。由于现行增值税纳税人有大量的小规模纳税人，其税基为销售收入，税率为 3%，因此这一部分增值税收入不会发生改变，故实际的税收收入应该比测算值更小，也就是税收收入大体没有变化。因此，该改革方案从税收收入筹集的方面来看，能够保持税收收入规模的稳定，有利于政策的平滑过渡。

表 10—1　　　　　　　　　　不同设定下的税收变化情况　　　　　　　　单位：亿元

方案	税收变化
要素出清时（闭合一）	−1 268
劳动力非出清（闭合二）	−1 251
劳动力和资本都非出清（闭合三）	−1 169

2. 对中央政府和地方政府财力的影响

地方税改革的一个重要目标就是理顺中央政府与地方政府之间的关系，其中的核心之处就在于改革方案对中央政府和地方政府财力的影响。

首先，我们看一下改革方案中从地方政府转移出去的税收收入，主要有两个部分：一是增值税地方分成部分；二是交通运输业和建筑业的营业税。2012 年国内增值税为 26 415.51 亿元，则地方政府获得的增值税收入为 6 603.88 亿元。2012 年全国营业税收入为 15 747 亿元，其中交通运输业和建筑业的营业税占全部收入的 29%，即 4 566 亿元。两者相加为 11 169.63 亿元。

下面再看改革方案中地方政府新增的收入，即零售税的收入。零售税的税基基本上是社会消费品的零售总额，2012 年的社会消费品零售总额为 207 167 亿元，按本方案中的零售税税率为 5% 计算，大致可以实现 10 358.35 亿元的税收收入。

　　根据图 10—3 可知，对地方政府来说，左边减少的收入和右边增加的收入大体相等，那么一加一减后总收入基本不变，也就是改革方案实施之后地方政府的收入总量不变。这样，中央政府和地方政府财政收入的规模大致保持，各主体的利益得以保护，有助于减小改革的阻力。图 10—4 为改革前后的税收总量及其中央政府和地方政府的占比情况，可见总额基本相等，分配格局也基本不变。

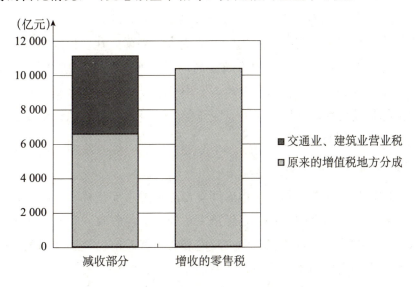

图 10—3　地方税的增收和减收情况及构成

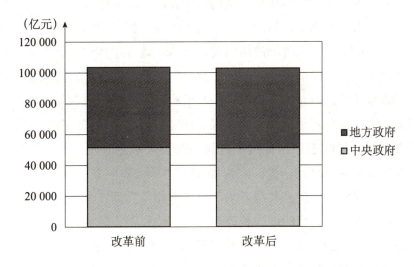

图 10—4　改革前后的税收规模及中央政府和地方政府的分配情况

需要说明的是，以上的初步测算是建立在保持现行政府间事权分配和转移支付规模不变的基础之上的，也就是中央政府和地方政府的财力及收入规模的格局基本不变。然而，当前改革的一个重要趋势是政府事权范围的明晰以及各级政府财权与事权的匹配。那么，如果事权逐渐上移，则地方政府的支出压力将得到降低，相应地可以通过调整零售税和增值税的税率灵活应对。

另外，从长期来看，零售税的增长潜力很大。近 20 年来，我国居民消费占国内生产总值的比重持续下降，2011 年的消费占比为 34.9%，大大低于世界大多数国家的 60%～70% 的消费比例。随着政府促内需政策的推进和落实以及居民收入增长和社会保障体系的不断完善，我国居民消费将会持续上升，相应的零售税也会迅速增长。同时，伴随着居民收入的不断提高，个人所得税的税基也得以不断增长，其收入筹集能力良好。因此，本章改革方案中所设计的地方主体税种——零售税和个人所得税都是成长性非常好的税种，完全能够满足地方政府的财政支出需求，足以担当起地方主体税种的重任。

3. 对地区间财力的影响

地区间的财政收入差距是衡量地区间贫富差距的重要指标。从我国地区间财政收入差距来看，存在两个问题：一是经济发达地区的税收收入日益高于落后地区的税收收入；二是财政收入日益流向中央政府和省市级政府，基层政府的财政出现困难。这两种情况的出现与当前分税制体系的制度设计密切相关。

比较我国各地区的增值税额和零售税额的变异系数，分别为 0.963 和 0.836，这说明开征零售税确实能够缩小地区间的财力差距。主要的原因在于各地区间的工业发展状况差距远大于商业发展的差距，从而由商业提供税源的零售税对地区间差异的影响远小于由工业提供税源的增值税。那么，地方主体税种从增值税向零售税的转变将会减少这种税基的差异程度，必然会带来地区间差异的降低。

此外，非常重要的一点为：当前中央政府对地方政府的税收返还主要是地方政府的增值税、消费税和所得税。发达地区的经济发展水平较高，税收规模也高，因此能够获得更多的税收返还。显然，这种制度设计必然导致发达地区的税收返还多，而欠发达地区的税收返还少，人为加剧了"马太效应"，非但没有起到应有的调节地区间收入差距、促进公共服务均等化的作用，反而扩大了发达地区和落后地区的财力差距。本章所提出的地方税改革方案明确了地方的主体税种，保证了地方政府足够的、可预期的财政收入，从顶层设计上避免了大量缺乏效率的转移支付，因而能够有效地减少这种地区间差距的扩大。

最后，从政府层级来说，1994 年分税制改革明确了中央政府和地方政府的财力及财权划分后，各地省级和市级政府也纷纷效仿，加强本级政府财力，形成"财权层层上移，事权层层下移"的局面，这种做法造成基层政府的支出缺口越来越大，困难县的数量也逐年增加。这种现象与现行分税制对各级政府的事权划分模糊和转移支付制度不尽合理有关。现行转移支付制度的主要部分是税收返还和原体制补助及各种专项转移支付，而以均衡地方财力为目的的一般性转移支付比例过低。这种基层政府财力不足、上级政府财源充足的状况在实质上加剧了城乡间的差距。

10.3.2　对经济增长的影响

对税制改革的经济特征和经济收益的描述有一个很重要的方面，就是经济规模或产出的变化。在本章所设计的地方税制改革方案中，对于零售环节加征 5% 的零售税，同时增值税税率由 17% 降为 13%，这个过程一减一增，如果不考虑税负分配，实际上总体税负变化并不太大。另外，由于这部分减税直接作用于我国体量最大的增值税，这 4 个百分点的下调必将大大降低企业和居民的税负，能够对备受诟病的比例过大的流转税起到较大的减负作用。因此，该改革方案理应对我国的经济起到较强的促进作用。表 10—2 给出了模拟结果，我们可以看到，在非出清的闭合三下，名义 GDP 下降了 41.79 亿元，降低了 0.02 个百分点。此外，由于该方案降低了商品价格，因此实际 GDP 是增长的，它比基准情况增长了 1 542 亿元，增加了 0.74 个百分点。

表 10—2　　　　　　　　　　　地方税改革方案对宏观经济的影响

情景	名义 GDP		实际 GDP		福利变化 (EV)(亿元)
	变化值（亿元）	变化率（%）	变化值（亿元）	变化率（%）	
闭合一	−1 054.00	−0.50%	331.58	0.16%	522
闭合二	−872.58	−0.42%	556.77	0.27%	746
闭合三	−41.79	−0.02%	1 542.09	0.74%	1 572

在考虑劳动力非出清的闭合二下，名义 GDP 降低了 872.58 亿元，下降了 0.42 个百分点，而实际 GDP 增长了 556.77 亿元，大于基准情况 0.27 个百分点。在考虑劳动和资本都出清的闭合一下，名义 GDP 降低了 1 054.00 亿元，下降了 0.5 个百分点，实际 GDP 增长了 331.58 亿元，相较于基准情况增长了 0.16 个百分点，增长效应明显。此外，从福利变化情况来看，三种方案都能较大地增加社会福利，而且后一方案均优于前一方案，分别增加了 331.58 亿元、556.77 亿元和 1 542.09 亿元。

这个结果符合我们的预期，从总体来看，改革方案能够促进经济增长。名义 GDP 有所下降，这主要是受价格下调的影响，剔除价格效应的真实 GDP 则呈增长势头。对于不同的闭合设定来说，闭合二考虑了存在剩余劳动力的状况，因此税制改革方案在通过价格下调影响经济的同时还能通过刺激就业来进一步促进经济增长，故这种情景下的实际 GDP 增速高于闭合一 0.11 个百分点。进一步，根据 GDP 增长和社会福利变化来看，三种闭合下的社会福利都增加了，分别增加了 522 亿元、746 亿元和 1 572 亿元。考虑劳动力非出清时的效果优于全部出清时的效果，而考虑劳动力、资本都非出清时的模拟效果又优于仅考虑劳动力非出清时的效果。这说明在社会劳动力和资本都非充分利用的萧条时期，本改革方案的增长效果更好，能够更有效地拉动经济增长、提高社会总体福利。

10.3.3 对产业结构的影响

如前所述，现有税制体系中增值税为中央政府和地方政府共享税，营业税归属地方政府，这样的分配体系很容易推动工业和房地产业投资过热。地方税体系的改革方案应发挥积极的宏观经济调控作用，调动要素和资源的合理配置，引导产业结构的升级和合理化。因此，考察地方税体系的改革方案对产业结构和经济结构的影响也是评价的重要标准。

根据模拟结果可以看到，地方税制改革方案对于各产业的价格、产出和需求均产生了不同程度的影响。从总体来看，可概括为增加了价格，降低了需求和产出。同时，不同闭合假设下对不同产业的影响方向和幅度也有所不同，因此对产业间的结构也产生了不同影响，具体分析如表 10—3 所示。

表 10—3   **要素出清时（闭合一）税制改革方案对产业结构的影响（%）**

行业	产出	需求	价格
农业	−0.31	−0.25	0.01
畜牧业	−0.14	−0.35	0.04
采掘业	0.10	−0.36	0.02
食品业	−0.52	−0.79	2.28
纺织业	−0.22	−0.74	1.37
轻工业	−0.17	−0.80	1.29
重工业	−0.15	−0.77	1.11
公共服务业	1.09	−0.20	−0.71
运输业	0.14	−0.02	−1.27
其他服务业	−0.18	−0.28	−0.61

1. 要素全出清假设（闭合一）时的改革方案效果

在要素全出清的假设中，改革方案的效果并不太理想：在价格方面，仅公共服务业、运输业和其他服务业的价格有一定下降，分别为 0.71%、1.27% 和 0.61%，其他产业的产品价格均为上升。在需求方面，各个行业均为下降，其中工业部门的需求下降较大。在产出方面，仅公共服务业和运输业的产出为增加。可见，该方案能有效减轻服务业的税负，但对工业和农业有一定的抑制。对于农业和畜牧业来说，由于其行业的生产环节几乎没有税负，因此减少增值税对其几乎没有影响，而在销售环节增加零售税则能直接影响其价格，使得价格有小幅上涨。

2. 劳动力非出清假设（闭合二）时的改革方案效果

在考虑劳动力非出清的闭合二情景中，各行业的价格变动趋势与闭合一相同，服务业的价格下降，其他产业的产品价格上升，区别在于下降的幅度更高、上升的幅度更低，见表 10—4。在需求方面，运输业变为增长，其他行业仍为降低，但降低的幅度都有减小。在产出方面，公共服务业、运输业及采掘业为增长，其他行业为下降。可见，该方案的作用与闭合一的效应类似，但由于假定劳动力非充分就业，因此减税效应还拉动了就业，增加了劳动要素投入，进一步促进了产出和需求。

表 10—4　　　　劳动力非出清时（闭合二）税制改革方案对产业结构的影响（%）

劳动力非出清	产出	需求	价格
农业	−0.23	−0.19	0.01
畜牧业	−0.04	−0.26	0.03
采掘业	0.24	−0.26	0.00
食品业	−0.43	−0.71	2.27
纺织业	−0.08	−0.64	1.35
轻工业	−0.05	−0.69	1.27
重工业	−0.03	−0.65	1.10
公共服务业	1.18	−0.08	−0.73
运输业	0.24	0.10	−1.28
其他服务业	−0.05	−0.13	−0.64

这几个方面的变化情况都说明，在闭合二（即劳动力非出清）的情况下，我们所设计的地方税制改革方案促进了劳动力要素的就业，进而带来了经济增长和产业结构优化。

3. 劳动力和资本非出清假设（闭合三）时的改革方案效果

在考虑劳动力和资本都非出清的闭合三的效果时，较前两种情况发生了较大的变化，除食品业外，其他行业的产出均为增长，各行业的需求相对更大、价格相对较低。在价格方面，采掘业、公共服务业、运输业和其他服务业的价格分别下降了 0.10%、0.81%、1.37% 和 0.73%（见表 10—5），它们的下降幅度均高于前两种情景，而其他行业的产品价格仍为增加。主要是因为该方案对于商品在零售环节增加了5%的零售税，因此商品的价格会直接受到影响而升高。对于服务业，由于将交通运输业和建筑业并入了增值税的征收范围，因此税负有所下降、价格相应降低。可见，由于假定劳动力和资本都非充分就业，改革方案通过调整不同环节、不同行业的税负，也拉动和调整了人力资本和投资的流向，进一步加剧了行业结构调整的程度。

表 10—5 劳动力和资本非出清时（闭合三）改革方案对产业结构的影响（%）

行业	产出	需求	价格
农业	0.02	—0.01	0.2
畜牧业	0.29	0.01	0.18
采掘业	0.90	0.09	—0.1
食品业	—0.11	—0.44	2.3
纺织业	0.25	—0.29	1.32
行业	产出	需求	价格
轻工业	0.44	—0.28	1.21
重工业	0.52	—0.24	1.05
公共服务业	1.68	0.35	—0.81
运输业	0.73	0.57	—1.37
其他服务业	0.44	0.38	—0.73

从需求情况来看，公共服务业、运输业和其他服务业的需求都为增长，分别为0.35%、0.57%和0.38%，畜牧业和采掘业也稍有增长，分别为0.01%和0.09%，其他各工业行业和农业的需求仍有小幅降低，但幅度较小。可见，在劳动力和资本都非充分就业的情况下，改革方案刺激了就业和投资的增长，进而带来了更大幅度的需求增长。

从产出情况来看，其情况与此前的闭合发生了较大的变化：除食品业稍有降低外，所有行业的产出均为正增长。此外，我们注意到，在该情景时，各个服务业的产出增长都很大。其中，公共服务业的产出增长了1.68%，居首位；其次，运输业和其他服务业增长了0.73%和0.44%，见图10—5。这也说明闭合三的改革方案对于经济的刺激更大，对于产业结构特别是服务业的发展也有更大的促进作用。

综上所述，当考虑劳动力和资本都非出清时，即闭合三的情况下，税制改革方案对经济结构调整的作用最大，而且对于服务业的推动作用更为明显，能够更为有效地促进服务业的发展以及经济结构的升级。

4. 对产业结构的评价标准和度量

前文针对地方税改革方案对产业结构变化情况的模拟结果做了一个介绍，然而产业结构是否优化涉及诸多因素，单独对各行业价格、产出及需求等变量进行分析

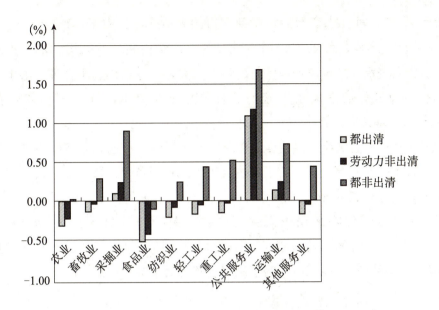

图 10—5　各行业的产出变化情况

并不足以令人信服。那么，有没有一个相对客观的评价体系对产业结构是否优化做出评估呢？这里我们借鉴干春晖、郑若谷等在 2011 年提出的衡量经济体产业结构的两个维度和指标——产业结构的合理化和产业结构的高级化[①]，用以对产业结构的影响做出评估。

产业结构的合理化是指各产业之间的耦合程度和聚合质量，它是要素投入的结构和产出的结构两者耦合程度的衡量，反映了各产业之间的协调程度，同时还能反映资源有效利用的程度。

对于这种耦合程度的衡量，学界一般采用结构的偏离程度来对产业结构的合理化进行衡量，其计算公式为：

$$E = \sum_{i=1}^{n} \left| \frac{Y_i/L_i}{Y/L} - 1 \right| = \sum_{i=1}^{n} \left| \frac{Y_i/Y}{L_i/L} - 1 \right| \qquad (10—12)$$

式中，E 为结构偏离度；Y 为总产出；L 为总就业；i 为第 i 个产业；n 为总的产业数。

根据古典经济学的假设，经济最终处于均衡状态，即各个产业的生产率水平相同。因此，当经济均衡时有总生产率 Y/L 等于各部门的生产率，即 $Y_i/L_i = Y/L$，

---

① 参见干春晖、郑若谷、余典范：《中国产业结构变迁对经济增长和波动的影响》，载《经济研究》，2011（5）。

从而得到 $E=0$。对公式变形后，得到右边的表达式，其中 Y_i / Y 表示产出结构，L_i / L 表示就业结构，所以 E 同时也能反映产出结构和就业结构的耦合程度。显然，E 值越大表示经济偏离均衡状态的程度越大，产业结构越不合理。由于经济非均衡是一种常态，而发展中国家的这种情形更为突出，所以 E 值不可能为 0 [Chenery et al. (1989)]。

但是，在这种定义中，结构偏离度指标忽视了各个产业在经济体中重要程度的不同，把各个产业同等看待。为了解决这个问题，干春晖、郑若谷引入了泰尔指数的概念进行度量。泰尔指数又称泰尔熵，最早由泰尔 [Theil and Henri（1967）] 提出，王少平等学者将之用于研究地区收入差距的问题 [王少平和欧阳志刚（2007）]。由于泰尔指数能够考虑产业的相对重要性，因此也很适于度量产业结构的合理性。干春晖等在他们研究的基础上重新定义了泰尔指数，即

$$TL = \sum_{i=1}^{n} \left(\frac{Y_i}{Y}\right) \ln\left(\frac{Y_i}{L_i} \Big/ \frac{Y}{L}\right) \tag{10—13}$$

TL 指数考虑了各个产业不同的重要性并且进行了指数化，同时对结构偏离度的理论基础和经济含义的刻画明确，因此是一个更好的产业结构合理化标准。当经济处于均衡状态时，与 E 值相同，TL 也等于 0；TL 指数不为 0 时，说明产业结构不合理，偏离了均衡状态。

产业结构的高级化是对产业结构升级的衡量，一般采用配第-克拉克定理用非农业产值对农业的比值作为产业结构升级的度量。[①] 其表达式为：

$$TN = Y_N / Y_A \tag{10—14}$$

根据定义可知，TN 越大表示经济中非农业的比重越大，标志着产业结构逐步去农业化。

无可否认，非农产值比重的增加是表示经济升级的一个重要规律，但 20 世纪 70 年代后的信息技术革命对全球产业结构产生了巨大冲击，服务业的发展日新月异，仅仅用这种非农产业比重作为指标很难反映出经济结构的这种"服务化"动向。显然，在最近的几十年，世界各国的服务业发展迅猛，一些发达国家已完成了服务业对工业的超越，产业结构升级的一个重要特征就是经济结构的服务化。2008

---

① 配第-克拉克定理是揭示经济发展过程中产业结构变化的经验性学说。早在 17 世纪，西方经济学家威廉·配第就已经发现，随着经济的不断发展，产业中心将逐渐由有形财物的生产转向无形的服务性生产。经过经济大样本观察，配第与克拉克两位经济学家先后发现，随着人均国民收入水平的提高，劳动力首先从第一产业向第二产业转移，当人均国民收入水平进一步提高时，劳动力便向第三产业转移。

年，吴敬琏指出，服务业的增长率要快于工业的增长率。本章借鉴干春晖等提出的服务业产值与工业产值的比值（TS），并将其作为产业结构高级化的一个度量指标。这个指标能清楚地表明产业结构是不是向服务化的方向发展，因此对于当前我国以第二产业占主导地位向第三产业升级的情况更为适合。它可以表示为：

$$TS = Y_3 / Y_2 \tag{10—15}$$

根据定义可知，TS 越大表示经济中服务业的比重越大，标志着产业结构越高级。

在各个闭合情景下分别计算四个指标，得到如表 10—6 所示的结果。

表 10—6　　　　　　　　　　产业结构评价标准计算结果

情景	结构偏离度（E）	泰尔指数（TL）	非农产业的比重（TN）	服务业与工业产值的比值（TS）
基准情况	0.346 2	0.464	7.039	0.883
闭合一	0.333 1	0.462	7.149	0.890
闭合二	0.327 6	0.463	7.316	0.903
闭合三	0.323 1	0.382	7.533	0.915

根据计算结果可知（详见表 10—6），在三种情景下，地方税改革方案都能使 E 值和 TL 值降低，即促进产业结构的合理化；同时，使 TN 值和 TS 值增大，即促进产业结构的高级化。从三种情景的比较来看，闭合三（即要素不出清）时，本章所提出的地方税改革方案对产业结构合理化和高级化的促进作用更强。

10.3.4　对扩大内需的影响

当前，我国经济运行的一个突出矛盾是居民消费需求疲软、产能过剩问题长时间得不到改善。近年来，在种种因素的作用下，我国居民消费占国内生产总值的比例一直在降低，2011 年低至 34.9%；相比而言，其他国家的消费率在 60%～70%。当前，面对政府投资难以为继、外部市场动荡的复杂环境，要保持经济的可持续增长，必须充分发挥市场的作用，启动消费的力量，把推动经济增长的动力从以政府高投入为主转向以投入和扩大消费并重上来，把经济工作的重心转移到启动市场需求的力量上来。

从测算结果来看，地方税制改革方案能够带来服务业价格的下降，从而有效地刺激其消费需求的增长。由表 10—7 可见，当假定要素出清时，各行业的需求都有降低，效果并不理想。当假定劳动力非出清时，仅运输业的需求增长了 0.10%。可见，在劳动力非充分就业的情况下，改革方案刺激了就业，进而带来了更大幅度的需求增长。当假定劳动力和资本都非出清时，需求形势明显好转，多数行业都为增长。从总体来看，公共服务业的需求增加最大，运输业的需求增幅最大，为0.57%，其他服务业的需求增幅位居第二，为0.38%，而工业需求仍为降低，见图10—6。这主要是因为方案对工业品的零售环节加税，将给价格带来一定的冲击，从而造成工业产品的需求下降。

表 10—7　　　　　　　　　　不同闭合条件下各行业需求的变化情况

行业	都出清	劳动力非出清	都非出清
农业	−0.25	−0.19	−0.01
畜牧业	−0.35	−0.26	0.01
采掘业	−0.36	−0.26	0.09
食品业	−0.79	−0.71	−0.44
纺织业	−0.74	−0.64	−0.29
轻工业	−0.80	−0.69	−0.28
重工业	−0.77	−0.65	−0.24
公共服务业	−0.20	−0.08	0.35
运输业	−0.02	0.10	0.57
其他服务业	−0.28	−0.13	0.38

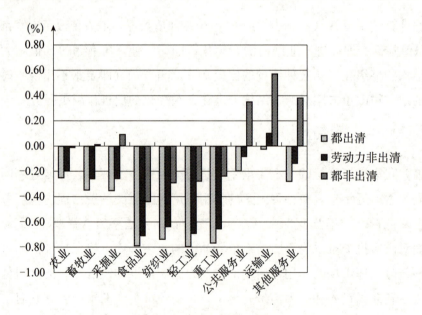

图 10—6　各行业需求变化情况

本章所设计的改革方案是以开征零售税作为地方税系改革的核心，将零售税设计为地方主体税种，其税源来自辖区内居民的消费。这一设计方案从制度上将地方政府的核心利益与居民消费绑定，辖区居民消费额的高低将直接影响地方政府的

"钱袋子"，地区间的横向竞争也必然转向促进本辖区内消费的发展，而非当前推动工业投资的竞争。此举必将引导地方政府转变思路，从以往的一味推动工业建设投资转向以完善消费基础设施、促进居民消费需求和能力建设为工作重心上来；从更多地维护厂商利益转向更多地维护消费者利益上来。

此外，由于当前建筑业和销售不动产业征收的营业税归地方政府所有，而且这部分税收占到整个营业税收入的 1/2 强，这强烈地激励了地方政府刺激房地产市场投资扩张、维护房地产价格高位运行的冲动。在本改革方案中，将营业税中的建筑业和销售不动产的部分划归中央税，能够有效地抑制这种冲动，有利于中央房地产价格宏观调控的贯彻落实，长期来看可以起到抑制房价过快上涨的作用。而当前我国内需不足的一个原因就在于高房价和社会保障的供给不足对居民收入和财富的挤占，因此把房地产相关行业的税收调整至中央政府，有助于房价上涨问题的缓解，从而也有助于释放居民消费需求、增加日常消费比例以及房地产及下游产品的消费。

扩大内需的另一个重要途径就是增加就业，就业是消费的前提和保障，从结构上看，则是消费结构在供给端的反映和体现。当前，我国依然存在较多的结构性失业情况，对于这部分人群来说，只有获得工作机会，才有能力去消费。从测算结果看，当假定要素出清时，农业、畜牧业、食品业、公共服务业和运输业的就业有所增加，而挖掘业、纺织业、轻工业的就业稍有下降，但由于假定要素出清，因此总体的就业量不变。

可见，在劳动力和资本都非充分就业的情况下，改革方案刺激了就业和投资的增长，进而带来了更大幅度的需求增长。因此，本章中的地方税改革方案能够有效推动消费需求的增长，这对于当前在政府高投入不可持续、出口形势不明朗的情况下，由依靠政府的高投入为主转向扩大消费和内需上来，从而保持经济的可持续增长的战略指导是一致的。本章中的改革方案有利于扩大内需，有利于增加消费占国民生产总值的份额，有利于经济的长期可持续发展。

10.3.5　对就业的影响

作为人口大国，我们又处在经济体制深刻变革、社会结构深刻变动的关键时期，农业人口的转移、转轨就业以及大学生就业问题日益突出。因此，如何应对当前的就业压力是一个严峻的考验；如何实现就业和再就业成了社会各界共同关心的问题。因此，解决好就业问题是政府的一项极其重要的工作，也是衡量税制改革优劣的一项重要指标。

表10—8给出了改革方案对就业的影响。从测算结果看，当假定要素出清时，仅采掘业、公共服务业和运输业的就业呈增加态势，分别增加了0.10%、1.1%和0.16%（见图10—7），其他行业的就业都有下降；由于假定要素出清，因此总体的就业量不变。可见，本改革方案能使劳动力从纺织业、轻工业、重工业等需求过剩的行业流出，而流向其他的如公共服务业、运输业等行业。

表10—8   改革方案对就业的影响（%）

	都出清	劳动力非出清	都非出清
农业	−0.40	−0.27	0.05
畜牧业	−0.25	−0.09	0.37
采掘业	0.10	0.27	0.90
食品业	−0.51	−0.30	−0.11
纺织业	−0.20	0.04	0.25
轻工业	−0.15	0.11	0.44
重工业	−0.13	0.12	0.52
公共服务业	1.10	1.32	1.68
运输业	0.16	0.49	0.73
其他服务业	−0.17	0.08	0.44

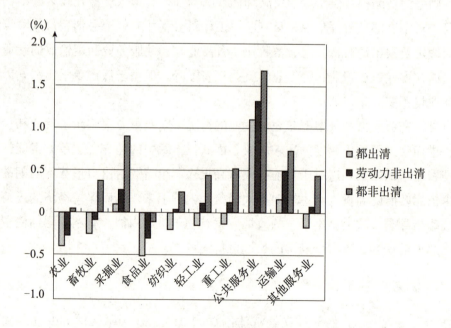

图10—7 改革方案对就业的影响

当假定劳动力非出清时，税制改革方案对就业的拉动效果更为明显，仅农业、畜牧业和食品业下降，其他行业都有所增长。其中，增长最多的仍为公共服务业和运输业，分别增加了1.32%和0.49%，说明改革方案能够有效地增加就业，进而拉动消费。

当假定劳动力和资本都非出清时，除食品业外，其他行业的就业都能得到较大增长。其中，公共服务业的就业收益最大，公共服务业、运输业和其他服务业分别增长了 1.68％、0.73％和 0.44 ％。这表明在劳动力和资本都非出清时，我们所设计的税制改革方案能够有效地拉动就业。此外，从就业结构来看，更有利于服务业的就业，这也符合当前产业结构调整的政策导向。进一步，本改革方案在要素非充分就业的萧条时期能发挥更好的调节效果，也就是本方案能够更好地起到"自动调节器"的作用。

10.4　结论与建议

本章在对当前我国税收制度面临的重要问题——地方税制改革问题进行详细分析的基础上，构建了可计算一般均衡模型，测算了以开征零售税为主要内容的地方税改革方案对宏观经济、产业经济及就业和需求的影响与效应。根据分析结果可知，在效率效应方面，该方案在经济增长、产业结构、生产方式转型、扩大内需和就业等方面都能取得良好的效应。在公平效应方面，由于该方案改善了现行增值税、营业税等分成机制设计造成的地方政府对外延型投资扩张的冲动，能够有效增强税制的地区间和居民间公平。此外，对税收收入的测算也显示，该方案对税收收入的影响不大，能够保障地方财力的正常需要及政策的平稳过渡。

目前，地方税中的主要税种对流动性税基征税锁定了粗放型经济增长方式。在本章所设计的地方税改革方案中，将增值税和企业所得税划归中央税，原营业税中的建筑业和销售不动产业的税收也划归中央政府，这样地方政府所依赖的企业规模外延式扩张所带来的收益将不复存在，因此地方政府不再有激励去刺激工业产能的扩张和房地产业的发展，原有税制体系对经济增长方式的不良影响也得以降低。楼继伟（2013）指出，在原有体制下，地方政府增值税分享比例过高，不利于有效遏制地方追求数量型经济增长的冲动，地方税制的改革能够从根本上解决维持地方财力与抑制粗放型增长的矛盾。

从测算结果来看，改革方案对于重工业、纺织业和轻工业这些我国目前存在较严重产能过剩行业的需求影响为负，而服务业的需求有较大增长。闭合三中公共服务业的产出增长了 1.68％（居首位），运输业的产出增长了 0.73％（居次席），其他服务业的产出也增长了 0.44％，因而整个服务业的产出都有了较大的增长。这充分说明该方案有助于改变当前我国过于倚重第二产业的产业结构，有助于从高投入、高耗能的"制造型"生产结构向更为协调、更为可持续发展的"服务型"生产结构迈进。此外，从对我国产业结构合理化和升级化的指标测算结果也可以看出，无论哪种闭合，改革政策都能带来我国产业结构合理化和升级化的正向收益。这些都充分说明了本章所设计的地方税制建设方案能够实现由主要依靠第二产业带动向依靠三次产业协同带动的转变，有利于实现产业协同发展以及经济发展方式转变。

此外，本章还分析了我国劳动要素和资本要素是否出清，并据此设计了在不同宏观闭合下的测算方案。最终结果表明，假定劳动要素非出清时的改革方案效果优于假定要素都出清时的效果，假定劳动和资本都非出清时的效果优于仅假定劳动非出清时的效果。这表明该改革方案能够在萧条时期更有效地拉动要素的就业和投入，从而产生良好的经济社会效果；同时，说明本章的地方税方案设计能有效地发挥税收的"自动稳定器"作用，具有良好的自动调节功能。

因此，综合分析结果说明，以开征零售税为纲的地方税制改革方案是一个能兼顾效率和公平的税制改革方案，值得进一步分析研究并探索实施的可能性。

附录　增值税的全球经验与问题 *

一、导　言

本章的目的在于介绍当前增值税（VAT）设计和实施过程中面临的主要问题及挑战。第一部分介绍增值税的特征以及它在世界范围内的状况。由于对所有地区的税收而言，政策与征管两者之间的区别并不完全清晰，但为了方便起见，第二部分主要讨论政策方面的争议。第三部分关注征管问题。第四部分分析增值税未来可能面对的挑战。

A. 增值税的定义与传播

增值税的本质在于它利用销项税额减去进项税额这一机制对交易征税。另外，在实践中，增值税对税基的确定和该税收所适用的经济活动范围有相当大的差异性。这给定义某种税收是否属于增值税提供了争议的空间。[①] 这篇报告将增值税定义为利用进项税额抵扣销项税额机制对销售行为进行广泛课税的税种。

尽管增值税的结构和实行方式有很多种，但在一些核心问题上存在广泛共识。首先，业界普遍赞成要确保最终的税收基础是消费。这样，由于进项税额可以抵扣，因而不会扭曲不同商品的相对价格，同时还具有保持生产效率的理想特性（因此，增值税不会使经济偏离生产可能性边界）。由于增值税是在生产的每一环节都征收，因而为保证只有最终消费才承担增值税，就要求进项税额允许全额抵扣和增值税链条的不断裂。购进商品增值税的豁免会导致链条的断裂（见专

　＊　本章主要是从国际税收对话（*International Tax Dialogue*，2014）出版物《增值税、中小企业税收和对金融部门的税务处理的关键问题》（*Key Issues and Debates in VAT，SME Taxation and the Tax Treatment of the Financial Sector*）的第二章翻译过来的，获得了版权。

　①　此外，很多国家选择将增值税称为另一些名字，比如一般销售税或者商品和劳务税。这个标签没有经济上的重要含义。

栏 1)。

凭发票抵扣增值税①的方式被广泛应用。这主要是基于以下原因，即通过将购买者购进商品的税收抵扣与供应商缴纳税收（至少是与消费地）联系在一起，这可以阻止中间销售环节欺骗性地低估商品或服务价值。

专栏 1   **增值税基本知识**

增值税的一个重要特征是宽税基，对于商品和服务的每个生产环节征收，同时很关键的一点是，进项税额可以抵扣销项税额（如果有需要，在前者超过后者时会有退税）。也就是说，当销售者被要求对其所有的销售额征税时，他们可以要求用进项税额进行抵扣。此做法的优点是在生产的整个过程中筹集财政收入（不像零售税），同时并不扭曲生产决策（也不像周转税）。

例如，假设 A 公司以 100 美元（不含税）的价格销售产品（此产品生产并未用到购进商品）给 B 公司，接下来 B 以 400 美元（也不含税）的价格将产品卖给最终消费者。现假设增值税税率为 10%，那么 A 公司将向 B 公司收取 110 美元，并交给政府 10 美元的税收。B 公司将向最终消费者收取 440 美元，并上交 30 美元的增值税，即用 40 美元的销项税额减去 10 美元的进项税额后的数额。因此，政府总计筹集到 40 美元的收入。在其经济效应中，税收等于最终销售额乘以 10%（这并不产生税收动因，尤其是对 B 公司改变其生产方式或者两个公司合并而言），但这种筹集税收收入的方式要比依靠最终环节全额征收更有效率。

零税率是指对于某销售使用的税率为零，但仍可以进行进项税额抵扣。在这样的情形下，公司将获得已缴纳的进项税额的全额退税。在一个仅针对国内消费的增值税中，出口是零税率，这就意味着出口产品不含任何国内的增值税。这称为目的地原则，在间接税中是一项国际通行原则，也就是对一项商品征收的全部增值税是根据最终销售辖区的税率确定的，同时相关收入也归此辖区。与目的地原则相对应的是依来源地课税，即税收是按照生产国的税率征收。

免税与零税率有很大不同，免税意味着对销售商品和服务不征税，但进项税额并不能抵扣，因此不会产生退税。在这样的情形下，由于中间交易环节的税收仍不能收回，因而生产决策可能会受到增值税的影响。

---

① 在此方式下，每个销售方在一个特定的税率下征收销项税额时给购买者开具标有所交增值税税额的发票。因此，交易者就可以用购进商品或服务的进项税额抵扣销项税额，并向税务局缴纳一个余额（否则，若净余额是负的，意味着要退税）。

最初，增值税被发展起来是为了满足增长的财政开支需求，因为当时仅依靠已有的周转税满足不了财政开支需求，同时周转税的重复征税性质会扭曲经济决策。[①]增值税最先出现在法国[②]，它的实施在开始阶段进展缓慢，如图1所表现的，随后的发展速度很快。增值税被作为进入欧盟的一项要求。欧盟增值税的一个重要优势是可以很明显地消除成员国之间的间接税（或者补贴），这促进了其在欧洲联盟地区发达国家（也包括一些非成员国，比如挪威、瑞士和最后加入的国家）的发展。目前，除了美国，所有的 OECD 国家都实行了增值税。最近的调查显示，在其他条件相同的情况下，推行增值税的国家要比没有增值税的国家筹集到更多收入，而撒哈拉以南非洲地区相比其他地区更不明显。[③] 此外，增值税的引进与其总收入占GDP 4.5% 的比重的长期增长是相关的。[④]

在 20 世纪 90 年代增值税的传播（见图 1）有一个特别引人注目的增长，它几乎被所有的转型经济国家采用（这反映出替代传统财政收入来源的需求），也被大量的发展中国家采用，这不仅包括撒哈拉以南非洲地区，也包括亚洲和太平洋地区，同时它也被一些小的岛屿经济体采用。然而，分析显示：一个国家的农业部门越大、经济越开放，实行增值税的可能性越小。[⑤] 在世界范围内，增值税的引进与改革仍是一项重要的政策问题。例如，伊朗在 2008 年引进了增值税体系[⑥]；2009 年，中国将生产型增值税改为消费型增值税[⑦]；海湾合作委员会广泛讨论了增值税制度的引进，但最终延迟实行；再如，目前印度正在推行商品与服务税改革，以创造一个长期可持续的商品与服务税体系[⑧]；刚果民主共和国在 2012 年 1 月 1 日实行增值税。[⑨]

目前，各地的增值税结构有很多种。例如，标准的增值税税率在西欧和前转型经济体要比其他地区高，而在亚洲和太平洋地区最低。此外，西欧、北非和中东就增值税税率的数量而言最为复杂。

---

① 由于营业税是对营业额征税而未考虑到增加值，因此对某个特定商品征收的税将反映生产链条中应税层级的数目，导致重复征税。这就给了生产者一个替代购进已税商品的动机，从而导致生产方式对个人有利，而从更大的社会角度看是低效率的。其结果为，从未来产生的扭曲看，产业有纵向一体化的动机以降低税负。

② 增值税的想法源于 20 世纪 20 年代一个德国商人冯·西蒙斯（von Siemens）的文章，详细内容见 C. F. von Siemens 的《改进销售税》（1921 年）。

③ Keen M. , B. Lockwood：《增值税是印钞机?》，载《国家税务》，59（4），2006。

④ Keen M. , B. Lockwood：《增值税——起源与结果》，载《发展经济学》，92（2），2010。

⑤ 参见 Keen and Lockwood（2006）第 5 条注释中的文章。

⑥ 参见 Crivellaro J. :《伊朗现代税制的政策选择》，载《国际税收公告》，65（9），2011。

⑦ 参见 Zhang Y. :《国际金融危机下的结构性减税政策分析》，载《亚太税务公告》，16（3），2010。

⑧ 参见 Poddar S. and E. Ahmad:《印度商品及服务税改革以及政府间问题思考》，2009；http：//fin-min. nic. in/workingpaper/gst%20reforms%20and%20intergovernmental%20considerations%20in%20india. pdf。

⑨ http：//www. leganet. cd/Legislation/Dfiscal/TVA/Loi. 11. 005. 25. 06. 2011. htm。

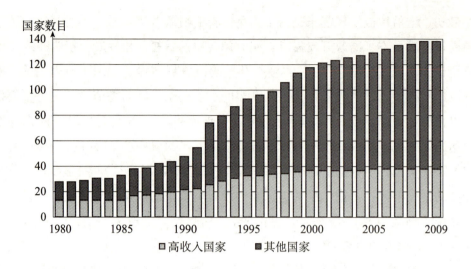

图 1　1980—2009 年增值税的传播

说明：本图表示了不同时期实行增值税的国家数量。

资料来源：国际货币基金组织数据。

增值税在实现财政收支平衡的财政整顿中起到重要作用。很多国家在中期采取巩固公共预算的方法，部分就是通过提高增值税税率。在这些国家中，许多国家选择通过增值税获得额外收入，而非选择其他税收。证据表明，消费税（尤其是增值税）要比个人所得税较少地扭曲储蓄、投资和工作刺激，因此它对经济增长的不利影响要小。[①] 提高税率是在短期内提高收入的最简单方法，而降低增值税税率（可能是短期的）对于提高经济危机时期的总需求[②]和在中期扩大税基有吸引力。提高增值税收入的一个可行方式是逐步提高应税商品和服务的零税率及低税率到标准税率水平。然而，实行这项改革的障碍（不仅包括可察觉的分配影响）可能是很大的。其中的例外就是葡萄牙，它决定限制低税率和免税项目的运用。[③]

---

①　参见 Arnold J. M.，Brys，B.，Heady，C.，Johansson，A.，Schwellnus，C.，and L. Vartia：《经济复苏与增长下的税收政策》，载《经济日报》，121（550），2011；也可参考 OECD：《税收政策改革与经济增长》，2010。

②　参见 Splimbergo，A.，Symansky，S.，Blanchard，O. and C. Cottarelli：《危机下的财政政策》，2008，http://www.imf.org/external/pubs/ft/spn/2008/spn0801.pdf；Barell，R.，M. Weale：《降低增值税经济研究》，载《财政研究》，30（1），2009；Crossley，T. F.，Low，H. and M. Wakefield：《临时削减增值税经济研究》，载《财政研究》，30（1），2009；Blundell，R.：《英国临时削减增值税政策评论》，载《财政研究》，30（1），2009。

③　参见 Henriques，R. G.，L. Castro：《葡萄牙经济动荡中增值税的重要性》，载《国际税收评论》，22（10），2011。在荷兰，Van Dijkhuizen 委员会最近建议政府未来将增值税标准税率从 21％升到 23％（在 2012 年 10 月 1 日，税率已从 19％提高到 21％），将低税率从 6％提高到 8％；见 "Commissie Inkomstenbelasting en Toeslagen，Naar een Activerender Belastingstelsel—Interimrapport，http://www.rijksoverheid.nl/bestanden/documenten-en-publicaties/rapporten/2012/10/16/interimrapport-commissie-inkomstenbelasting-en-toeslagen/interimrapport-commissie-inkomstenbelasting-en-toeslagen-2.pdf。

增值税曾在 6 个国家或地区被取消：越南（在 20 世纪 70 年代），格林纳达（在 1986 年引进，不久被取消），加纳（1995 年 3 月引进，两个月后取消），马耳他（1995 年引进，1997 年取消），伯利兹城（1996 年引进，1999 年取消），以及加拿大的不列颠哥伦比亚省（2010 年引进，2011 年取消）。这可以被认为是增值税运行成功的表现。此外，在所有的例子中，除了加拿大的不列颠哥伦比亚省，增值税又被重新引进（加纳在 1998 年，马耳他和越南在 1999 年，伯利兹在 2006 年，格林纳达在 2010 年）。①

B. 增值税的表现

增值税的提倡者认为，增值税的核心作用在于其是一种特别有效率的税收形式。② 事实是否真的如此？回答该问题的一个方法是，是否有增值税的国家可以比没有增值税的国家筹集到更多的财政收入。计量分析的结果总体上支持这个观点，只是在撒哈拉以南地区，这种作用不是很明显。③

仔细观察，财政收入的筹集和税收的效率都与增值税的某种特征密切相关，即人均 GDP 越高并且农业份额占 GDP 的比重越低（这仅仅体现农业产出从增值税中的扣除），增值税越高。但是，一国进口占 GDP 的比例越高，引入增值税所带来的正向收入效应越小，这可能反映了这样的一个基本事实：这些经济体的其他税种，特别是关税，不会比增值税效率低。④ 实证证据显示，增值税财政收入在高收入和

---

① 除了不是一个国家，加拿大的不列颠哥伦比亚省的例子很特殊，因为它必须在加拿大商品与服务税二元结构的背景下理解。2010 年 7 月，不列颠哥伦比亚省取消了 7％的省销售税（PST）（一项零售税），在省 7％的税率上附加 5％的联邦销售及服务税，以形成 12％的统一销售税（HST）。在不列颠哥伦比亚省选民于 2011 年 8 月举行的一次全民公决中拒绝推行协调销售税之后，不列颠哥伦比亚省决定不实行协调增值税。这就意味着从 2013 年 4 月 1 日起，它将恢复旧的 7％的省销售税。5％的联邦商品及劳务税仍在整个加拿大保留，包括不列颠哥伦比亚省。参见 R. Bird：《加拿大商品及服务税制度》，《商品及服务税/统一销售税：在联邦制国家建立综合销售税》，卡尔加里大学公共政策学院的研究论文，2012，http：//www. policyschool. ucalgary. ca/sites/default/files/research/bird-gst-hst. pdf。

② 关于这一点有不同的意见。参见 Emran, M. S., J. E. Stiglitz：《关于发展中国家选择性间接税改革》，载《公共经济学杂志》，2005；Waidyasekera, D. D. M.：《当前财政与税收政策问题分析（斯里兰卡）》，载《亚太税务公告》，2009。

③ 参见 Keen and Lockwood (2006)。

④ 有时，增值税的推行被认为有利于出口，因为出口时商品的增值税已被排除在外。然而，这里的理论问题要比看起来的复杂，因为可以通过调整汇率和中间价来抵消税收在生产成本中的一些影响。基于这些原因，促进出口很少被作为推行增值税的理由。然而，最近的实证研究表明，在一些发展中国家，增值税与较低的贸易流量存在关联（在高收入国家没有显著影响）。参见 Desai, M. A. and J. R. Hines Jr. (2002)：《增值税与国际贸易：证据》，http：//www. people. hbs. edu/mdesai/vats. pdf。

开放的经济体中更高。[①]

这些结果表明，增值税的作用在各国间的表现存在很大的差异（以产品的标准增值税税率和总消费所征收的税占总税收收入的比例来衡量）。[②] 怎样去解释这种差异？换句话说，哪些因素——在税制设计（如税基的精确设计）和广泛的经济环境方面（如进口占 GDP 的份额）——影响了增值税的收入效应？[③] 要解决这个问题，可以利用计量经济学分析方法，这个方法涉及增值税本身的特征和整体经济的特征。分析的主要结论包括：

● 标准的增值税税率（意料之中的）对财政收入有重大的影响：平均来说，每提高标准税率一个百分点将提高增值税收入占个人消费比重的 0.6 个百分点。

● 贸易对一个经济体的重要性也与增值税的收入有着正向关系。在一个贸易至上的经济体中推行增值税，总体上能提高多少额外的财政收入是另一个问题。在此的解释就是：在其他条件相同的情况下，贸易的重要性程度越高，现有的增值税越能筹集到更多的财政收入。最明显的解释就是过境制度（也许是指现有的海关服务）使得进口增值税收入的筹集更加容易。

● 增值税的存在年限对于增值税作用的发挥有着非常重要的影响。一种观点认为，增值税的管理借鉴了以前的管理经验，而且在以前经验的基础上有所改善；另一种观点认为，随着时间的推移，增值税税制设计中易被忽视的因素也有了很大改观。

● 知识水平跟增值税收入也有正向关系。

● 虽然实证分析不那么可靠，因而也不能作为政策建议的依据，但我们有充足的证据表明：在包含多种增值税税率的国家，相对于给定的标准税率，最高实际增值税税率与最低实际增值税税率之间的层级会对增值税收入有很大影响。（对于这个违反直觉的结果，其潜在对策之一是应对正向的财政影响，在最终消费环节以正向的税率对受欢迎的种类征税，而不是仅仅给予税收豁免优惠。）

有观点认为，增值税遵从和管理复杂且成本高，因此不适合发展中国家。确实，计量分析表明，在其他条件相同的情况下，国家的文化普及率越高、征管能力越强，增值税收入就会越高。

---

① Keen，M. and B. Lockwood：《增值税——后果与原因》，2007；http：//www.imf.org/external/pubs/ft/wp/2007/wp07183.pdf。

② 这个想法是，对于所有消费，以一个统一税率征税的基准增值税将有一个"C 效率"，然后它可按百分比测算出来。这项测量方法受制于很多方面，正如 Ebrill，L.，Keen，M.，Bodin，J.P.，and V. Summers（2001）在《现代增值税》中所讨论的。

③ 最近关于确定不同国家主要决定因素的研究来自 Aizenman，J. and Y. Jinjarark：《增值税征收效率：理论与国际经验》，载《国际贸易与经济发展杂志》，17（3），2008。

　　然而，真正的问题在于：是否在发展水平很低的国家筹集同样多的税收收入，增值税的成本会比其他税种的成本高？这将取决于各种税的运营成本。这些税的运营成本可以细分为税务当局的征税成本和纳税人的遵从成本。考虑到增值税可能在税收收入筹集手段和纳税人之间充当催化剂角色（例如，促进一种保持良好记录的文化风气），增值税有可能征收成本很高，特别是在开始环节，但在筹集财政收入方面依然很成功。

　　当增值税设计了简单[①]、单一的税率时，其征管成本也比较低，并且高的起征点也有利于征管成本的降低。虽然遵从成本基本上与应付税款总额没有联系，但越小的交易商的遵从成本越高，特别是频繁的纳税申报表的提交是小企业纳税人遵从成本很重要的一部分。[②] 在最近的一次交流中，欧盟委员会认为遵从成本很高，占了增值税收入的 2%～8%，而且遵从成本累退（从某种意义上说，小的交易不再等比例负担遵从成本）。这次交流也表明，如果不采取有效政策，随着时间的推移，遵从成本将不会下降。[③]

　　发达国家有充足的证据表明增值税比所得税的成本低，但重点在于，增值税的成本高于还是低于其他形式的销售税，特别是增值税所取代的税。Ebrill et al. (2001) 对比了 6 个讲法语和 6 个讲英语的非洲国家，发现增值税的"先驱"们筹集财政收入远没有现在那么容易。在增值税被采用之前，营业税在法国很流行，但在非洲西部，增值税逐渐取代了营业税。在非洲东部，增值税逐渐取代了老的共和国模式下的制造业销售税。在早期的体制中，我们能找到很多它们的共同点：多种类且分类严密的税率（包括奢侈品的消费税）；许多特定的扣除，包括零售行业的扣除；在很多情况下，国内销售和进口差别对待。

　　值得注意的是，所有这些增值税都包含了一系列复杂方法来避免营业税下的多环节征税问题。在东非和南非的体制下，多样化体制结合扣除特定项目销售额的形式扮演了很重要的角色，那些特定的项目不仅包括注册贸易商，还包括通常被视为

---

　　① 在很多关于 OECD 国家增值税征收成本的研究中可以得到一些结论，它们已经估算出对于一个"最佳实践"的增值税，每年每个登记人的政府行政成本大约为 100 美元，每年每个登记人的纳税人增值税遵从成本约为 500 美元，这会高估发展中国家的相应成本，因为它们在很大程度上反映了劳动力成本。

　　② Yesegat W. A.：《埃塞俄比亚、肯尼亚和新西兰的增值税/消费税设计比较分析》，载《新西兰税收法律和政策杂志》，14（3），2008。关于包括增值税在内的税收遵从成本累退性的证据在 Coolidge J. and D. Ilic：《南非税收遵从和小型企业正规化》，2009；世界银行集团、OECD：《中小企业税收——对关键问题和政策的思考》；Rametse N.：《小型企业新税实施成本和管理优势的国际观点》，2010。在 2010 年索韦托"企业与发展"国际会议中，Tran-Nam, B., Evans, C., Walpole, M. and K. Ritchie 发表了《税收遵从成本：在澳大利亚的研究方法和经验证据》，载《国家税务杂志》，53（2），2000。

　　③ 参见《从委员会到欧洲议会，理事会与欧洲经济和社会委员会就未来增值税的交流——建立起针对单一市场更简单、更强大和高效的增值税制度》，2011。

中间商品的多类别产品的一般扣除。在许多国家，包括说英语和法语的国家，"固定收益投资"、"资本化设备"和"原材料"都可以扣除，因而带来了复杂的鉴定问题。实际上，增值税一些复杂的先导税种确实令人厌烦。例如，在已开征增值税的毛里塔尼亚，先前的税制体系中存在三种有多重税率的营业税，这些营业税通过从销售收入中扣除某些出口成本的优惠方式来应对多环节征税问题。

尽管在很多方面不同，但增值税与 20 世纪 90 年代它所替代的那些税种相比有很多共同点，包括：发票管理方法的使用；比先前税种更广阔的税基（尽管仍有很广阔的扣除）；单一或者很少种类的实际税率；出口零税率；包括所有阶段的产品，并且通过各种起征点排除零售交易和小规模的贸易；国内商品和进口商品的同等对待。[①] 至少在这些国家，很难说增值税会比它所替代的税种成本更高、更复杂。事实上，正如我们所关注的那样，先前的税种通常已包含了种种抵免或者推迟进口税的方法，然而引入增值税，在某些情况下意味着先前抵免制度的合并和简化。

二、税收政策问题

本部分提出并且解决增值税设计中一些最常见且最麻烦的问题。

A. 税率

对增值税的标准建议是推行单一税率（而不只是对出口实行零税率）[②]，但这也不是总会被采纳。表 1 显示了在所有推行增值税的国家中采用的增值税实际税率的档数。仔细分析可知，增值税推行越久，其税率级次越多；考虑年限因素后，欧洲、北非和中东地区的税率级次明显多于其他地区。特别是绝大多数近几年开征增值税的国家都采取了单一税率，不仅包括澳大利亚和新西兰，还包括发展中国家。历史经验表明，一旦差异不可避免，很难追求单一的增值税税率结构（尽管有许多成功的例子，如斯洛伐克在 2004 年合并了两种差别化的增值税税率；但是，我们必须承认的是，它在 2007 年又引入一个低税率）[③]。

---

① 直到 20 世纪 80 年代末，增值税无论是在生产和进口阶段，还是在批发及进口阶段都进行过尝试，然而，这些尝试都未被视为成功，直到增值税扩展到零售层面才被认为是一种提高。

② 参见《欧盟成员国适用于商品和服务的降低增值税研究》，http://ec. europa. eu/taxation _ customs/re-sources/documents/taxation/vat/how _ vat _ works/rates/study _ reduced _ vat. pdf。

③ 参见 Crawford，I.，Keen，M.，and S. Smith：《增值税与货物税》，2010。Adam，S.，Besley，T.，Blundell，R.，Bond，S.，Chote，R.，Gammie，M.，Johnson，P.，Myles，G.，and J. Poterba：《税制设计——Mirrlees 观点》，牛津，牛津大学出版社，2010。也可参见 the Van Dijkhuizen 委员会，它倡导到 2017 年荷兰应实行单一的增值税税率，同时也意识到要将邻近成员国增值税税率的变化和扩展考虑在内。

表1　　　　　　　　　　　　　　　税率档数的分布（%）

档数	1	2	3	4	5	6	超过6
国家（地区）数	45	25	22	5	2	0	1

增值税是对消费征税，问题在于，为什么一个国家要对不同的消费采用不同的税率征税？效率可能是采用多级税率的一个原因，根据逆弹性法则的理论（只可在某些特殊情况下严格遵循），需求弹性低的商品应该征收特别高的税率。但是，考虑到征管效率以及对于某些需求弹性低的商品（如酒、汽油和烟草制品）会另行征收消费税的事实，增值税多税率级次的原因就站不住脚了。需求弹性低的产品大多是最终环节的产品，由于是最终环节，所以重复课税要么不对产品的需求产生显著影响，要么是适当抑制污染环境的消费行为。

因此，更重要的事情是我们如何运用多级次税率调节公平的问题。如果对社会富裕阶层的消费商品课征重税，从而人人平等，这样的税制是理想的。公平原则的实施力度有赖于政策工具的有效程度。与发达国家的情况相反，许多发展中国家既没有职能完善的所得税体系，也没有目标支出计划以达到公平目标。由间接税主导的再分配效果本质上是会受到限制的，关键在于：即使低收入者将收入的大部分用于某种商品（如食品），从绝对数上说，富人通常会支出更多，所以对这种商品实施优惠税率实际上让富人得到了更多好处。[①] 在很多发展中国家，真正的问题在于更好的政策是不是多重税率以及增加的税收收入是否被很好地运用于扶贫支出。[②]

一个相关的问题就是增值税本质上是不是累退的。也就是说，随着当前收入的增加，用于消费的收入份额趋于下降[③]，这是一个事实。然而，当一个人将消费放在一生中考虑，那么整个的消费和收入将是成比例的，这个问题就变得不再清晰。此外，一个人需要将增值税的分配职能与那些替代的税种相比较，并真实评估整个税收支出体系的分配职能，而增值税只是这个体系中的一部分。此外，还有一些重要的问题值得考虑，比如低于增值税起征点的小商贩能否享受到一些竞争优势依赖于他们缴纳的其他税收。尽管有这些因素，但有趣的是，一些发展中国家的经验数据（尽管是有限的）表明增值税分配并不完全是累退的，它要比一些贸易税更具累

[①]　一个IMF技术援助组织的职员估计，如果用100美元的增值税收入表示放弃零税率食物的结果，则总人口中最穷的30%的人口受益小于15美元，而最富的30%的人口约受益45美元，参见Ebrill, L., Keen, M., Bodin, J. P., and Summers, V.：《现代增值税》，2001。澳大利亚类似的研究显示，该国零税率食物的支出中收入最高的群体约是收入最低群体的6倍。因此，约50亿美元免税额的"免税食品"中超过三分之一使收入分配中最高的20%群体受益，参见《澳大利亚未来税制报告（2010）》。

[②]　参见OECD：《税收政策改革与经济增长》和《选择宽税基低税率的税收方式》，2010。

[③]　参见Brederode, R. F. W.：《增值税累退性：实证真相还是政策选择》，*International VAT Monitor*，18 (2)，2007。

进性。来自孟加拉国家庭收入支出调查数据的实证研究表明，增值税确实有一定的累进因素。[①] 然而，来自新西兰的数据表明，对一些商品（如食品）征收增值税是累退的。[②] 值得注意的是，增值税的累退性在各国的情况不同，一概而论可能产生误导。

需要注意的是，伴随多重增值税税率，管理和遵从成本也会增加。这包括增加的需要支付退税的可能性（对于销售者的商品课以轻税，但此商品有很高的进项税额），定义纠纷和逃税的可能性，以及越来越多的税率差异会产生更多政治压力的可能性。有相当多的经验表明，多重税率会增加管理和遵从成本，同时可能为逃税提供便利。[③]

B. 免税项目

我们的建议是给出一份免税的税目清单，仅限于基本的卫生、教育和金融服务，因为系统地记录世界范围内在此方面的实践是很困难的[④]，但对增值税免税的推行越来越受到广泛的关注（其他的税种也是如此，如企业所得税）。

免税往往是基于某些合理的原因，即对其产出很难课税（如金融服务）[⑤]，或者在实践中替代一个低税率会更方便。另外，对选择税收豁免也有一些特别的原因，对农业的普遍免税反映了分配问题，而对捐助者资助的项目免税反映了一些捐赠条件。

然而，免税产生的结果是复杂的，并且往往是不利的。免税违背了增值税的基本逻辑，它介于通常方式下（对销项征税并准以扣除进项税额）课征一个正的增值税税率和适用零税率（即通过扣除进项税额去除了商品价格中包含的所有增值税，同时不征销项税额）两者之间。免税造成的结果包括：①重新引进级联以及产生相关的生产扭曲——当一件免税的商品被用于生产另一件商品，那么生产的第二件商品在销售时包含在第一件商品中的增值税不能被扣除；②危害国际交易商品的目的地原则——如果一个出口商生产时投入了免税商品，出口商的零税率出口商品将包含来自早期生产链条的增值税；③相比国内生产的免税商品，能为进口创造竞争优

---

① 参见 Faridy, N. and T. K. Sarker：《发展中国家的增值税累进性：来自孟加拉国的经验证据》，载《亚太区税务公报》，17（3），2011。他们在农村人口的消费中观测出累进性因素，而城市人口消费的累进性程度有所降低。

②③ 参见 Adam, S., Besley, T., Blundell, R., Bond, S., Chote, R., Gammie, M., Johnson, P., Myles, G., and J. Poterba：《税制设计——Mirrlees 观点》，牛津，牛津大学出版社，2010。

④ OECD 在《消费税发展趋势》中会每半年发布更新的成员国免税列表。

⑤ 最新的关于金融服务征税问题的研究见 Kerrigan, A.：《很难保持中性——为何对金融服务课增值税如此困难？》，*International VAT Monitor*，21（2），2010。

势（由于一国出口的零税率产品的进项税额在之前就已获得补偿，而非之后）；④免税交易商在某些情形下，将通过垂直整合或者更积极的税收筹划来达到避税的目的；⑤以某部门的免税为支撑，导致了"豁免蠕变"，即如果有一个部门获得了免税，该部门就会产生游说购买投入品的厂商也获得免税的动机（这样可使得早期生产中支付的进项税额能获得补偿）。在行政管理方面，免税也存在问题：无论贸易商销售应税商品还是免税商品，都需要产品进项税额的征收规则，而且在凭证和对国外援助项目计划上也会产生新的问题。然而，很少有定量的证据表明免税会增加税收管理和遵从成本。①

由于以上困难，双重豁免问题可能会在未来几年的增值税改革中反复出现。②在公共部门和金融服务方面，相关学者正在对增值税免税的可替代方法进行研究。例如，在金融服务方面，近年来增值税现金流的可能形式已经引起了人们的关注。③在新西兰，当金融服务应税购买方的应税产出比例不低于75％时，对金融服务的提供商采用零税率。而在澳大利亚，针对特定金融产品的大型提供商采取减少进项税额的抵扣体系。这并没有破坏增值税的抵扣链条，而是一个非常有趣的进步。④欧盟正在考虑逐步淘汰现有的注入教育和医疗方面的增值税免税。⑤一般来说，该计划旨在减少免税的范围以及降低税率。但是，免税的规定和税率降低的权力仍在各个成员国内部。

C. 起征点

强制的增值税登记起征点水平是增值税设计与实行的一个关键选择。经验表明，许多国家倾向于设定低起征点，这使得它们的管理机构在管理如此多增值税纳税人，特别是遵从成本可能比较高的小规模纳税人时显得不够完备。事实上，加纳和马耳他最初实施增值税失败的一个主要原因就是设置的起征点水平过低。

在不同的国家，增值税的起征点水平设计有很大的不同，范围从几千美元到超

---

① 参见 Bird，R. M. and P. P. Gendron：《发展中国家和转型国家的增值税研究》，纽约，剑桥大学出版社，2007。

② 然而，这是一个政治敏感问题，1982 年对儿童鞋免税的取消导致了爱尔兰政府的倒塌，参见 Loughnane，F.，Mesdom，B.，and I. Lejeune：《探索增值税：全球间接税将走向何处?》，载《爱尔兰税收评论》，19（1），2006。

③ 参见《澳大利亚未来税制报告》中的第 55 条建议，http：//www.taxreview.treasury.gov.au。

④ 澳大利亚对于部分金融商品征收进项税额的方法明显减少了对最终消费者的征税而增加了对银行的征税，同时也导致了整体税收收入的减少。参见《澳大利亚未来税制报告》，2010。

⑤ 参见《从委员会到欧洲议会，理事会与欧洲经济和社会委员会就未来增值税的交流——建立起针对单一市场的更简单、更强大和高效的增值税制度》，2011。然而，我们对公共产品成本和社保方面的潜在显著影响需要加以考虑。

过 200 000 美元。即使在所有成员国拥有共同的增值税管理法律制度的欧洲，增值税的起征点水平依然位于 0 到 100 000 美元之间。增值税起征点的形式、程度以及相关措施的性质也有很大的不同。除了最常见的单一起征点水平外，其不同点还包括：不同的活动具有不同的起征点；通过调整低于起征点以下实体的税负水平来减小起征点附近税负的不连续性。例如，埃塞俄比亚和肯尼亚的申请登记部门要求特定行业的交易者无论其营业额是多少都要进行登记。[1] 在西非，增值税的一个共同点是服务提供商的起征点要低于商品提供商。[2]

高起征点设计基于这样的经验规律：小部分的公司构成了大部分潜在的增值税收入，因此高起征点减少了征管成本。由于小企业的增值额非常小，因此官方能够对它们进行豁免而不带来任何收入上的不良后果。这与单级税收形成了鲜明对比，如消费税的起征点意味着起征点以下的全部销售总额而不是增值额都损失了。同时，高起征点能够减轻公司的税收遵从负担，通常遵从成本相当大：来自新西兰的研究表明，中小企业增值税的遵从成本高达其营业额的 21％。[3]

然而，具有讽刺意味的是，包括低征管水平国家在内的许多国家显然没有被高起征点的论点说服。除了税收遵从外，官方认为高起征点支持了小企业（豁免它们的税收），这对所有纳税人来说是不公平的。举例来说，欧盟的第一个对“输入”的电子服务税收指令提议规定了欧盟的非欧盟电子供应商的起征点为 100 000 欧元。但是，随后的成员国谈判中否定了这一提议。这使得非欧盟企业必须就销售总额缴纳欧盟增值税。这与大多数欧盟国家的起征点规定相反，因此扭曲了起征点这一规定。

如何在税收收入和征管成本间进行权衡是关键。随着起征点的提高，税收征管成本和遵从成本也越来越高，政府资金筹集的必要性就不那么急迫了，销售增加值比率就比较低了。[4] 销售增加值的比率低非常重要，这是因为在其他条件相同的情况下，为高盈利和（或）劳动密集型活动制定低起征点才有充分的依据。但是，这

---

① 参见 Yesegat，W. A.：《埃塞俄比亚、肯尼亚和新西兰的增值税/消费税设计比较分析》，载《新西兰税收法律和政策》，2008。

② 例如，《科特迪瓦税法通则》的第 347 条规定：对服务的起征点为 2 500 万非洲法郎，对商品的起征点为 5 000 万非洲法郎，西非经济暨货币联盟的增值税指令允许成员国可有区别，http：//www.uemoa.int/Documents/Actes/directive＿02＿2009＿CM＿UEMOA.pdf。

③ 参见 Colmar Brunton：《测量中小型企业税收遵从成本》，2005。然而，遵从成本占营业额的比例随营业额增加而显著下降。

④ 举例来说，假设每个纳税人的管理成本和遵从成本分别为 100 美元和 500 美元，1 美元税收收入的边际价值为 1.2 美元，税率为 15％，销售额价值增加的比例为 40％。2001 年，伊布利尔（Ebrill）等人通过一个简单的公式将这些因素都包含在内，估算出最佳的起征点为 52 000 美元。关于增值税最优起征点问题的进一步分析见 Keen，M. and J. Mintz：《增值税最优起征点》，载《公共经济学杂志》，2004（88）。

增加了辨别不同活动以及同时进行多个活动的交易者的困难。文献已经研究出了通过数值计算出的最优起征点的准确表达式。①

位于起征点之上和之下存在的差别待遇也会引发问题。例如，企业在向其他企业销售时为了能扣除进项税额，往往希望进行增值税登记。因此，允许低于起征点的企业自愿进行增值税登记是正常的做法，但情况并不总是这样。② 相反，销售高增加值率的公司和销售给非增值税登记买家（通常小企业直接给最终消费者提供服务）的公司若能进行增值税豁免则非常有利。具体说来，这使得成本较高的小企业有更大的交易费用，同时意味着在其他条件相同的情况下，其适用的起征点更低。与之相关的问题是起征点有可能促使交易者组织一系列低效率的小企业利用会计和财务报表来避免增值税。

位于起征点之下和之上的税负扭曲程度及性质取决于起征点之下如何征税。③推定税（如一个简单的周转税）是比较常见的，这意味着最优起征点的计算需要改写两个税种在起征点附近的不同收益和费用。通常的结果是，税率越低的税越容易征收，而对于税率越高的税来说，其增值税起征点越高。

在起征点下的税收选择方面也会考虑其他因素。例如，即使小企业支付的税收不能促进公民对税制的兴趣以及其他作用，但它可以在保存记录账簿及使得纳税人和社会获益方面成为一种教育元素。增值税起征点的这些相关问题以及税务当局在处理小企业的税务问题方面需要更多的研究和经验分享。

D. 小国

是否存在国家很小以至于不适合征收增值税的问题？这个问题对增值税的传播非常重要，因为在目前没有使用增值税的很多国家都是小国。如前所述，实证分析表明：在其他条件不变的情况下，该经济体的国际贸易对经济越重要，增值税收入越高。由于较小的经济体倾向于更多地依靠贸易，我们的直觉认为：相对于大国而言，增值税在小国中的表现更好。此外，对于同等数额的收入征税，消费税比关税对经济的扭曲更小。然而，增值税是否适用于小经济体，主要取决于增值税和替代收入来源的征收成本的差异。

---

① 参见2010年基恩（Keen）等人对欧盟增值税制度的回顾性评价，该表达式包含了起征点登记修订后的收益和成本。
② 参见 Yesegat, W. A：《埃塞俄比亚，肯尼亚和新西兰的增值税/消费税设计比较分析》，载《新西兰税收法律和政策杂志》，14（3），2008。
③ 参见 Yesegat, W. A：《埃塞俄比亚增值税管理问题的思考》，http://law.bepress.com/unswwps-fl-rps09/art27。

尽管如此，现在小经济体越来越倾向于引入增值税制度。增值税在加勒比地区已经实行。例如，塞舌尔地区在 2013 年引入了增值税。同样，冈比亚——非洲大陆最小的国家——从 2013 年 1 月 1 日起用增值税取代了现有的销售税。

实行增值税对于大部分的消费需要进口的国家和进口产品中中间品的份额较低的国家不那么有利，因为进口关税和消费税之间的差异很轻微。对于最小的经济体来说，其大部分的消费很可能需要进口。然而，中间品在进口总额中的份额不只是大小的问题，也取决于国内经济活动的发展程度。此外，采用关税的国家也可以对选定的国内商品征收消费税，这将进一步减少采用增值税的效率增益。

因此，比较增值税和替代策略的关键很可能在于潜在的行政及遵从成本的差异。首先，收集与增值税管理有关的固定成本可能对小经济体的负担过大。其次，只有包括少数具有规模的零售企业的经济体可能会发现实施销售税更有优势。

E. 跨辖区问题

增值税也在国际贸易和联邦制国家的税收制度中面临挑战。

1. 国际问题

关于国际贸易，标准[1]和推荐的方法是运用目的地原则对国内消费征收增值税。这项原则一直以零税率出口和进口税的形式实施，其结果就是某商品支付的总税额是由税率决定的，税收收入发生在最终销售的辖区。另一种目的地原则是以"原产地"为基础，其税率为该国家或生产国税率。[2]

在出口零税率下实行目的地原则需要一些机制来识别跨越国界的货物和服务的流动，而区域一体化和互联网的发展趋势使之更复杂。欧盟内部边界的消除致使如何更好地对欧盟内部的贸易征收增值税成为了一个长期辩论的问题。[3]

对国际服务的增值税处理也会引发特别的问题。在这种情况下，边境管制不能用来监测国际流动，我们也可能根本不清楚消费是在哪个国家发生的。由于服务贸易持续增长，这些问题已经变得越来越重要。

这个问题对那些管理水平弱的政府更为严重。具体说来，就如下面讨论的，出

---

[1] 历史上的例外是大部分独联体内部的贸易直到 2001 年年中仍在使用的原产地原则。

[2] 基于目的地的增值税保持了国家间不同的生产效率，因为在同一个国家，外国和国内生产者面对一样的增值税税收待遇。这是举世公认的税收设计中一个特别理想的特征。原产地型增值税不具有此属性。

[3] 最初的建议是对其他成员国的出口征收出口国的税率，对这些税收（不免税）的增值税注册进口商进行完全抵补。税收收入将在成员国之间重新分配，出口国的收入将被转移到进口国。在 2010 年欧盟增值税制度的回顾中，欧盟委员会认为：这项初步建议在政治上是无法实现的，因此欧盟委员会已经建议放弃采用基于目的地原则的欧盟增值税制度。请参见《欧盟委员会向欧洲议会及欧洲经济和社会委员会关于增值税的未来通信》。

口零税率意味着需要对出口商的增值税进项税额抵免的超额部分给予适当的退税，这会产生严重的管理困难。解决这一问题时，还要避免经济扭曲并产生相应的经济后果；解决这一问题的方法将越来越重要。这是一个需要密切监测事态发展的领域，以确保未来的实施和增值税的更新都与最新的思想以及全球贸易体系最新的实际情况一致。

随着电子商务的出现和强劲的增长，国际协作的重要性显现了出来。1998 年，经合组织部长商定了电子商务通用的国际征税办法，即所谓的"渥太华税务框架条件"。2001 年，经合组织发表了跨境电子商务的税务指引。[①] 基于目的地原则的跨境电子商务是这个框架的指导对象，从 2008 年开始实行。这些准则是关于电子商务和电信及广播服务的欧洲增值税的规定基础。

2008 年，欧盟修订了电子服务税收规定，并与经合组织的电子商务指引相一致。其中，最显著的变化是欧共体内部提供给最终消费者的电信服务、广播和电子服务的增值税处理方法新规则。直到 2014 年年底，这些提供给最终消费者的服务是在供应商注册地征税。这将在 2015 年 1 月 1 日开始改变，从此以后，供应商将不得不对欧盟消费者收取增值税，并以消费者所在的成员国税率为依据，所得到的收入将划归该成员国。这些供应商将被允许使用"一站式"方案来免除他们的增值税纳税义务，这将使他们能够在各自成员国履行增值税纳税义务，当然包括他们给非注册地的国家提供服务。这些服务的增值税收入将从供应商所在国向消费者所在国转移。

越来越多的证据表明：一般来说，增值税不会扭曲服务和无形资产的国际贸易。经合组织于 2006 年发起了一个项目来制定经合组织国际增值税和商品及服务税指南，它将作为一系列国际交易中最常见的增值税处理原则来制定，也可以作为各国制定自己的法律框架和行政惯例的基础。这项工作仍在进行中，虽然一些准则草案已经公布，但征询公众意见和这项工作的落实计划原订于 2014 年年底完成。[②]

2．联邦主义

增值税的广泛成功引起了一个疑问——在下级政府有一些税收设计自主权的情况下，它是否有可能被用作联邦制国家的地方政府税种?[③] 对于这种情况，现在只

---

① 参见经合组织：《电子商务：税收框架条件》(1998)、《渥太华税务框架条件的实施》、《2003 年的报告》(2003)，www.oecd.org/ctp/ct。

② 更多有关信息请参见经合组织：《消费税趋势》，2012。

③ 由中央设计的跨地区地方政府分享部分增值税的制度提出了一系列（通常更容易）的特殊问题，这里不做讨论。

有几个例子存在，如巴西和加拿大，它们的地方政府早已使用了原产地型增值税。

联邦制国家地方政府级别的辖区间贸易，那里只有很少的海关边境，造成了对地方政府实施增值税的实际挑战。

传统认为，增值税不应该在地方政府层面实施，因为缺乏内部边界和跨辖区抵免的问题。① 另一种观点却指出，增值税的替代形式②可能会减轻很多问题，尽管这只在有良好的联邦政府管理体制的情况下才会发生。③ 这也是一个将在未来几年获得持续关注的问题。

三、税务管理问题

增值税管理的具体情况显然要考虑政策制定的相关问题，如起征点、税率、豁免的政策设计决策以及各个国家的国情。然而，目前有一些良好的管理原则和实践（包括下文所述的资源遵从原则）可以借鉴。

自由贸易协定④（FTA）制定了基于调控及其应用的实际税务合规问题的原则框架。其教训是：法律的变化应加强对税收征管的支持，否则，更改将不会达到预期的目标，甚至会产生不利影响。⑤

A. 增值税管理机构的组织结构

引入增值税可以促进整体税收管理的大幅改善，而增值税的使用通常被视为对整体税收管理的现代化变革。然而，因为准备不足和/或欠考虑的实施决策，增值税的引入偶尔会扰乱现有管理体系的运行。

各国面临的一个重要决定是如何安置增值税在税收征管中的位置。几乎所有

① 巴西经常被建议用全国增值税辅以区域零售营业税来取代地方政府的增值税。

② 实施没有零税率出口的、以目的地为基础的增值税创新提案，包括"中央增值税"和"补偿增值税"。在前者的情况下，销售到外州/地方的买家对州增值税将是零税率的，但是"补偿增值税"（CVAT）的征税对象要进行商业登记，需要弥补在州内购买的地方增值税和州与州之间购买的补偿增值税。［参见 McLure, C. E. Jr.：《落实国内贸易部的地方增值税：补偿增值税（CVAT）》，载《国际税收与公共财政》，2000.］。在后者的情况下，注册交易商（包括跨越国界）之间的所有交易将以同样的税率征税，但各州将保留州内税率的自由裁量权。［参见 Keen, M. and S. Smith：《万岁，中央增值税》，http://link. springer. com/article/10. 1023；Aujean, M.：《迈向现代的欧盟增值税制度：结合中央增值税和电子发票》，载《欧盟税务评论》，20（5），2011］。

③ 参见巴尔河、R. M. 伯德：《次国家税收在发展中国家：前进之路》，载《公共预算与财政》，28（4），2008。

④ http：//www. oecd. org/site/ctpfta/abouttheforum. htm。

⑤ 参见 Yesegat, W. A.：《埃塞俄比亚、肯尼亚和新西兰的增值税/消费税设计比较分析》，载《新西兰税收法律和政策》，14（3），2008。

国家都让海关负责征收包括增值税在内的所有对进口征收的税种。此外，与推荐的组织类型无关，增值税需要在所得税管理机构和海关部门之间进行密切配合，而这种协调在一些国家一直比较差。在少数（令人高兴的是，越来越少）国家中一个未解决的重要问题是谁应该管理国内增值税和负责海关呈报的进口税收的征管。这有三种可能：①增值税由负责国内税收业务（包括个人和企业所得税以及一些国家的社会保险税）的部门管理；②由单独的增值税部门管理；③由海关部门管理。①

在这种选择中要考虑几个因素：首先，尽管海关官员获得的经验有时是有用的，但增值税本质上是一种自我核定的基于账户的税收，通常需要国内税务部门而不是海关的技能。其次，建立特定的增值税部门导致了在税收管理上的分裂和招聘的困难，从而增加了管理及遵从成本。总的来说，由国内税收管理机构管理增值税最初可能会导致一些困难，特别是有可能不了解增值税的特性，几乎所有的专家都赞成这样的选择。特别地，建立以职能为基础的税务管理组织与基于自我核定及风险管理原则的现代税收管理体系是一致的。

在此背景下，国家是如何构建其增值税管理的？答案是，在绝大多数的国家（90％左右）中，国内增值税是由国内税务部门管理。在这种情况下，增值税实施的讨论集中在基于职能的税收征管中，比如建立独立的增值税管理机构。大多数国家选择了一个以职能为基础的组织，一些国家最初选择引进一个独立的部门来征管增值税（如阿尔巴尼亚、澳大利亚②、保加利亚和斯里兰卡），这一做法获得了普遍支持，因为它在第一年内提高了增值税的征管效率。

有关增值税管理机构的讨论一直在那些国内没有间接税传统（相对较少）的国家进行，它们主要是由海关部门管理间接税和消费税的前英国殖民地国家。值得注意的是，英国将其直接税部门和间接税部门合并到一起进行管理（最初至少包括海关）。同时，中东和非洲的一些国家（如博茨瓦纳、约旦、肯尼亚、马拉维、尼日利亚、卢旺达、坦桑尼亚、乌干达③）最近也通过改革将其增值税和所得税整合在一起进行管理。

自从 20 世纪 90 年代末开始，在那些税收管理机构分散的国家，尤其是增值税和所得税分开管理的英语国家，进行了重要的改革来实行以职能为基础的税收管理

---

　　① 最后一种方法直到最近才被英国采用，如后文所述。只有一个国家——以色列（正在考虑综合增值税和所得税管理）目前有这种组织结构。

　　② 显然，没有比在联邦税收机构内分立的"主营业务"更极端的组织分工。

　　③ Okello，A.：《税收征管改革——近期的趋势和发展，东非》，2008；http：//www.eastafritac.org/images/uploads/documents_storage/TaxAdminComplianceStrategies_Presentations.pdf。

一体化。在这样一个税收体系中，通过自我核定和风险管理原则①，税收管理机构变得更有效率。

B. 自我核定纳税程序

现代税收体系及其管理是在"自愿遵从"原则基础上建立的，这意味着纳税人被期望在税收官员有限的干预下遵从他们的基本纳税义务。事实上，自愿遵从是通过"自我核定"系统达成的。在该体系下，纳税人从合理的途径获得税务管理的建议，计算他们自己的纳税义务；完成他们的纳税申报单；向税务管理提交申报单和付款；然后接受风险审计，尤其是在大型信贷和退款的情况下。在很多国家，自我核定的发展与增值税收入的增长是紧密相连的。的确，真正的问题不是如何在一个没有能力进行自我核定的国家管理增值税，而是如何在一个有意愿引入增值税的国家落实自我核定的基本原则。

自我核定是至关重要的，因为它不需要计算每个纳税人的义务，也不需要通知他们，税务官员可以集中精力于少数不遵从纳税义务的"有风险"的纳税人。同时，纳税人的遵从成本减少了，因为他们与税务官员交往的需要大大降低了。相反地，若缺乏自我核定，那么税收办公室和银行有关纳税人实施的几个耗时步骤将使申请和支付过程变得烦琐。② 这些程序不仅降低了税务管理的效率和有效性，而且纳税人和官员之间的定期联系也会滋生腐败。

有时，遇到的反对自我核定的观点缺乏说服力。有这样一个观点："小商人不识字就不能完成他们的纳税申报表。"然而，一个足够高的起征点表明，小规模商人不是增值税纳税人。第二个观点是"纳税人是不可信任的"。有关这个问题的答案在于，发展有效的纳税人服务和执法程序，以及具有良好基础风险管理原则的税务官员。确实，如果税务部门必须评估每个纳税人，将会有一些资源用于必要的遵从和控制。第三个观点是"自我核定的先决条件还未满足"。这是最具挑战性的观点，尤其在一些经济转型前期国家和中东国家。这些国家在历史上完全缺乏纳税文化、会计准则和基本税务管理系统。③

大约十年前，国际货币基金组织编制的 31 个发展中国家的经验综述表明，其

---

① 大多数其他国家，包括法语国家以及拉丁美洲和中东欧国家的绝大多数，一般都具有传统的综合性国内税务管理部门。

② 增值税申报不像所得税在一年中可以申报 12 次，尽管这样的频率不被小规模纳税人所接受。

③ 参见伯德，R. M.：《发展中国家和转型国家中的增值税：课程和问题》，2005；http：//www.itdweb.org/VATConference/documents/Presentations/Plenary1 _ VAT％ 20in％ 20Developing％ 20and％ 20Transitional％ 20Countries _ RBird. pdf 。

中 26 个国家的增值税管理是基于自我核定系统的。但是，对这些数据进一步的分析表明，实际进展比数据显示的要低。首先，只有大约 40％受调查的国家实施了现代采集程序（即使用简单的申请和支付形式及自我核定系统）。第二，尽管其他 40％受调查的国家用了自我核定程序，但它们对风险管理的理解较弱，因此对纳税人有过多的数据需求——表格经常由几页组成，有时候纳税人被要求附加额外的证明文件（比如发票）。第三，许多国家，特别是仍不能建立完整的以账目为基础的、适应税收管理要求的经济转型国家，根本不可以用自我核定。虽然我们可以肯定的是，这方面的工作已经得到了很大的提高，但实施全面的自我核定方法在很多国家仍是一个挑战。

另一种在有些国家尤其是在拉丁美洲和西非的一些地方已经实施的方法，是增值税扣缴方案的实施。这迫使某些企业和政府实体拒绝向供应商支付增值税，主要是该方法使未注册贸易（尤其是难以征税的行业）被迫支付了一些增值税。这类方案的支持者认为，他们为在管理者弱势及对征税态度较差的情况下，尤其是在中小企业中增加增值税提供了一种容易管理的方法。反对者认为，在中小企业中更好地处理增值税遵从问题的方法是通过高增值税起征点来调节注册纳税人的数量。[①] 他们指出，如果所得税税率设置过高，则会增加退款索赔。我们注意到，肯尼亚摒弃了增值税扣缴安排，导致了通货膨胀和严重紧张的退款机制。然而，虽然关于扣缴的意见不同，但似乎存在共识，即这些方案的扩散会严重破坏增值税的完整性和长期健康发展。

在几乎没有自我核定经验的国家，甚至可能需要为增值税的实施分配更多的资源。在这个方面，增值税实施已经提出了一个较长时间的时间表，包括类似建立试点纳税人、发展基于职能的行政组织、纳税人教育课程以及现代收集表格和程序的方法。

C. 审计

在很多国家，特别是发展中国家和处于过渡时期的国家，审计绩效被认为是增值税管理中特别欠缺的一个方面。其证据是几个在过去 10～15 年中采用增值税的发展中国家还没有有效的审计程序。此外，对于那些确实有一些此类程序的国家，通常是通过退款检验来控制。这些国家倾向于采取复杂的程序来弥补疲软的审计，

---

① 最近，一项有关已实施增值税扣缴税款系统的国家调查显示，几乎所有国家都有相当低的增值税注册起征点。

比如增强文件要求及大量的审计交叉检验。这些程序增加了管理困难并且增加了遵从成本。若没有有效的审计，增值税管理就会恶化，税务管理机构的公信力就会受损。因此，加强审计是一个关键性的挑战，尤其是在发展中国家。①

正确实施精心设计的增值税的国家在长期中可能会面临较少的遵从问题。经验表明，有效实施一项增值税需要 18～24 个月。其成功的关键是有一个良好的政策设计（单一汇率、很少的免除额以及高起征点），简单的法律和程序，一个适当的结构化和设施优良的管理机构，基于教育和辅助程序平衡组合的遵从策略，以及基于风险的审计程序。实现这些关键部分已被证明会使注册基地更快地成立，纳税人更好地理解他们的义务，违规行为处于低水平，行政成本降低，以及收入的增加。一些国家发现，一个审计员在新纳税季度前几个月受理咨询访问的程序提升了纳税人缴纳增值税的意愿，税务管理同样如此。此外，它还帮助审计人员更好地理解了他们在促进资源遵从中的更大作用。与此相反，那些没有准备的国家常常面临更大的遵从问题，而且更倾向于寻求临时的特别措施来解决它们。

最常见的增值税逃税类型与那些传统非注册企业的销售税逃税类型相似，即低估收入总额、滥用多重费率等。当然，还有其他类型的由于增值税本身特性造成的逃税，包括用假发票和不可抵免购进货物的增值税发票提出抵免要求。②

高级主管们发现，一个精心设计的审计程序对减少增值税欺诈和逃税的程度至关重要。简单来说，若潜在欺诈者相信他们处于一个公正的被发现和惩罚的机制下，他们就会减少欺诈的念头。具备整体风险管理策略的一个最成功的审计程序都具有以下设计特点和原则：

● 广泛覆盖的纳税人群体（考虑到大小和部门）以及遵从问题。

● 审计资源在审计程序的所有环节中分摊，确保不匹配的份额不存于付款前的检验退款索要之中；预退款审核仅限于高风险的情况下，而低风险的索要可使用选择性事后退款审计。

● 审计主要是短期、问题导向（校验，比如对于提供豁免活动或私人购买的应纳税额的抵免要求）以及只限于一到两个纳税期间。

● 审计是会计系统，而不是个别交易检查的审计，尤其是对于较大的纳税人。

● 增值税的审计程序与其他税种（尤其是所得税）的审计程序的密切配合。

---

① 参见伯德，R. M.：《关于该讨论的令人满意的审计做法》。

② 肯和洛克伍德注意到，"增值税也被证明易受高知名度的犯罪攻击：'比如旋转木马诈骗'，它利用欧盟共同体内部贸易的课税安排，在英国已达到 1.5%～2.5% 的范围或更多的净收入"，参见《增值税：原因及结果》，载《发展经济学杂志》，92（2），2010。

● 涉及严重欺诈案件以及刑事诉讼的调查。

在许多欠发达国家，实施审计程序失败的原因包括：①高技能和薪酬适当的审计从业人员数量的不足；②缺乏健全审计实践的制度历史；③有关当局担心纳税人和审计人员之间的勾结串谋；④增值税实施期间的准备不足；⑤缺乏对税收征管机构明确的政治支持；⑥缺乏适当的法律和司法环境。此外，诉诸过度复杂的程序也会造成这些问题。

很显然，增值税的损失也会发生在发达经济体中。证据指出，发达经济体尤其是欧盟存在大量的滥用现象。2006 年，欧盟委员会在一项研究中对每个欧盟成员国在 2000—2006 年的增值税缺口进行了量化和分析，将其与应计增值税发票和理论上净余的增值税纳税义务进行了对比。该报告发现，各成员国的非纳税遵从税收流失比例在潜在收入的 2%～30%，欧盟的总平均值大约为 12%。[①]

增值税收入的损失可能由多种因素造成，包括增值税制度遭受犯罪攻击（典型的有"旋转木马"诈骗，其中涉及的团体内供应商和贸易商在再次申请进项税额后失踪）、一般性不遵守、没有注册以及侵略性避税。[②] 一些欧盟成员国已经提出用反向征税作为"旋转木马"诈骗的解决途径。在企业对企业交易，特别是电子商务中，这是由买方而不是卖方缴纳增值税。这将有效处理"旋转木马"问题，消除了通过请求获得事实上并没有缴纳的税款而获得欺诈收入的机会。然而，这也破坏了增值税的部分性质。这是因为增值税能够更有效地确保收入不是依靠最后一个环节全额征收，这是增值税所具有的吸引力之一。不过，反向征税似乎被越来越多的欧盟成员国用来作为处理"旋转木马"诈骗阴谋的手段。绝大多数欧盟成员国已经利用欧盟增值税指令下的选择权来申请二氧化碳排放交易的反向征税，这已被证明特

---

① Reckon LLP：《量化分析欧盟 25 个成员国增值税缺口》，2009；http：//ec. europa. eu/taxation _ customs/resources/documents/taxation/tax _ cooperation/combating _ tax _ fraud/reckon _ report _ sep2009. pdf.

② 学术文献集中了很多"旋转木马"欺诈问题。参见柯诺森：《德国和澳大利亚增值税防治旋转木马诈骗建议书》，载《欧共体税收回顾》，18 (4)，2009；爱抚斯特拉帝奥：《制止脱缰野马：欧盟有关欧盟排放交易制度增值税旋转木马诈骗的政策》，载《欧共体税收回顾》，21 (1)，2012；沃夫：《增值税旋转木马：荷兰观点下的一个欧洲共同问题》，载《国际税法》，39 (1)，2011；毕尔巴鄂·埃斯特拉达、罗德里格斯·马尔克斯，J.：《增值税诈骗和排放配额》，载《欧共体税收回顾》，19 (5)，2010；鲍莱利：《欧盟处理增值税诈骗的实际政策》，载《国际增值税监控》，19 (5)，2008；阿曼德·里克：《共同体内部增值税旋转木马》，载《国际增值税监控》，19 (2)，2005；思维科尔斯：《欧盟内的旋转木马诈骗》，载《国际增值税监控》，19 (2)，2008；Vandenberghe, S.，H. J. Sharkett：《涉及增值税旋转木马中应纳税人的权利，来自欧盟、比利时和英国有关增值税现在和未来的观点》，载《国际增值税监控》，17 (4)，2006；Grandcolas, C.：《无国界的国际贸易中的增值税管理：欧盟的增值税趋势——亚太国家的借鉴》，载《国际税收公告》，62 (4)，2008；阿马德、K. Boucquez：《欧盟失踪交易诈骗受害者的新防御？》，载《国际增值税监控》，22 (4)，2011。

别容易受到"旋转木马"诈骗攻击。① 一些成员国（包括澳大利亚、德国、意大利和英国）在手机、电脑芯片和一些容易运输、具有高价值且倾向于被旋转木马攻击的货物上也实行了反向征税。② 欧盟委员会正在重新审视增值税的征收方式和监管方式，并期望以此作为减小增值税应收与实收差额的方式。此外，欧盟委员会分析了一种"分开缴纳税款模式"的可行性。在这种方式下，买方要将自己必须缴纳的增值税存入卖方的增值税专用账户，该账户是在税务当局指定银行开立的，而卖方也必须将增值税存入它的增值税专用账户。③ 以上的应对政策旨在贯彻落实没有零税率的原产地原则，同时也可能弥补税制对"旋转木马"欺诈的应对不足——尽管有人认为该问题被夸大了。④

在增值税领域，有很多种方法可以用来改进实践和建议的有效性。在开征增值税的初期，各国往往只关注开征增值税的行政准备和增值税职能的发挥，但忽视了如何确保增值税在长期取得满意成效的问题。增值税的长期业绩主要取决于实施有效的审计项目，同时需要强有力的证据使当局相信过多的退税和发票核查只能弄巧成拙，而审计项目带来的好处不太可能抵消比较大的管理和遵从成本。

一种包含增值税损失和对策等各方面因素在内的战略性方法，可以给政府（尤其是发达国家和转型国家）提供衡量税收管理机构绩效的重要手段。在这一方面，英国是一个典型的例子，它不仅衡量了增值税应收和实收的差额及其组成部分，还制定出一种减少收入流失的策略。尽管个人所得税应收和实收的纳税缺口可被完全消除，但对增值税缺口来说几乎是不可能的。那么，从这个方面考虑，相对其他税种来说，增值税是不是一个比较差的税种？但是，某些证据表明它相对其他税种来说是一个更加优良的税种。⑤

---

① 根据欧盟委员会共同增值税制度指令（以下简称"增值税指令"）第 199 条 A 款，欧盟成员国被允许到 2015 年 6 月 30 日，最短 2 年期限，推行反向收费机制以转移用于排放温室气体的补贴。

② 根据增值税指令第 395 条，成员国可以一种特别的方式对某些特殊交易实行反向征税机制，以防止某些形式的逃税或者避税，也可参见 Mirrlees, J., Adam, S., Besley, T., Blundell, R., Bond, S., Chote, R., Gammie, M., Johnson, P., Myles, G., and J. Poterba：《税制设计——Mirrlees 评论》，2011；http：//www. ifs. org. uk/mirrleesreview/design/taxbydesign. pdf. 财政研究所（项目负责人）：《欧盟增值税制度要素回顾性评价》，2011；http：//ec. europa. eu/taxation _ customs/resources/documents/common/publications/studies/report _ evaluation _ vat. pdf。

③ 参见《从委员会到欧洲议会，理事会与欧洲经济和社会委员会就未来增值税的交流——建立起针对单一市场更简单、更强大和高效的增值税制度》，2011。

④ 参见 Crawford, I., Keen, M., and S. Smith：《增值税和消费税》，2010；Adam, S., Besley, T., Blundell, R., Bond, S., Chote, R., Gammie, M., Johnson, P., Myles, G., and J. Poterba：《税制设计的角度》，牛津，牛津大学出版社，2010。

⑤ 参见 Keen, M. and S. Smith：《增值税逃税：我们知道什么以及我们能采取什么对策？》，2007；http：//www. imf. org/external/pubs/ft/wp/2007/wp0731. pdf。

D. 增值税退税

凭票抵扣型增值税征收模式的一个显著特征是，对于某些行业，尤其是出口商（因为他们适用零税率）和大型投资性采购业务来说，这种模式使他们的进项税额大于销项税额，因而他们可以向政府要求退还多缴的税款。[①] 因此，有效的退税机制对于维持增值税的地位和避免扭曲资源配置来说是十分必要的。[②] 虽然从理论上讲，退还超额税收是很明了的事，但是实践中产生了巨大的问题，退税环节成了增值税的薄弱环节。首先，退税会产生偷税的动机和可能性（比如，出口商通过虚报进项税额来增加退税额）；其次，税收人员的退税审批权可能导致腐败的发生。最后，政府在预算趋紧的情况下可能会延迟退税，从而引起经营中现金流紧张的问题。相对于通过特定支出拨款来支付退税的国家来说，那些通过统一的增值税收入来支付退税的国家更容易出现上述问题。

如果无法完全地退还超额税收，将会破坏增值税的完整性和税务机关的信誉。当税务当局对合法的退税请求予以拒绝，增值税就无法成为对国内消费征收的税种了，而更像是一种产品税。由此，中间产品交易将被扭曲；出口企业的竞争力也被削弱；对初始投资成本较大的新开企业来说，它们将在竞争中处于劣势。与此同时，如果企业对增值税制失去了信心，税收遵从也将被严重破坏，企业将更有可能参与法外交易，进行偷逃税行为。

税务当局经常将虚假退税请求作为其进行全面审计和延迟退税的理由。在某些国家，尤其是那些税收管理不健全、对现代风险管理经验不足的国家来说，税务当局在认可退税请求时，将使用相当费时费力的程序来认证，从而导致了退税申请的大量积压，使企业增加了对运营资本被剥夺所产生的忧虑。相比之下，那些先进的税务机关将退税相关的欺诈行为作为一种基于风险管理原则下的增值税遵从战略来处理，通常会减少退税前的认证检查工作，而加强对高风险退税请求的监管。

从理论上说，增值税应退税额应当在税务当局收到引起超额纳税的增值税报税清单后，立即支付退税。大部分发达国家（但不是全部）可以做到及时退税，但在不那么发达的国家，情况明显不同。在这些国家，退税请求的处理程序经常需要几

[①] 退税额可能相当巨大。在一些经济体（如斯洛伐克、加拿大），退税额达到总增值税收入的 50% 以上；而在另外一些国家（如瑞典、荷兰、俄罗斯、英国、匈牙利和南非），该比例至少达到 40%。参见 Harrison and Krelove：《增值税退税：各国经验的视角》，2005。

[②] 关于这个话题和提高其效能的讨论，参见 OECD：《国际增值税/商品及服务税指导》，载《税收中性指南》，2011；www.oecd.org/ctp/ct。

个月之久，有的甚至超过一年，这严重削弱了出口企业的竞争力。[①] 尽管这种情况可归因于现金紧缺的政府不愿将收到的税收返还，但很明显，税务机关监管不力和相应的税收服从问题才是主要影响因素。此外，对偷税风险的日益关注也使理想的即时退税理论难以实现。很多国家为此设定了退税的期限，也就是纳税人只能在规定期限到来才能获得退税（通常是 3～6 个月）。这么做的理论依据是，对非出口企业来说，如果它在某纳税期限的进项税额大于销项税额，该差额最终也会被后期的进项税额所抵消。[②] 企业通常认为这是公平的，因为延期信用在某种程度上也是被否定的信用。税务局会采用另一种方法，即要求交易商或任何申请退税的人提供抵押或银行担保。一种主张认为，个人和企业在缴纳增值税时有严格的时间限定，那么在申请退税时，税务机关也应有严格的时间规定。[③]

目前已经出现了试图减少退税申请数量，同时解决企业现金流问题的方法。例如，法国、爱尔兰等欧盟国家，或者北非和亚洲的某些国家，已经实施了对出售给出口企业用于出口的商品适用零税率的做法。但是，这种安排增加了税收管理的复杂程度并带来了新的税收收入风险，尤其是在税收管理能力亟须加强的发展中国家和转型经济体。因此，在计划实施这一方案时，要仔细考虑这些因素。

为了进一步防止出口退税政策被滥用并加强对纳税人行为的监管，有少数国家试图采用一种更加严格的干预体系，该体系涉及收集和交叉核对所有注册缴纳增值税的企业的购销交易数据。也有小部分国家为了实现相似的目标，要求商业企业将销售产生的应纳增值税缴存到特定银行账户[④]，因而占用了一小部分资金。这种方式区别于其他方式的一个特征是，它使企业承担了更高的工作负担和更高的遵从成本[⑤]，并引起了企业到底应该在多大程度上承担税收管理成本的问题。这些方案从本质上说，不论是对好的纳税人还是差的纳税人都表现出相同的干预性，因而这些方案违反了自愿遵从基础上现代税制的基本原则（即税务机关主要针对高风险的案件，对大多数的企业采取信任的态度，从而避免不必要的工作负担和遵从成本）。

由于企业界对税务局的服务提出了更高的要求，越来越多的国家开始对纳税记

---

① 参见 Harrison and Krelove：《增值税退税：各国经验的视角》，2005。OECD：《对外国企业的增值税/商品及服务税的减轻：当前情况》，载《企业和政府调查》，2010；www.oecd.org/ctp/ct。

② 一般来说，结转方式不适用于一般出口商。

③ 参见 Harrison and Krelove：《增值税退税：各国经验的视角》，2005。

④ 这可以从欧盟考虑过的用于减小增值税纳税缺口的"分开缴纳税款方式"中看出。

⑤ 特别地，他们通过允许企业在获得免税之前使用政府资金一段时间，抵消了营业税遵从成本的现金流利益，这减少了外借运营资本所产生的利息。参见 Evans, C., Ritchie, K., Tran-Nam, B., and M. Walpole：《纳税人遵从成本报告》，1997。

录良好的出口企业采用快速退税程序。① 例如，这可能涉及一种"金卡"制度，对获得金卡等级的企业，即拥有优良纳税记录的出口企业，可以在指定时间段内获得退税；获得银卡等级的企业或更低等级的企业，则获取退税的速度也相应减慢。出于相同的目的，一些转型经济体为了减少超额税收负担的产生，对外国进口的资本设备，至少是对由外国投资的处于开发阶段的资本设备予以豁免增值税。当然，这些方案也会造成一些难题和扭曲作用，比如对已经建立起信誉的企业的优待，将造成对新企业的歧视。欧盟在 2010 年 1 月 1 日起对区域内的退税程序实施电子化，制定了更为严格的退税期限，成员国若违反规定，将可能面临惩罚。②

OECD 在 2010 年做了一项调查，证实了企业如果在异国没有正式成立且未发生应税活动，对已发生的增值税取得退税是极其困难的。③ 调查显示，尽管大部分 OECD 国家实施了减轻增值税的措施，但这些措施往往十分复杂。72％的被调查企业觉得该程序"困难"，20％的企业认为它们根本无法从外国获得增值税退税。很多企业表示，它们获得的退税不足增值税发生额的 25％；还有 1/3 的企业认为，这些阻碍影响了它们的投资决策。企业的回应反映了它们希望加深与税务局的沟通以及建立一个更加和谐和标准的程序，从而加快退税程序、优化退税制度。为此，OECD 制定了增值税税收中性指南。④

四、工作进展

2005 年在罗马召开的国际税收对话（ITD）会议有关增值税的讨论明确指出：增值税制还有相当大的改进空间，并提出了改革过程中将面对的挑战，包括改进增值税的结构和执行措施、处理国际服务所带来的挑战、电子商务、区域一体化和贸易一体化。这意味着增值税在未来的较长时期内仍在改革的议事日程上。今天，这些预测均被证实。如今，有超过 150 个国家实施了增值税，较 1992 年翻了一番，并持续增加。由于经济危机的发生，各国政府面临着财政整顿和保持增长的压力。在这样的背景下，增值税作为政府重要财源，其重要性将继续增加。增值税一般被视为相对有利于增长的税种，因为很多国家试图通过增值税（而不是其他税种）来

---

① 自由贸易协定发布了《纳税：在退税服务提供、纳税遵从和完整性的平衡》，其中包含了对增值税退税的讨论和实用的建议。

② 2008 年 12 月，欧共体理事会 2008 年第 9 号指令规定了增值税退税的具体情况，适用于欧共体 2006 年 112 号指令提出的在退税成员国设立的纳税人。

③ 参见《对外国企业减轻增值税/商品和服务税税负：当前情况》，2010；www.oecd.org/ctp/ct。

④ 参见 OECD：《国际增值税/商品及服务税税收中性指南》，2011；www.oecd.org/ctp/ot。

增加收入，并以此作为实现收支平衡的财政整顿战略的一方面。研究表明，拓宽增值税税基可以增加产出和经济福利，因此许多国家可能试图通过减少税收豁免和降低税率来达到拓宽增值税税基的目的。但是，由于政治阻碍的存在，该方案无法实施。

在全球化的背景下，由于各国增值税的不协调性，造成了大量的双重征税和税收空白，从而阻碍了经济增长、扭曲了竞争。对国际服务贸易来说，该问题尤其严重。国际服务贸易在2000—2008年增长了一倍，但服务不同于货物，是不受边境管制的，因此要保证增值税以正确的数目在正确的地方征收，行政程序很复杂。从政府的角度说，它面临着征税不足和收入损失的风险，或因双重征税而对贸易产生了扭曲。从企业角度来说，它们面临很大的收入风险和较高的遵从成本。

简言之，增值税是财政收入的重要来源，增值税制的设计对一国经济表现具有潜在的重要影响。大多数的世界贸易都受来源地或目的地国家增值税的管辖，不同税制间的相互作用对贸易会产生促进或阻碍的作用。这也初步表明，建立一套保证增值税一致性的基本原则，从而促进而不是阻碍贸易的进行，是十分必要的。类似地，国家可以通过相互学习来制定和实施最优的增值税制。不论是发达国家还是发展中国家，都面临着相同的挑战，因此继续分享经验以及潜在的利益，意义都是巨大的。表2列示了世界范围内的增值税。

表2 世界范围内的增值税

国家（或地区）	引进日期	引进时的标准税率	目前的标准税率	其他税率
阿尔巴尼亚	1996 - 07	12.5%	20%	10%
阿尔及利亚	1992 - 04	13%	17%	7%
安道尔			4.5%	
安哥拉			10%	2%；20%；30%
安圭拉			—	—
安提瓜和巴布达	2007 - 01	15%	15%	10.5%
阿根廷	1975 - 01	16%	21%	10.5%；27%
亚美尼亚	1992 - 01	28%	20%	
澳大利亚	2000 - 07	10%	10%	
奥地利	1973 - 01	8%	20%	10%；17%
阿塞拜疆	1992 - 01	28%	18%	
巴哈马			—	—
巴林			—	—
孟加拉国	1991 - 07	15%	15%	1.5%；2.25%；4%；4.5%；5.0%；5.5%；20%～350%

续前表

国家（或地区）	引进日期	引进时的标准税率	目前标准税率	其他税率
巴巴多斯	1997 - 01	15%	17.50%	8.75%
白俄罗斯	1992 - 01	28%	20%	10%；0.5%
比利时	1971 - 01	18%	21%	6%；12%
伯利兹	2006 - 07	10%	12.50%	
贝宁	1991 - 05	18%	18%	
百慕大			—	—
不丹			—	
玻利维亚	1973 - 01	10%	13%	
波斯尼亚和黑塞哥维那	2006 - 01	17%	17%	
博茨瓦纳	2002 - 07	10%	12%	
巴西	1967 - 01	17.6%	17%	7%；12%；18%
英属维尔京群岛			—	
文莱			—	
布隆迪	2009 - 02	18%	18%	
保加利亚	1994 - 04	18%	20%	9%
布基纳法索	1993 - 01	15%	18%	
柬埔寨	1999 - 01	10%	10%	
喀麦隆	1999 - 01	18.7%	19.25%	
加拿大	1991 - 01	7%	5%	
佛得角	2004 - 01	15%	15%	6%
开曼群岛			—	
中非共和国	2001 - 01	18%	19%	
乍得	2000 - 01	18%	18%	
智利	1975 - 03	20%	19%	
中国大陆	1994 - 01	17%	17%	3%；4%；13%
哥伦比亚	1975 - 01	10%	16%	1.6%；5%；10%；20%；25%；35%
刚果	1997 - 06	18%	18%	5%
库克群岛			12.5%	0%
哥斯达黎加	1975 - 01	10%	13%	5%；10%
科特迪瓦	1960 - 01	8%	18%	21%；31%
克罗地亚	1998 - 01	22%	25%	0%；10%
库腊索岛			6%	
塞浦路斯	1992 - 07	5%	17%	5%；8%
捷克共和国	1993 - 01	23%	17.5%；20%（2013 年 1 月 1 日）	14%
刚果民主共和国	2012 - 01	16%	16%	
丹麦	1967 - 07	10%	25%	
吉布提	2009 - 01	7%	7%	

续前表

国家（或地区）	引进日期	引进时的标准税率	目前标准税率	其他税率
多米尼克	2006 - 03	15%	15%	10.00%
多米尼加共和国	1983 - 01	6%	16%	
厄瓜多尔	1970 - 07	4%	12%	
埃及	1991 - 07	10%	10%	5%；15%；20%；30%
萨尔瓦多	1992 - 09	10%	13%	
赤道几内亚	2005 - 01	15%	15%	6%
厄立特里亚	2010 - 03	5%	5%	10%
爱沙尼亚	1992 - 01	10%	20%	9%
埃塞俄比亚	2003 - 01	15%	15%	
斐济	1992 - 07	10%	15%	
芬兰	1994 - 06	22%	23%	9%；13%
法国	1968 - 01	13.6%	19.6%	2.1%；5.5%；7%
法属圭亚那			19.6%	2.1%；5.5%
加蓬	1995 - 04	18%	18%	5%；10%
冈比亚	2013 - 01(预期)		15%	
格鲁吉亚	1992 - 01	28%	18%	
德国	1968 - 01	10%	19%	7%
加纳	1998 - 12	10%	12.5%	3%
直布罗陀			—	—
希腊	1987 - 01	18%	23%	6.5%；13%
格陵兰			—	
瓜德罗普岛			8.5%	2.1%
危地马拉	1983 - 04	7%	12%	
根西岛			—	
几内亚	1996 - 07	18%	18%	
圭亚那	2007 - 01	16%	16%	
海地	1982 - 11	7%	10%	
洪都拉斯	1976 - 01	3%	12%	15%；18%
中国香港			—	—
匈牙利	1988 - 01	0%	27%	15%；18%
冰岛	1990 - 01	0%	26%	7%
印度	2005 - 04	13%	10%	4%
印度尼西亚	1985 - 04	10%	10%	
伊朗	2008 - 09	3%	4%	12%；20%
爱尔兰	1972 - 11	0%	23%	0%；4.8%；9%；13.5%
道格拉斯			20%	5%
以色列	1976 - 07	8%	16%	
意大利	1973 - 01	0%	21%	4%；10%
牙买加	1991 - 10	10%	17.5%	10%；20%；22.5%
日本	1989 - 04	3%	5%	

续前表

国家（或地区）	引进日期	引进时的标准税率	目前标准税率	其他税率
约旦	2001 - 01	13%	16%	
哈萨克斯坦	1992 - 01	28%	12%	
肯尼亚	1990 - 01	17%	16%	12%
基里巴斯			—	—
朝鲜			—	—
韩国	1977 - 07	13%	10%	
科索沃			16%	0%
科威特			—	
吉尔吉斯斯坦	1992 - 01		12%	
老挝	2006 - 12	10%	10%	
拉脱维亚	1992 - 01	12%	21%	12%
黎巴嫩	2002 - 02	10%	10%	
莱索托	2003 - 07	14%	4%	5%；15%
利比亚			—	
列支敦士登			8%	2.5%；3.8%
立陶宛	1992 - 01	18%	21%	
卢森堡	1970 - 01	8%	15%	3%；6%；12%
中国澳门			—	—
马其顿	2000 - 04	19%	18%	5%
马达加斯加岛	1994 - 09	20%	20%	
马拉维	1989 - 05	35%	16.5%	
马来西亚			—	—
马尔代夫			—	—
马里	1991 - 01	17%	18%	
马耳他	1995 - 01	15%	18%	5%；7%
马绍尔群岛			—	—
马提尼克			8.5%	2.1%
毛里塔尼亚	1995 - 01	14%	14%	
毛里求斯	1998 - 09	19%	15%	
墨西哥	1980 - 01	10%	16%	11%
密克罗尼西亚			—	—
摩尔多瓦	1992 - 01	28%	20%	6%；8%
摩纳哥			19.6%	2.1%；5.5%
蒙古	1998 - 07	10%	10%	
黑山	2003 - 04	20%	17%	7%
蒙特色拉特岛			—	—
摩洛哥	1986 - 04	19%	20%	7%；10%；14%
莫桑比克	1999 - 06	17%	17%	
缅甸			—	—
纳米比亚	2000 - 11	15%	15%	

续前表

国家（或地区）	引进日期	引进时的标准税率	目前标准税率	其他税率
瑙鲁			—	—
尼泊尔	1997-11	10%	13%	
荷兰	1969-01	12%	19%	6%
荷属安的列斯	1999-03	2%	5%	3%
新喀里多尼亚			—	—
新西兰	1986-05	10%	15%	
尼加拉瓜	1975-01	6%	15%	
尼日尔	1986-01	12%	19%	
尼日利亚	1994-01	5%	5%	
北马里纳群岛			—	—
挪威	1970-01	20%	25%	8%；15%
阿曼			—	—
巴基斯坦	1980-11	12.5%	16%	2%；18.5%；21%；25%
帕劳群岛			—	—
巴勒斯坦			15%	0.00%
巴拿马	1977-03	5%	7%	10%；15%
巴布亚新几内亚	1999-07	10%	10%	
巴拉圭	1993-07	12%	10%	5%
秘鲁	1973-01	20%	16%	
菲律宾	1988-01	10%	12%	5%
波兰	1993-07	22%	23%	5%；8%
葡萄牙	1986-01	17%	23%（16%）（22%）	6%；13%（4%；9%）（5%；12%）
波多黎各			—	—
卡塔尔			—	—
罗马尼亚	1993-07	18%	24%	5%；9%
俄罗斯	1992-01	28%	18%	10%
卢旺达	2001-01	15%	18%	
萨摩亚	1994-01	10%	15%	
圣马力诺			—	—
沙特阿拉伯			—	—
塞内加尔	1961-03；1980	20%	18%	
塞尔维亚	2003-04	17%	18%	8%
塞舌尔	2013-01	12%	15%	
塞拉利昂			15%	0%
新加坡	1994-04	3%	7%	
斯洛伐克共和国	1993-01	23%	20%	10%
斯洛文尼亚	1990-07	19%	20%	8.5%
南非	1991-09	10%	14%	
西班牙	1986-01	12%	18%	4%；8%

续前表

国家（或地区）	引进日期	引进时的标准税率	目前标准税率	其他税率
斯里兰卡	1998－04	13％	15％	5％；20％
圣基茨和尼维斯	2010－11	17％	17％	10％
圣卢西亚	2012－10	15％	15％	8％
圣文森特和格林纳丁斯	2007－05	15％	15％	10％
苏丹	2000－06	10％	15％	30％
苏里南	1999－04	7％	商品:10％；劳务:8％	25％；50％
斯威士兰	2012－04		14％	
瑞典	1969－01	11.1％	25％	6％；12％
瑞士	1995－01	6.5％	8％	2.5％；3.8％
叙利亚			—	
中国台湾	1986－04	5％	5％	
塔吉克斯坦	1992－01	28％	18％	
坦桑尼亚	1998－07	20％	18％	
泰国	1992－01	7％	7％	
东帝汶			—	
多哥	1995－07	18％	18％	
特立尼达和多巴哥	1990－01	15％	15％	
突尼斯	1998－07	17.00％	18％；12％（劳务）	6％
土耳其	1985－01	19％	18％	1％；8％
土库曼斯坦	1992－01	28％	15％	
特克斯和凯科斯群岛			计划在2013年引进	
乌干达	1996－07	17％	18％	
乌克兰	1992－01	28％	20％	
阿拉伯联合酋长国			—	—
英国	1973－04	10％	20％	5％
美国			州和市的销售税率从4％到12％	
美属维尔京群岛			—	—
乌拉圭	1968－01	14％	22％	
乌兹别克斯坦	1992－01	30％	20％	
瓦努阿图	1998－08	12.5％	12.5％	
委内瑞拉	1993－10	10％	12％	8％；22％
越南	1999－01	10％	10％	5％
约旦河西岸和加沙地带	1976－07	8％	14.5％	16％
赞比亚	1995－07	20％	16％	
津巴布韦	2004－01	15％	15％	

资料来源：国际财政文献局［IBFD（2012）］；国际货币基金组织［IMF（2012）］。

参考文献

[1] 蔡昌. 对增值税"扩围"问题的探讨. 税务研究, 2010 (5)

[2] 崔军, 高培勇. 调节收入分配的税收优惠政策. 经济理论与经济管理, 2004 (1)

[3] 陈烨, 张欣, 寇恩惠, 刘明. 增值税转型对就业负面影响的 CGE 模拟分析. 经济研究, 2010 (9)

[4] 程子建. 增值税扩围改革的价格影响与福利效应. 财经研究, 2011 (10)

[5] 邓子基, 杨志宏. 财税政策激励企业技术创新的理论与实证分析. 财贸经济, 2011 (5)

[6] 杜莉. 金融业流转税制的国际比较. 税务研究, 2002 (4)

[7] 付文林, 耿强. 税收竞争、经济集聚与地区投资行为. 经济学 (季刊), 2011 (4)

[8] 高培勇. 通货紧缩下的税收政策选择——关于当前减税主张的讨论. 经济研究, 2000 (1)

[9] 高培勇. 增值税转型改革: 分析与前瞻. 税务研究, 2009 (8)

[10] 郭梓楠, 蔡树春, 汤仲才. 建筑业改征增值税的难点与影响因素. 税务研究, 2000 (3)

[11] 郭庆旺, 赵志耘. 公共经济学. 北京: 高等教育出版社, 2006

[12] 郭庆旺, 吕冰洋. 地方税系建设论纲: 兼论零售税的开征. 税务研究, 2013 (11)

[13] 国家卫生和计划生育委员会流动人口司. 中国流动人口发展报告 (2013). 北京: 中国人口出版社, 2013

[14] 郝硕博. 对地方税体系的探讨. 税务研究, 2009 (6)

[15] 侯珏. 各国金融业的增值税比较与借鉴. 涉外税务, 2002 (8)

[16] 胡怡建. 上海服务业"营改增"改革试点效应分析. 科学发展, 2013 (1)

[17] 胡怡建, 李天祥. 增值税扩围改革的财政收入影响分析——基于投入产出表的模拟估算. 财政研究, 2011 (9)

[18] 黄硕, 张红, 周鹏, 郑思齐. 基于投入产出分析的北京房地产产业关联度测算. 中国房地产, 2010 (6)

[19] 霍景东, 黄群慧. 影响工业服务外包的因素分析——基于 22 个工业行业的面板数据分析. 中国工业经济, 2012 (12)

[20] 贾康, 刘尚希, 吴晓娟, 史兴旺. 怎样看待税收的增长和减税的主张——从另一个角度的理论分析与思考. 管理世界, 2002 (7)

[21] 姜明耀. 增值税"扩围"改革对行业税负的影响——基于投入产出表的分析. 中央财经大

学学报，2011（2）

[22] 蒋云赟．我国增值税扩围对财政体系代际平衡状况的影响．财贸经济，2012（3）

[23] 李宝仁，王振蓉．我国上市公司盈利能力与资本结构的实证分析．数量经济技术经济研究，2003（4）

[24] 李宗卉，鲁明泓．中国外商投资企业税收优惠政策的有效性分析．世界经济，2004（10）

[25] 李升．地方税体系：理论依据、现状分析、完善思路．财贸经济，2012（6）

[26] 梁琦，丁树，王如玉．总部集聚与工厂选址．经济学（季刊），2012（3）

[27] 刘起运，陈璋，苏汝劼．投入产出分析．北京：中国人民大学出版社，2006

[28] 刘佐，朱广俊．中国金融税制研究．中央财经大学学报，2004（9）

[29] 刘佐．中国直接税与间接税比重变化趋势研究．财贸经济，2010（7）

[30] 刘佐．税制改革顶层设计三个主要问题初探．税务研究，2013（6）

[31] 楼继伟，解学智．税式支出理论创新与制度探索．北京：中国财政经济出版社，2003

[32] 楼继伟．中国政府间财政关系再思考．北京：中国财政经济出版社，2013

[33] 吕冰洋．政府间税收分权的配置选择和财政影响．经济研究，2009（6）

[34] 吕冰洋．零售税的开征与分税制的改革．财贸经济，2009（10）

[35] 吕冰洋．税收分权研究．北京：中国人民大学出版社，2011

[36] 吕冰洋，郭庆旺．中国税收高速增长的源泉：税收能力和税收努力框架下的解释．中国社会科学，2011（2）

[37] 吕冰洋．财政扩张与供需失衡：孰为因？孰为果？经济研究，2011（3）

[38] 吕冰洋，毛捷，吕寅晗．房地产市场中的政府激励机制：问题与改革．财贸经济，2013（7）

[39] 吕冰洋．零售税的开征与分税制的改革．财贸经济，2013（10）

[40] 吕炜．市场化进程与税制结构变动．世界经济，2004（11）

[41] 毛捷．税式支出研究的新进展．经济理论与经济管理，2011（5）

[42] 聂辉华，方明月，李涛．增值税转型对企业行为和绩效的影响．管理世界，2009（5）

[43] 潘文轩．增值税扩围改革有助于减轻服务业税负吗？——基于投入产出表的分析．经济与管理，2012（2）

[44] 平新乔，梁爽，郝朝艳，张海洋，毛亮．增值税与营业税的福利效应研究．经济研究，2009（9）

[45] 任小燕．金融服务业增值税的三种课征模式及对我国的启发．涉外税务，2010（9）

[46] 施文泼，贾康．增值税扩围改革与中央和地方财政体制调整．财贸经济，2010（11）

[47] 汤颖梅，黄明峰，李福来．金融市场发展、两税合并与企业资本结构——基于双重差分模型的实证分析．经济经纬，2012（3）

[48] 田素华，杨烨超．FDI进入中国区位变动的决定因素：基于 D-G 模型的经验研究．世界经济，2012（11）

[49] 田志伟，胡怡建．"营改增"对各行业税负影响的动态分析——基于 CGE 模型的分析．财经论丛，2013（4）

［50］汪昌云．拨改贷．引自陈雨露，郭庆旺．新中国财政金融制度变迁事件解读．北京：中国人民大学出版社，2013

［51］汪德华，杨之刚．增值税"扩围"——覆盖服务业的困难与建议．税务研究，2009（12）

［52］王金霞，彭泽．建筑业改征增值税的税率选择．税务研究，2014（1）

［53］王任飞．企业 R&D 支出的内部影响因素研究．科学研究，2005（2）

［54］王素荣，蒋高乐．增值税转型对上市公司财务影响程度研究．会计研究，2010（2）

［55］魏陆．中国金融业实施增值税改革研究．中央财经大学学报，2011（8）

［56］邬爱其，贾生华．国外企业成长理论研究框架探析．外国经济与管理，2002（12）

［57］杨斌，龙新民，李成，尹利军．东北地区部分行业增值税转型的效应分析．税务研究，2005（8）

［58］杨春玲，沈玉平．地方税制研究．北京：中国税务出版社，2008

［59］杨默如．我国金融业改征增值税的现实意义、国际经验借鉴与政策建议．财贸经济，2010（8）

［60］杨志安．东北增值税转型试点的初期效应及分析．税务研究，2005（4）

［61］杨之刚，张斌．增值税转型改革中的若干思考．税务研究，2005（8）

［62］尧云珍，周伟，洪林凤．我国建筑业改征增值税研究——基于投入产出表的测算分析．金融与经济，2012（8）

［63］袁诚，陆挺．外商直接投资与管理知识溢出效应：来自中国民营企业家的证据．经济研究，2005（3）

［64］张同斌，高铁梅．财税政策激励、高新技术产业发展与产业结构调整．经济研究，2012（5）

［65］张五常．中国的经济制度．北京：中信出版社，2009

［66］张欣．可计算一般均衡模型的基本原理与编程．上海：格致出版社，2010

［67］中国社会科学院数量经济与技术经济研究所 PRCGEM 课题组．中国税制改革效应的一般均衡分析．数量经济技术经济研究，2002（9）

［68］中国投入产出学会课题组．我国目前产业关联度分析．统计研究，2006（11）

［69］周黎安，陈烨．中国农村税费改革的政策效果：基于双重差分模型的估计．经济研究，2005（8）

［70］朱为群．税制改革顶层设计的原则和思路．税务研究，2013（11）

［71］Agarwal, S., Chunlin Liu, and N. S. Souleles, "The Reaction of Consumer Spending and Debt to Tax Rebates—Evidence from Consumer Credit Data," *Journal of Political Economy*, 2007, 115, pp. 986 - 1019

［72］Adams, T. S., "Fundamental Problems of Federal Income Taxation," *Quarterly Journal of Economics*, 1921, 35（4）, pp. 528 - 553

［73］Atkinson, A. B. and J. E. Stiglitz, *Lectures on Public Economics*, US: McGraw-Hill Inc, 1980

［74］Auerbach, A. J. and R. H. Gordon, "Taxation of Financial Services under a VAT," *American Economic Review*, 2002, 92（2）, pp. 411 - 416

［75］ Ballard，Charles L.，J. K. Scholz，and John B. Shoven，*The Value-Added Tax：A General Equilibrium Look at Its Efficiency and Incidence*，*The Effects of Taxation on Capital Accumulation*. University of Chicago Press，1987，pp. 445 – 480

［76］ Bird，R. M. and P. P. Gendron，"Dual VATs and Cross-Border Trade：Two Problems，One Solution?" *International Tax and Public Finance*，1998，5（3），pp. 429 – 442

［77］ Bird，R. M. and P. P. Gendron，"CVAT，VIVAT，and Dual VAT：Vertical 'Sharing' and Interstate Trade," *International Tax and Public Finance*，2000，7，No. 6，pp. 753 – 761

［78］ Bird，R. M. and P. P. Gendron，*VAT Revisited：A New Look at Value Added Taxation in Developing and Transitional Countries*，Washington，DC：USAID，2005

［79］ Blair Dwyer，*Canada-Corporate Taxation*，IBFD，2014

［80］ Boadway，R. and M. Keen，"Theoretical Perspectives on the Taxation of Capital Income and Financial Services," in Patrick Honohan（Ed.），*Taxation of Financial Intermediation：Theory and Practice for Emerging Economies*，Washington，DC：The World Bank，2003

［81］ Broda，Christian and David E. Weinstein，"Globalization and the Gains from Variety," *The Quarterly Journal of Economics*，2006，121，No. 2，pp. 541 – 585

［82］ Bye，B.，Strøm，B.，and Avitsland，T.，"Welfare Effects of VAT Reforms：A General Equilibrium Analysis," *International Tax and Public Finance*，2012，19，pp. 368 – 392

［83］ Chia，N. C.，and J. Whalley，"The Tax Treatment of Financial Intermediation," *Journal of Money，Credit，and Banking*，1999，31（4），pp. 704 – 719

［84］ Cnossen，S.，"Global Trends and Issues in Value Added Taxation," *International Tax and Public Finance*，1998，5（3），pp. 399 – 428

［85］ Deloof，M.，"Does Working Capital Management Affect Profitability of Belgian Firms?" *Journal of Business Finance & Accounting*，2003，3，pp. 573 – 588

［86］ Dharmapala，D.，"Comparing Tax Expenditures and Direct Subsides：The Role of Legislative Committee Structure," *Journal of Public Economics*，1999，72，pp. 421 – 454

［87］ Djankov，Simeon，Tim Ganser，Caralee McLiesh，Rita Ramalho，and Andrei Shleifer，"The Effect of Corporate Taxes on Investment and Entrepreneurship," *American Economic Journal：Macroeconomics*，2010，2，pp. 31 – 64

［88］ Ebrill，Liam P.，*The Modern VAT*，International Monetary Fund，2001

［89］ Edmiston，K.. and W. F. Fox，"A Fresh Look at the VAT," *The Challenges of Tax Reform in a Global Economy*，2005，pp. 1 – 27

［90］ Eissa，N.，"Taxation and Labor Supply of Married Women：The Tax Reform Act of 1986 as a Natural Experiment," NBER Working Papers 5023，1995

［91］ Eissa，N. and H. W. Hoynes，"Taxes and the Labor Market Participation of Married Couples：The Earned Income Tax Credit," *Journal of Public Economics*，2004，88，pp. 1931 – 1958

［92］ Emini，C. A.，"Long Run vs Short Run Effects of a Value Added Tax：A Computable General Equilibrium Assessment for Cameroon," 2000

[93] Giesecke, J. A. and T. H. Nhi., "Modelling Value-Added Tax in the Presence of Multi-Production and Differentiated Exemptions," *Journal of Asian Economics*, 2010, 21 (2), pp. 156 – 173

[94] Grubert, H. and J. Mackie, "Must Financial Services be Taxed under a Consumption Tax?" *National Tax Journal*, 2000, 53 (1), pp. 23 – 40

[95] Gruber, J. and J. Poterba, "Tax Incentives and the Decision to Purchase Health Insurance: Evidence from the Self-Employed," *Quarterly Journal of Economics*, 1994, 109, pp. 701 – 733

[96] Hassett, Kevin and R. Glenn Hubbard, "Tax Policy and Business Investment," in Alan J. Auerbach and Martin Feldstein, eds., *Handbook of Public Economics*, 2002

[97] North Holland Huizinga, H., "A European VAT on Financial Service?" *Economic Policy*, 2002, 17 (35), pp. 498 – 534

[98] Hertel, T. W., *Global Trade Analysis: Modeling and Applications*, Cambridge University Press, 1996, pp. 113 – 117

[99] Hertel, T. W. and M. E. Tsigas, "General Equilibrium Analysis of Supply Control in U. S. Agriculture," *European Review of Agricultural Economics*, 1991, pp. 167 – 191

[100] Hsieh, Chang-Tai and Peter J. Klenow, "Misallocation and Manufacturing TFP in China and India," *The Quarterly Journal of Economics*, 2009, 124 (4), pp. 1403 – 1448

[101] Huff, K. and T. Hertel, "Decomposing Welfare Changes in the GTAP Model," *GTAP Technical Paper* 1—1, 2000, Purdue University

[102] IMF, *Government Finance Statistics Yearbook*, 2011

[103] James, K., "Exploring the Origins and Global Rise of VAT," *The VAT Reader* (*Tax Analysts*), 2011, pp. 15 – 22

[104] Jones, R. W., "The Structure of Simple General Equilibrium Models," *Journal of Political Economy*, 1965, 73, pp. 557 – 572

[105] Jack, W., "The Treatment of Financial Services Under a Broad-Based Consumption Tax," *National Tax Journal*, 2000, 53 (4), Part 1, pp. 841 – 851

[106] Kaplow, L., *The Theory of Taxation and Public Economics*, US: Princeton University Press, 2008

[107] Lazaridis, Ioannis and Dimitrios Tryfonidis, "Relationship between Working Capital Management and Profitability of Listed Companies in the Athens Stock Exchange," *Journal of Financial Management and Analysis*, 2006, 19, pp. 26 – 35

[108] Keen, M., and J. Mintz, "The Optimal Threshold for a Value-added Tax," *Journal of Public Economics*, 2004, 88, pp. 559 – 576

[109] Keen, M. and S. Smith, *The Future of Value Added Tax in the European Union*, Economic Policy: A European Forum, October 1996, 23, pp. 373 – 411

[110] Keen, M. and S. Smith, "VAT Fraud and Evasion: What Do We Know and What can be

Done?" *National Tax Journal*, 2006, 4, pp. 861 – 887

[111] Klenow, P. and Andrés Rodríguez-Clare, "The Neoclassical Revival in Growth Economics: Has It Gone Too Far?" NBER Chapters, in *NBER Macroeconomics Annual*, National Bureau of Economic Research, Inc, 1997, 12, pp. 73 – 114

[112] Lundvall, K. and George E. Battese, "Firm Size, Age and Efficiency: Evidence from Kenyan Manufacturing Firms," *Journal of Development Studies*, 2000, 3, pp. 146 – 163

[113] Malpezzi, S. and K. Vandell, "Does the Low-income Housing Tax Credit Increase the Supply of Housing," *Journal of Housing Economics*, 2002, 11, pp. 360 – 380

[114] McLure, Charles E. Jr., "Implementing Subnational VATs on Internal Trade: The Compensating VAT (CVAT)," *International Tax and Public Finance*, 2000

[115] Merrill, P. R. and C. R. Edwards, "Cash-Flow Taxation of Financial Services," *National Tax Journal*, 1996, 49 (3), pp. 487 – 500

[116] Merrill, P. R. and H. Adrion, "Treatment of Financial Services Under Consumption-Based Tax Systems," *Tax Notes*, 1995, 68 (6), pp. 1496 – 1500

[117] Metcalf, G., *Tax Policy and the Economy*, Volume 24, The University of Chicago Press, 2010

[118] Mirrlees, J. et al. eds., *Dimensions of Tax Design: The Mirrlees Review*, Oxford: Oxford University Press, 2012

[119] Mirrlees, J. et al., *Tax by Design: The Mirrlees Review*, Oxford: Oxford University Press, 2011, pp. 216 – 230

[120] Musgrave, R. A., *The Theory of Public Finance: A Study in Public Economy*, New York: McGraw – Hill, 1959

[121] Myles, G., *Public Economics*, UK: Cambridge University Press, 1995

[122] Oates, W. E., *Fiscal Federalism*, New York: Harcourt Brace Jovanovich, 1972

[123] OECD, *Indirect Tax Treatment of Financial Services and Instrument*, 1998

[124] Pedro Juan Garcia-teruel, and Pedro Martinez-solano, "Effects of Working Capital Management on SME Profitability," *International Journal of Managerial Finance*, 2007, 3, pp. 164 – 177

[125] Piggott, John and John Whalley, "VAT Base Broadening, Self Supply, and the Informal Sector," *The American Economic Review*, 2001, 91 (4), pp. 1084 – 1094

[126] Poddar, S. and M. English, "Taxation of Financial Services under a Value-added Tax: Applying the Cash-flow Approach," *National Tax Journal*, 1997, 50 (1), pp. 89 – 111

[127] Poddar, S., "Consumption Taxes: The Role of the Value-Added Tax," in Patrick Honohan (Ed.), *Taxation of Financial Intermediation: Theory and Practice for Emerging Economies*, Washington, DC: The World Bank., 2003

[128] Poterba, J. and T. Sinai, "Tax Expenditures for Owner-occupied Housing: Deductions for Property Taxes and Mortgage Interest and the Exclusion of Imputed Rental Income," *American Econom-*

ic Review，2008，98，pp. 84 – 89

［129］Rita，D. L. F. and B. Lockwood，"Opting for Opting-In? An Evaluation of the European Commission's Proposals for Reforming VAT on Financial Services," *Fiscal Studies*，2010，31（2），pp. 171 – 202

［130］Rolim，J. D.，*Brazil-Value Added Tax*，IBFD，2014

［131］Saez，E.，"The Optimal Treatment of Tax Expenditures," *Journal of Public Economics*，2004，88，pp. 2657 – 2684

［132］Salanié，B.，*The Economics of Taxation*，US：MIT Press，2003

［133］Shapiro，M. and J. Slemrod，"Did the 2008 Tax Rebates Stimulate Spending?" *American Economic Review*，2009，99，pp. 381 – 396

［134］Sørensen，P. B.，"The Theory of Optimal Taxation：What is the Policy Relevance?" *International Tax and Public Finance*，2007，14，pp. 383 – 406

［135］Souleles，N. S.，"The Response of Household Consumption to Income Tax Refunds," *American Economic Review*，1999，89，pp. 947 – 958

［136］Surrey，S. S.，"Federal Income Tax Reform：The Varied Approaches Necessary to Replace Tax Expenditures with Direct Governmental Assistance," *Harvard Law Review*，1970，84，pp. 705 – 738

［137］Tait，Alan A.，*Value Added Tax：International Practice and Problems*，International Monetary Fund，1988

［138］Toh，Mun-Heng and Qian Lin，"An Evaluation of the 1994 Tax Reform in China Using a General Equilibrium Model," *China Economic Review*，2005，16（3），pp. 246 – 270

［139］Varsano，R.，*A Tributacao de Comercio Interstadual：ICMS versus ICMS Partilhado*，Texto par Discussao No. 382，Instituto de Pesquisa Economica Aplicade，Brasilia，1995

［140］Zee，H. H.，"A New Approach to Taxing Financial Intermediation Services Under a Value-Added Tax," *National Tax Journal*，2005，5（1），pp. 77 – 92

［141］Zee，H.，"VAT Treatment of Financial Services：A Primer on Conceptual Issues and Country Practices," *Intertax*，2006，34，No. 10，pp. 458 – 474

图书在版编目（CIP）数据

中国增值税改革影响与展望/中国人民大学财税研究所，中国人民大学财政金融政策研究中心. —北京：中国人民大学出版社，2015.12
（中国人民大学研究报告系列）
ISBN 978-7-300-22197-7

Ⅰ.①中… Ⅱ.①中… ②中… Ⅲ.①增值税-税收改革-研究-中国 Ⅳ.①F812.424

中国版本图书馆 CIP 数据核字（2015）第 282002 号

中国人民大学研究报告系列
中国增值税改革影响与展望
中国人民大学财税研究所
中国人民大学财政金融政策研究中心
Zhongguo Zengzhishui Gaige Yingxiang yu Zhanwang

出版发行	中国人民大学出版社	
社　　址	北京中关村大街 31 号	**邮政编码**　100080
电　　话	010 - 62511242（总编室）	010 - 62511770（质管部）
	010 - 82501766（邮购部）	010 - 62514148（门市部）
	010 - 62515195（发行公司）	010 - 62515275（盗版举报）
网　　址	http://www.crup.com.cn	
	http://www.ttrnet.com（人大教研网）	
经　　销	新华书店	
印　　刷	北京宏伟双华印刷有限公司	
规　　格	185 mm×260 mm　16 开本	**版　　次**　2016 年 1 月第 1 版
印　　张	15.25 插页 1	**印　　次**　2016 年 1 月第 1 次印刷
字　　数	276 000	**定　　价**　49.00 元